ROYAUME
DU BOSPHORE
Mer
Caspienne
ARMÉNIE
Pont-Euxin
THYNIE
T PONT
CAPPADOCE
GALATIE
ASIE
LYCIE
CILICIE
COÉLÉ
Antioche
ODES
CHYPRE
Palmyre
Tigre
Euphrate
PHÉNICIE
Tyr
SYRIE
JUDÉE
Jérusalem
Alexandrie
Petra
ARABIE
ÉGYPTE
500 km
Nil
MER ROUGE

Latin 2e

Sous la direction de Jacques Gaillard

Jacques Gaillard
Université Marc-Bloch (Strasbourg)

René Martin
Université Sorbonne nouvelle (Paris III)

Sylvie Perceau
Université Picardie Jules-Verne (Amiens)

Avec la collaboration de
Michèle Bresson
Lycée Marie-Curie (Sceaux)

PROGRAMME 2001

NATHAN

Structure du manuel

8 chapitres de révisions

- textes • exercices • grammaire
- versions • vocabulaire • civilisation

Des pages « Méthode »

- Utiliser un dictionnaire
- Lire les textes poétiques

3 grandes parties

Les 3 thèmes du programme en 10 chapitres

- Un grand orateur : Cicéron
- Rire à Rome
- Histoire et épopée

Dans chaque chapitre, des rubriques variées

- textes d'étude
- textes et traductions
- textes suivis
- lectures (textes traduits)
- versions

- civilisation
- arrêt sur image

© Nathan Paris, 2001,
ISBN : 978-2-09-172860-5
25, Avenue Pierre de Coubertin
75013 Paris

Avant-propos

Priorité aux textes : le programme est alléchant ! Certes, il faut consolider et compléter votre connaissance de la langue – des **révisions** s'imposent, pour se remettre dans le bain. Vous y croiserez quelques Romains peu académiques… mais tout de même bien romains.

Occasion pour vous de découvrir un compagnon de route précieux : le **dictionnaire**. Au cours de cette année, vous apprendrez à le manier, à l'interroger, et, si possible, à ne pas en abuser. La variété des textes qui vous sont proposés doit vous permettre d'augmenter considérablement votre connaissance du vocabulaire latin. La présence de nombreux textes poétiques vous permettra en outre de vous familiariser avec les particularités de la **langue poétique**.

Mais la grande nouveauté de cette année, c'est la découverte de la **littérature latine**. Trois thèmes ordonnent les textes qui vous sont proposés : **Un grand orateur** : **Cicéron**, **Rire à Rome** ; **Histoire et épopée**. Cicéron, Plaute, Térence, Pétrone, Virgile, Tite-Live, Lucain sont de grands auteurs, dont le talent a traversé le temps. Notre littérature française s'est nourrie de leurs chefs-d'œuvre, et ils n'ont jamais cessé d'être lus et relus pendant des siècles.

Toutefois, ces grands textes ne sont pas toujours faciles. Nous nous sommes efforcés de vous les présenter de façon accessible en jouant sur quatre possibilités d'étude : le **texte latin** seul, l'enchaînement de **passages en latin** et de **passages traduits**, la **mise en parallèle du texte latin et de sa traduction**, et enfin la traduction seule, proposée en **lecture**. Ces différentes manières d'approcher un texte littéraire apporteront de la variété dans votre travail, et chacune d'entre elles a ses avantages. Le travail sur texte latin et traduction en parallèle s'avère un excellent exercice pour associer l'étude des faits de langue, des techniques de traduction et de la qualité littéraire du texte. Et l'approche de **morceaux étendus** de la *Mostellaria*, de l'*Énéide*, ou de la *Pharsale*, grâce à des extraits proposés en traduction, complète utilement les efforts qu'exige l'étude en langue originale de textes nécessairement courts, car les poètes usent d'une langue très travaillée – donc difficile.

Enfin, la richesse des thèmes que le programme a retenus procure maintes occasions d'approfondir votre connaissance de la **culture** et de la **civilisation** romaines, sans négliger, bien sûr, des éléments d'**histoire de l'art** : des rubriques spécifiques permettront, nous l'espérons, de satisfaire votre curiosité.

Les auteurs

Sommaire

8 Caprices d'artiste

2 Un grand orateur : Cicéron

9 « J'accuse ! » : le scandale Verrès

10 Cicéron contre Catilina

11 « Le Pro Archia » : un plaidoyer pour la culture

12 L'affaire Milon : un bel échec de Cicéron

Rire au théâtre

13 À la rencontre des personnages

14 Plaute, « Mostellaria » (Texte suivi)

Rire en lisant

15 Portraits satiriques

16 Aventures comiques

4 Histoire et épopée

17 Les origines de Rome : du mythe à l'Histoire

18 La guerre épique

Pêches et carafe de verre, fresque d'Herculanum, *musée archéologique de Naples*.

Rome au quotidien 1

RÉVISIONS

CHAPITRE

1 Bonnes tables, bonnes manières

VOCABULAIRE

laguncula, ae, *f.* : carafe
discribo, is, ere, discripsi, discriptum : répartir
eligo, is, ere, elegi, electum : choisir
recuso, as, are : refuser
libertus, i, *m.* : affranchi
recumbo, is, ere, recubui, recubitum : être couché
approbo, as, are : approuver
consuetudo, inis, *f.* : habitude, usage
(ex)aequo, as, are : mettre sur le même plan
mensa, ae, *f.* : table
torus, i, *m.* : lit (de table)

Pline a été invité à dîner chez un hôte qui se fait servir, à lui-même et à quelques intimes, des mets somptueux, tandis que ses autres invités n'ont droit qu'à de maigres portions de plats bon marché…

Vinum etiam parvulis lagunculis in tria genera discripserat, non ut potestas eligendi, sed ne jus esset recusandi, aliud sibi et nobis, aliud minoribus amicis (nam gradatim amicos habet[1] !), aliud suis nostrisque libertis.
Animadvertit qui mihi proximus recumbebat, et approbaremne[2] interrogavit ; negavi. « Tu ergo, inquit, quam consuetudinem sequeris ? – Eadem omnibus pono […] cunctisque rebus exaequo quos mensa et toro aequavi. – Etiamne libertos ? – Etiam : convictores enim tunc, non libertos puto[3]. » Et ille : « Magno tibi constat ! [4] – Minime. – Qui[5] fieri potest ? – Potest, quia scilicet liberti mei non idem quod ego bibunt, sed idem ego quod et[6] liberti. »

Pline le Jeune, *Lettres*, II, 6.

1. ***gradatim amicos habet*** : il tient un classement de ses amis.
2. ***approbaremne*** = *num approbarem* (proposition interrogative indirecte).
3. < ***eos esse*** > ***puto***.
4. ***magno constat*** : cela coûte cher.
5. ***Qui fieri potest ?*** = *Quomodo < id > fieri potest ?*
6. ***et*** = *etiam*.

ÉTUDE

1. Le suffixe **-ulus** sert à former des diminutifs : quel est le sens de **parvulus** ?
Quel sens particulier faut-il donner, dans ce contexte, à **pono** ?
Découvrez par vous-même le sens de **convictores**, et citez d'autres noms formés avec le suffixe **-tor**.

2. Distinguez, dans le texte, les noms, groupes nominaux et pronoms au datif et à l'ablatif et justifiez leur emploi.

3. Quel suffixe reconnaissez-vous dans **eligendi** et **recusandi** ? Qu'indique la désinence **-i** ?

4. Relevez les pronoms relatifs du texte : ont-ils tous un antécédent exprimé ? Quelle est la valeur du complément exprimé par la proposition relative dans l'expression : **idem quod ego bibunt** ?
Analysez **quam** (**consuetudinem**) : quel indice vous permet de l'identifier comme un mot interrogatif ?

Une leçon de bonnes manières ?

5. Distinguez récit et dialogue dans ce texte. Quel effet produit le passage de l'un à l'autre ?

6. Quelle image de lui-même Pline veut-il donner ?

Nature morte aux poissons (détail), Ier s. ap. J.-C., *musée archéologique de Naples*.

GRAMMAIRE

1 Le système des cas : principaux emplois

Nominatif	– Sujet (ou attribut du sujet) : **Plinius** adest.
Vocatif	– Invocation ou interpellation : Veni, **amice** !
Accusatif	– Complément d'objet : **Plinium** invitavi. – Après certaines prépositions : **Apud Plinium** cenavimus. – Sujet dans la proposition infinitive : Scimus **Plinium** epistulas **scripsisse**.
Génitif	– Complément de nom : Epistulas **Plinii** legimus. – Complément de certains adjectifs : Plinius **gloriae** cupidus fuit.
Datif	– Complément d'attribution : **Plinio** gratias reddimus. – Complément (objet) de certains verbes : **Amico** favemus, **inimicis** invidemus.
Ablatif	– Complément de cause, de manière, de moyen : **Oculis** legimus, **auribus** audimus. – Complément de temps : **Illo tempore** dives eram. – Complément (objet) de certains verbes : **Amicis** careo. – Complément de qualité : Orator **eximio ingenio**. – Complément de certains adjectifs : Hospes **honore** dignus. – Après certaines prépositions : **Cum amicis in horto** ambulamus. – Ablatif absolu : **Amicis rogantibus**, orationem habuit. – Complément du comparatif : Doctior **magistro**.

2 Le gérondif

■ À l'infinitif, un verbe, comme un nom, peut être sujet (N) ou COD (Acc.).

N. **Ridere** jucundum est.

Acc. Cupio **ridere**.

■ Formé à l'aide du suffixe **-nd-** sur le radical du présent, le **gérondif** complète la déclinaison du verbe employé comme nom (substantivé) à l'**accusatif avec préposition**, au **génitif**, au datif (très rare) et à l'**ablatif**.

Acc. ad ride**ndum**
pour rire

paratus ad ride**ndum**
prêt à rire

G. ride**ndi** cupidus
désireux de rire

Abl. Ride**ndo** discimus.
Nous apprenons en riant.

EXERCICES

1 À table

a. Faites correspondre les mots latins et leur traduction.

• mensa, ae – vinum, i – lectus, i – conviva, ae – ceno, as, are – gusto, as, are – convivium, i – coquo, is, ere – epulae, arum – aqua, ae – poculum, i – bibo, is, ere – invito, as, are – cena, ae – coquus, i – porcus, i – ovum, i – piscis, is – poto, as, are – os, oris – minister, tri – ostrea, ae – ebrius, a, um – hospes, itis – alo, is, ere – cibus, i.

• *festin – coupe, verre – inviter – cochon – boire* (deux mots latins) – *serviteur – nourrir* (cf. *alimenter*) – *lit* (*de table*) – *dîner* (verbe et nom) – *convive – banquet – hôte – nourriture – huître* (cf. *ostréiculteur*) – *goûter* (verbe) – *ivre* (cf. *ébriété*) – *cuire, cuisiner – cuisinier* (cf. *maître queux*) – *table* (cf. *commensal*) – *bouche* (cf. *oral*) – *œuf* (cf. *ovipare*) – *poisson – goûter* (verbe) – *vin – eau.*

b. Traduisez oralement les phrases suivantes.

1. Plinius noster multos hospites ad cenam invitare solet. – **2.** Convivae ad mensam in lectis recumbunt. – **3.** Vinum dominus ipse gustavit. – **4.** Primum magnam ostrearum copiam, deinde pisces, postremo ingentem porcum adtulerunt ministri. – **5.** Felix es, si ab illo invitari potes : nam peritissimum coquum habet.

2 Cas et nombre

À quel(s) cas et à quel nombre sont les noms ou groupes nominaux suivants (plusieurs réponses sont éventuellement possibles) ?

bono poeta – carminum – longo itinere – oratores – suavi odore – militibus – plures convivae – montis – omni modo – vires – fortium consulum – viris – jucundior sermo – convivia – ebrii hospites – genus – rarae avis.

3 L'ablatif absolu

Remplacez la proposition circonstancielle par un ablatif absolu, puis traduisez.

***Exemple* : Cum multos libros legeris, doctior eris.**
→ Multis libris lectis, doctior eris.

1. Postquam orationem in senatu habuit, Cicero domum rediit. – **2.** Cum hostium adventus nuntiatus esset, milites ad arma cucurrerunt. – **3.** Postquam Pompeius victus est, Caesar solus Romae regnavit. – **4.** Cum omnes convivae riderent, ipse fabulam stultissimam narravi. – **5.** Postquam orbis terrarum domitus est, Romani pacem coluerunt.

4 Le gérondif

Traduisez.

1. Legendo doctior fies. – **2.** Is bonus orator dicitur, qui dicendi peritus est. – **3.** Sabini cum Latinis ad dimicandum parati erant. – **4.** Multi gladiatores non pugnandi, sed fugiendi cupidi erant. – **5.** Minime tamen eligendi jus eis dabatur. – **6.** Dormiendo vires reficiamus ! – **7.** Romam eundi consilium cepi. – **8.** Ita nos ad cenam invitavit, ut nullam recusandi potestatem nobis relinqueret. – **9.** Bello confecto, dux in villam quiescendi causa profectus est. – **10.** Currendi facultas multis animalibus, ridendi homini uni data est.

VERSION

Un art de vivre

Au Ier siècle avant J.-C., le riche Lucius Lucullus s'illustra autant par la qualité de sa table que par ses grands talents de général.

Habebat Lucullus villam pulcherrimam. Quo cum venisset Pompeius, id unum reprehendit[1] quod ea habitatio esset quidem aestate peramoena[2], sed hieme minus commoda videretur. Cui Lucullus : « Putasne, inquit, me minus sapere[3] quam hirundines[4], quae adveniente hieme sedem commutant ? » Villarum magnificientiae respondebat epularum sumptus[5]. Cum aliquando modica[6] ei, utpote soli[7], cena esset posita, coquum graviter objurgavit[8], eique excusanti ac dicenti se non debuisse lautum[9] parare convivium, quod nemo esset ad cenam invitatus : « Quid ais, inquit iratus ? An[10] nesciebas Lucullum hodie cenaturum esse apud Lucullum ? »

Lhomond, *De viris illustribus.*

1. *reprehendo, is, ere, di* : faire une critique
2. *peramoena* = *amoenissima*
3. *sapio, is, ere, ii* : avoir du bon sens
4. *hirundo, inis,* f. : hirondelle
5. *sumptus, us,* m. : luxe
6. *modicus, a, um* : ordinaire
7. *utpote soli* : vu qu'il dînait seul
8. *objurgo, as, are* : réprimander
9. *lautus, a, um* : somptueux
10. *an... ?* : est-ce que... ?

VOCABULAIRE

Recevoir : *Accipere*

■ **Accipio, is, ere, cepi, ceptum** *(accueillir, recevoir)* est composé du verbe simple **capio, is, ere, cepi, captum** *(saisir, prendre en main)* et du préfixe **ad-** *(vers, en direction de)*.

1 Verbes de même racine

■ **Concipio, is, ere, cepi, ceptum**
< *cum* + *capere* : « prendre complètement »
► contenir, concevoir.

■ **Decipio, is, ere, cepi, ceptum**
< *de* + *capere* : « prendre en faisant tomber »
► attraper, tromper, décevoir.

■ **Excipio, is, ere, cepi, ceptum**
< *ex* + *capere* : « tirer d'un ensemble »
► retirer, accueillir.

■ **Incipio, is, ere, cepi, ceptum**
< *in* + *capere* : « prendre en main »
► entreprendre, commencer.

■ **Percipio, is, ere, cepi, ceptum**
< *per* + *capere* : « prendre d'un bout à l'autre »
► recueillir, percevoir.

■ **Praecipio, is, ere, cepi, ceptum**
< *prae* + *capere* : « prendre d'avance »
► prescrire, recommander.

■ **Recipio, is, ere, cepi, ceptum**
< *re* + *capere* : « prendre en arrière »
► ramener, recevoir.

? Qu'est-ce qu'un **incipit**, un **précepteur**, un **percepteur**, un **récipient**, un **excipient**, une **exception**, une **déception**, une **perception** ?

2 Quelques règles de phonétique

Comparez les temps primitifs de capere et de ses composés : que constatez-vous ?

Ajouter un préfixe à un verbe simple peut entraîner certaines modifications :

■ La dernière consonne du préfixe se modifie au contact de la première consonne du verbe simple : elle devient semblable ou s'en rapproche (on appelle cela « assimilation » de *similis*, « semblable ») :

ad + capio ► a **c** cipio
cum + capio ► co **n** cipio

(*m* devient *n* au contact de *c*, *v* ou *s*)

■ L'ajout d'un préfixe, en faisant changer de place la première voyelle du verbe simple, en modifie le timbre (on appelle cela « apophonie », du grec *apo-*, « loin de », et *phonè*, « le son ») :

ca/pio ► ac-**ci**/pio (a > i)
cap/tum ► ac-**cep**/tum (a > e)

3 Le préfixe *cum-* (*com-*, *col-*, *con-*, *cor-*)

Réunion (ensemble, avec)	Intensité (insistance)	Achèvement (accomplissement)
– **convivere** (**convivium, conviva**) : manger ensemble – **colligere** : rassembler	– **commovere** : ébranler – **corroborare** : renforcer	– **conficere** : accomplir – **concipere** : prendre entièrement

Expliquez les transformations phonétiques liées à l'ajout du préfixe.

4 La formation des mots : le suffixe *-ceps*

Le suffixe ***-ceps*** < *capere* : « celui qui prend » permet de former certains noms :

■ **prin-ceps, cipis**, *m.* < *primus* + *capio* :
« qui prend la première place »
► le chef, le premier, le prince.

■ **muni-ceps, cipis**, *m.* < *munia* + *capio* :
« qui prend une charge »
► le citoyen (d'une ville).

■ **man-ceps, cipis**, *m.* < *manus* + *capio* :
« qui prend en main »
► l'acheteur, le propriétaire.

? Qu'est-ce qu'un **principe**, un employé **municipal**, une personne **émancipée** ?

En latin dans le texte

Ab ovo usque ad mala. (Horace)
= « De l'œuf aux pommes »
= de A à Z, du début jusqu'à la fin.
Nunc est bibendum. (Horace)
= « Maintenant, buvons ! » = Cela s'arrose !

Tables romaines

Si tous les Romains ne méritent pas la réputation d'extravagance alimentaire qui leur est faite, certains se sont fait connaître par leurs raffinements inattendus ou leurs inventions étonnantes.

Au fil de la journée

◆ Les Romains prennent en général trois repas par jour. Leur petit-déjeuner (***jentaculum***), s'il n'est pas tout simplement supprimé pour des raisons diététiques, consiste en une rapide collation, souvent un verre d'eau et un morceau de fromage. Le déjeuner (***prandium***) n'est guère plus copieux : ce repas froid à base de fruits et de légumes pris « sur le pouce » ne nécessite ni de s'asseoir ni de dresser une table.

◆ Heureusement, la journée terminée, il y a la ***cena***, dîner qui commence vers la neuvième heure, après le bain. Lorsqu'il y a des invités, on s'installe dans la salle à manger (***triclinium***), dans laquelle sont disposés trois lits inclinés à trois places (***triclinia***) répartis autour d'une table carrée. Les convives (***convivae***) s'y allongent de biais, le coude gauche appuyé sur un coussin. Le lit d'honneur, placé au centre, n'a pas de vis-à-vis, et la place d'honneur y est celle de droite : c'est par là que débute le service, puis on sert les convives du lit de gauche et enfin ceux du lit de droite.

À table

◆ La *cena* comporte généralement **quatre services**, qui peuvent être séparés par des intermèdes musicaux, des danses ou des jeux. On commence par la ***gustatio*** (hors-d'œuvre à base d'œufs et de vin miellé), puis viennent la ***prima cena*** (à base de viandes), l'***altera cena*** (à base de poissons ou de gibiers) et le **dessert**. On boit du vin préalablement mélangé avec de l'eau dans un cratère.

◆ On utilise des cuillères et des couteaux pour servir et couper, mais **on mange avec les doigts**, que l'on rince après chaque service. Roter à table fait partie des usages, et un décret de l'empereur Claude autorise même d'autres bruits librement exprimés par le corps.

◆ La *cena* est souvent un **repas simple**. Ainsi Pline le Jeune évoque-t-il le menu concocté pour un de ses amis : une laitue, trois escargots, deux œufs par personne, des olives, des oignons, des courges et, pour finir, un gâteau d'épeautre. Mais les *cenae* les plus extravagantes étaient rendues possibles à la fois par l'extrême **diversité des denrées** qui convergeaient à Rome de tous les coins de l'empire et par les talents extraordinaires des cuisiniers de certains gastronomes, parmi lesquels le fameux M. Gavius Apicius qui, dit-on, dépensa sa fortune en banquets à l'époque de Tibère.

Les plaisirs de la table

◆ Si le repas donné par **Trimalchion** reste une caricature imaginée par Pétrone, on connaît, grâce aux recettes d'Apicius, le goût des Romains pour certains mélanges de condiments et de denrées plutôt surprenants pour nos papilles.

◆ Pour les **sauces**, Apicius recommande l'usage de nombreux ingrédients : poivre, carvi, aneth, coriandre, moutarde, *garum* (viscères de poissons séchés et salés), céleri, thym, origan, oignon, miel, huile, vinaigre, etc.

◆ Les **légumes** sont d'une extraordinaire diversité (on en dénombre 54 espèces cultivées et 43 sauvages) : raves, navets, oignons, asperges, choux, salades (plusieurs variétés de laitues sont connues), poireaux, concombres, courges, champignons, etc.

◆ Très appréciés aussi, les **fruits** abondent : figues (on en compte 44 espèces différentes !), pommes, prunes, coings, grenades, abricots, poires, raisins, mais aussi noix, pistaches, amandes, noisettes ou châtaignes.

◆ Quant aux **viandes** et **poissons**, ils vont de la truie au cerf, en passant par les sangliers, daims, lièvres, canards, oies, pintades, faisans, paons, turbots, murènes, mulets, huîtres, moules et coquillages variés.

◆ Comme aurait pu le faire au XVIIe siècle le célèbre Vatel, cuisinier du Grand Condé, **Apicius** était capable de s'embarquer sur l'heure pour l'Afrique après avoir appris qu'on venait d'y pêcher une langouste d'une taille exceptionnelle... et il se donna la mort lorsqu'il fut ruiné.

◆ Les meilleurs cuisiniers, tels les grands chefs imaginatifs d'aujourd'hui, rivalisent de talent. Ainsi, le poète Martial raconte comment

Nature morte aux œufs et aux perdrix, Ier s. ap. J.-C., *musée archéologique de* Naples.

l'un d'eux avait cuisiné un savoureux repas en choisissant pour ingrédient unique la citrouille, du hors-d'œuvre au dessert.

Durs lendemains...

◆ En guise d'épilogue, écoutons les remarques alarmées de Sénèque dans une lettre à son ami Lucilius : « Depuis [...] qu'on a inventé mille assaisonnements pour exciter la gourmandise, [...] les misères se succèdent : teint plombé, convulsion des nerfs imprégnés de vin, [...] sérosités s'infiltrant partout sous la peau, ballonnements [...], épanchement d'ictère, mauvaise pigmentation de la face, suintement du corps en pourriture à l'intérieur [...], ulcérations installées dans tous nos organes [...]. »

ARRÊT SUR IMAGE

1. Histoire de l'art

La mode des peintures murales s'est répandue en Italie dès le IIe siècle avant J.-C. et généralisée à l'époque impériale. La base est un enduit de chaux mélangée à du sable, du savon et de la cire, que l'on applique sur le mur avant de le polir. Les pigments de couleur sont mélangés très rapidement à la chaux du support pour réaliser les motifs picturaux. Quatre styles différents se sont succédé du Ier siècle avant J.-C. au IIe siècle après J.-C. Lesquels ?

2. Art et histoire

Au Ier siècle après J.-C., les représentations de la vie quotidienne sont à la mode et prennent fréquemment la forme de natures mortes. On y voit un reflet des goûts culinaires du temps et leur scénographie est souvent riche de significations. Dans cette nature morte, comment s'exprime une part des réflexions philosophiques de l'époque sur la vie et le temps ?

3. Techniques et effets

Les objets sont disposés sur une table : comment la profondeur est-elle exprimée ? D'où vient la lumière ? Étudiez la composition de cette nature morte : comment l'artiste utilise-t-il le contraste des matières et des couleurs ?

CHAPITRE

2 Tapage nocturne

VOCABULAIRE

alica, ae, *f.* : gâteau de semoule
cellarius, ii, *m.* : intendant
circa (+ *Acc.*) : aux alentours de, aux environs, autour de
concito, as, are : pousser (un cri)
consumo, is, ere, sumpsi, sumptum : consommer, dévorer
coquus, i, *m.* : cuisinier
discurro, is, ere, curri ou **cucurri, cursum** : courir dans tous les sens
excedo, is, ere, cessi, cessum : aller au-delà de
flagellum, i, *n.* : fouet
frugaliter : sobrement
gesto, as, are : porter en litière
lucifuga, ae, *m.* : qui fuit la lumière, qui vit la nuit
mulsum, i, *n.* : vin miellé
rota, ae, *f.* : roue
sonus, i, *m.* : bruit, son
tumultuor, aris, ari : faire du bruit

Albinovanus Pedo est un poète, auteur d'épigrammes. Si son œuvre n'est pas passée à la postérité, c'est peut-être parce que son voisin insomniaque l'empêchait de se reposer la nuit...

Pedonem Albinovanum narrantem audivimus habitasse[1] se supra domum S. Papinii ; is erat ex turba lucifugarum. « Audio, inquit, circa horam tertiam noctis flagellorum sonos ; quaero quid faciat ; dicitur[2] rationes accipere[3]. Audio circa horam sextam noctis clamorem concitatum ; quaero quid sit ; dicitur vocem exercere. Quaero circa horam octavam noctis quid sibi ille sonus rotarum velit[4] ; gestari dicitur. Circa lucem discurritur, pueri[5] vocantur, cellarii, coqui tumultuantur ; quaero quid sit ; dicitur mulsum et alicam poposcisse, a balneo exisse. – Excedebat, inquis, ejus cena diem ? – Minime ! Valde enim frugaliter vivebat ; nihil consumebat, nisi noctem. »

Sénèque, *Lettres à Lucilius*, 122.

1. ***habitasse*** = *habitavisse*.
2. ***dicitur*** (sujet sous-entendu : Papinius)... : on me dit que Papinius...
3. ***rationes accipere*** : recevoir des comptes (de ses comptables).
4. ***quid sibi vult ?*** : que signifie ?
5. ***pueri*** : des esclaves.

ÉTUDE

1. De quel verbe dépend la proposition infinitive dont le verbe est **habitasse** ? Justifiez l'emploi du subjonctif dans la proposition : **(quaero) quid faciat**.

2. Relevez les formes verbales présentant une terminaison caractéristique du passif. Quelle est la particularité du verbe auquel appartient la forme **tumultuantur** ? Comment reconnaît-on ce type de verbes dans une liste de vocabulaire ou un lexique ?

3. **Discurritur** n'a pas de sujet exprimé et se traduit : « on court dans tous les sens ». Le verbe **discurrere** peut-il se prêter à la transformation suivante : **Pedo Papinium audit ⟶ Papinius a Pedone auditur ?**

À dormir debout

4. La **prima hora noctis** se situe vers six heures du soir : mettez à notre heure les occupations nocturnes de Papinius.

5. Montrez comment Pedo s'efforce de présenter ce pénible voisinage avec humour.

GRAMMAIRE

1 Actif/passif

■ Les verbes **transitifs** se prêtent à la transformation passive :

Magister narrat fabulam.
Sujet + verbe actif + COD

► Fabula narratur a magistro.
Sujet + verbe passif + C. d'agent

■ Le **passif** est exprimé :
– à l'**infectum**, par des **désinences différentes** de la voix active :

	Singulier			Pluriel		
	1re	2e	3e	1re	2e	3e
Actif	-o/-m	-s	-t	-mus	-tis	-nt
Passif	-r	-ris	-tur	-mur	-mini	-ntur

– au **perfectum**, par une forme composée du **participe passé passif** et de l'**infectum** du verbe ***sum*** :

amatus est/erat/erit
il a été aimé/il avait été aimé/il aura été aimé

2 Les verbes déponents

■ Les verbes déponents **se conjuguent au passif**, mais ont un **sens actif**.
On les reconnaît, dans le dictionnaire, aux formes passives de leurs temps primitifs. Ils se conjuguent sur le modèle passif des différents types de conjugaison (voir tableaux p. 218).

■ Leur **participe présent** est de forme active :
imitor, aris, ari, atus sum ► imitans, antis ;
verens, entis ; utens, entis ;
patiens, entis ; experiens, entis.

■ Certains verbes, appelés **semi-déponents** combinent des formes actives (à l'infectum) et des formes passives (au perfectum). Ils ont un sens actif.
– **soleo**, **es**, **ere**, **solitus sum** : avoir coutume ;
– **gaudeo**, **es**, **ere**, **gavisus sum** : se réjouir ;
– **audeo**, **es**, **ere**, **ausus sum** : oser.

3 Le passif impersonnel

À la **3e personne du singulier**, les verbes transitifs ou intransitifs latins peuvent se rencontrer au passif **sans sujet exprimé**. Ce passif impersonnel se traduit en français par « on » :

Curritur.	On court.
Fertur...	On rapporte que...
Romam ibatur.	On allait à Rome.

4 Les formes particulières du perfectum

■ La désinence de la 3e personne du pluriel (**-erunt**) prend souvent la forme **-ere** :

amav**ere** = amav**erunt**

■ Les parfaits en **-avi**, **-evi**, **-ivi** présentent, à tous les temps et modes du perfectum, des formes « raccourcies » (syncopées).

– **v** disparaît entre **i** et **e** : audieram = audi**v**eram
– **ve** disparaît devant **r** : amaram = ama**ve**ram
– **vi** disparaît devant **s** : audisti = audi**vi**sti, narrasse = narra**vi**sse

Le Printemps,
IIe s. ap. J.-C.,
El Djem (Tunisie), Musée archéologique.

EXERCICES

1 Chassés-croisés

a. Faites correspondre les mots latins et leur traduction.

- proficiscor, eris, ficisci, fectus sum – ascendo, is, ere – via, ae – cursus, us – cedo, is, ere, cessi, cessum – iter, itineris – eo, is, ire – impetus, us – egredior, eris, gredi, gressus sum – motus, us – venio, is, ire, veni – peregrinatio, onis – fugio, is, ere – lentus, a, um – sequor, eris, sequi, secutus sum – redeo, is, ire – fuga, ae – pes, pedis – adeo, is, ire – cado, is, ere, cecidi, casum – crus, cruris – gradus, us.
- *fuir – assaut, élan – partir – tomber – lent – rue, voie – mouvement – sortir (en marchant) – suivre, poursuivre – jambe – monter – voyage – chemin, itinéraire – aller – revenir, retourner – fuite – pas, marche – reculer – venir – course – aller trouver, aller auprès de – pied.*

b. Traduisez oralement les phrases suivantes.

1. Aves alis volant, homines pedibus currunt. – **2.** Longo itinere Romam veni. – **3.** Oratione habita, consul e Curia egressus est et domum rediit. – **4.** Athletae quotidie variis motibus crura exercent. – **5.** Tam magnum impetum hostes fecerunt ut nostri primum loco cesserint, deinde fugerint. – **6.** Cum periculum majus est, fuga tutior videtur. – **7.** Si navigare vis, primum navem ascende.

2 Actif et passif

Transformez les phrases sur le modèle suivant, puis traduisez.

***Exemple* : Puer librum legebat ⟶ liber a puero legebatur.**

1. Vicini varios sonos audiebant. – **2.** Cellarius domino rationes reddit. – **3.** Cicero ipse pulchriorem villam mox emet. – **4.** Trimalchio ad cenam vos invitabit. – **5.** Multas puellas Ovidius poeta amavit. – **6.** Optimi cives in foro te salutant. – **7.** Utinam Patres rem publicam recte gerant ! – **8.** Ministri ante hospites cibum posuerant. – **9.** Carthaginem Romani deleverunt.

3 Les verbes déponents

Traduisez.

1. Athletae multos dolores patiuntur ut victoriam ferant. – **2.** Vereor ne in hoc durissimo lecto minime dormire possis. – **3.** Cum discipuli tumultuarentur, magister iratus silentium fieri jussit. – **4.** Hostium impetus sustinere frustra nostri conati sunt. – **5.** Optima exempla admiramur, at non semper imitamur. – **6.** Illud terribile bellum laeta pax tandem secuta est. – **7.** Per multos annos se quotidie exercuit ut juvenis videretur. – **8.** Mihi maesta videris : num Roma profectus est amicus ? – **9.** Si amari digna videberis, a multis amaberis. – **10.** Nemo unquam dormiendo summam gloriam adeptus est.

Cadran solaire, Ier-IIe s. ap. J.-C., *musée du Louvre.*

VERSION

Réveillés par les oies !

En 390, les Gaulois qui assiègent Rome tentent, en pleine nuit, de s'emparer de la citadelle en escaladant la falaise du Capitole…

In summum saxum evaserunt[1], tanto silentio ut non solum custodes fallerent[2], sed ne canes quidem excitarent. Anseres non fefellere, quibus in summa inopia[3] Romani abstinuerant[4], quia aves erant Junoni sacrae ; quae res Romanis saluti fuit[5]. Nam clangore[6] anserum anserumque[7] crepitu[8] excitus[9], Manlius, vir bello egregius, ceteros ad arma vocans, Gallos ascendentes dejecit. Unde mos iste incessit[10] ut solemni pompa canis in furca[11] suffixus feratur, anser vero velut triumphans in lectica gestetur.

Lhomond, *De viris illustribus.*

1. *evado, is, ere, evasi, evasum* : sortir
2. *fallo, is, ere, fefelli, falsum* : tromper
3. *inopia, ae,* f. : dénuement, famine
4. *abstineo, es, ere, tinui, abstentum* (+ D) : ne pas toucher, épargner
5. *res mihi saluti est* : cette chose me sauve la vie
6. *clangor, oris,* m. : cri
7. *anser, eris,* m. : oie
8. *crepitus, us,* m. : bruit
9. *excitus, a, um* : réveillé
10. *incedo, is, ere, cessi, cessum* : s'avancer, se mettre en place
11. *furca, ae,* f. : fourche

VOCABULAIRE

Le calendrier romain

1 Quatre saisons

- **Ver, veris**, *n.* : *le printemps* < primum tempus
- **Aestas, atis**, *f.* : *l'été* (cf. *estival*)
- **Autumnus, i**, *m.* : *l'automne*
- **Hiems, emis**, *f.* : *l'hiver* < hivernum tempus

2 Douze mois

Januarius	**Aprilis**	**Julius**	**October**
Februarius	**Maius**	**Augustus**	**November**
Martius	**Junius**	**September**	**December**

Les mois (***mensis, is***, m.) tirent leur nom de dieux, d'empereurs ou simplement de leur numéro d'ordre. Ainsi, le mois de septembre (< *septem* : sept) était le septième quand l'année débutait le 1er mars.

? À quel mois **Jules César** a-t-il donné son nom ? et **Auguste** ? Quelles divinités latines sont respectivement à l'honneur le mardi, le mercredi, le jeudi et le vendredi ?

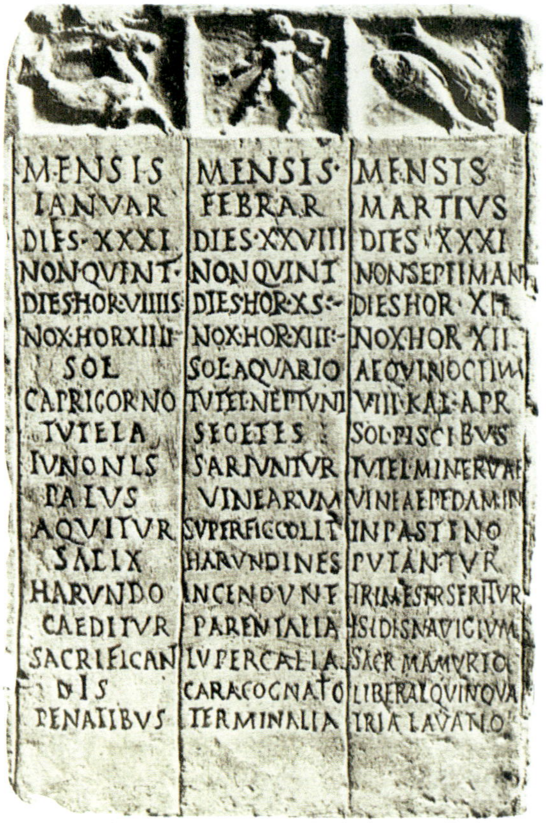

Calendrier romain

3 Des chiffres et des lettres

Pour compter, les Romains utilisent des lettres.

Chiffres	Adjectifs cardinaux	Adjectifs ordinaux
I (1)	Unus, a, um	Primus, a, um
II (2)	Duo, duae, duo	Secundus, a, um
III (3)	Tres, tres, tria	Tertius, a, um
IV (4)	Quattuor	Quartus, a, um
V (5)	Quinque	Quintus, a, um
VI (6)	Sex	Sextus, a, um
VII (7)	Septem	Septimus, a, um
VIII (8)	Octo	Octavus, a, um
IX (9)	Novem	Nonus, a, um
X (10)	Decem	Decimus, a, um
L (50)	Quinquaginta	Quinquagesimus, a, um
C (100)	Centum	Centesimus, a, um
D (500)	Quingenti, ae, a	Quingentesimus, a, um
M (1 000)	Mille	Millesimus, a, um

Les lettres-chiffres sont rangées de gauche à droite, en ordre décroissant :

MCLV = 1 155 ; VI = 6

Mais le premier chiffre doit parfois être soustrait :

IX = 9 (1 ôté de 10) ;

XCIII = 93 (10 ôté de cent + 3), etc.

***Écrivez les chiffres suivants à la manière latine :* 19, 28, 40, 200, 435.**

? Qu'est-ce qu'un **quinquagénaire**, un **centenaire**, un **centime**, une **dîme** (< *decima pars*), un **quatuor**, un vin **millésimé**, le secteur **tertiaire** ?

4 La formation des mots : le suffixe *-tas*

Le suffixe ***-tas, atis*** (*f.*) sert à former des **substantifs abstraits féminins** indiquant une **qualité** ou un **état**. Il correspond au suffixe français **-té**.

- **vetus, eris** : ancien ► **vetustas, atis**, *f.* : la vétusté
- **felix, icis** : heureux ► **felicitas, atis**, *f.* : le bonheur, la félicité
- **humanus, a, um** : humain ► **humanitas, atis**, *f.* : l'humanité

Les saisons et les jours

Le monde moderne est mathématiquement rythmé par la succession régulière des minutes et des secondes. Mais cette conception du temps, liée à la civilisation industrielle, est étrangère au monde romain.

Variations sur le calendrier

◆ Les Romains datent les années ***ab Urbe condita***, c'est-à-dire à partir de la fondation de Rome (753 avant J.-C.) ; mais sous la République, l'usage s'est imposé de désigner les années par le nom des consuls en charge.

◆ La mesure du temps s'est d'abord fondée sur les **phases de la lune** : sous le roi Numa, l'année, qui commence en mars (pour honorer le dieu Mars, père du héros fondateur de Rome, Romulus), compte 355 jours répartis en 12 mois lunaires. Cette distribution oblige à rattraper le retard en intercalant un mois supplémentaire tous les deux ans.

◆ À partir de 153 avant J.-C., l'année débute le **1er janvier**, jour d'entrée en fonction des consuls. Pour corriger le retard pris par le calendrier lunaire, César, en 46 avant J.-C., fixe le nombre de jours d'une année à 365 1/4 : un jour est donc intercalé tous les 4 ans en février (dernier mois de l'année), où l'on compte deux fois le sixième jour avant les calendes de mars (*dies bis sextus* ⟶ année bissextile).

Des mois aux semaines

◆ Les mois du calendrier romain comptent 31 jours, 30 jours (en avril, juin, septembre et novembre) ou 28 jours (en février, avec 29 jours les années bissextiles).

Ils sont jalonnés par trois grandes dates par rapport auxquelles on situe les autres jours :

– les **Calendes** (***Kalendae*, *arum***, f.) : 1er jour du mois ;

– les **Nones** (***Nonae*, *arum***, f.) : 5e jour du mois, ou 7e jour en mars, mai, juillet, octobre ;

– les **Ides** (***Idus*, *uum***, f.) : 13e jour du mois, ou 15e jour en mars, mai, juillet, octobre.

◆ On date les jours en comptant **à rebours** à partir de ces repères : par exemple, on dira « le troisième jour avant les Calendes de janvier » pour désigner le 30 décembre, ou « la veille des Ides de mars » pour désigner le 14 mars.

◆ À l'époque d'Auguste, on introduit à Rome la **semaine** (< *septem* : sept) de sept jours, et à l'époque de Néron se généralise le **repos hebdomadaire du dimanche** que Sénèque considère comme « une pratique inutile, car en revenant tous les sept jours, il fait perdre dans l'oisiveté presque un septième de la vie, outre que beaucoup de tâches urgentes pâtissent de ce chômage ».

Un horaire élastique

◆ Les Romains avaient partagé la journée en 24 heures, 12 pour le jour (comptées du lever au coucher du soleil) et 12 pour la nuit.

◆ **La durée d'une heure romaine (*hora*) variait donc selon les saisons** : au solstice d'hiver, où le jour comptait 8 heures 54 minutes de soleil contre 15 heures 6 minutes d'obscurité, l'heure diurne avoisinait les 45 minutes alors que l'heure nocturne durait une heure et 15 minutes. Au solstice d'été, la situation était inverse. Ainsi, à Rome, la durée d'une heure oscillait de **44 à 75 minutes** environ et le poète Martial, pour dire que son recueil de poèmes se lit en « une petite heure », précise qu'il ne s'agit « pas d'une heure d'été ». La septième heure commençait toujours à midi (***meridies***).

◆ La nuit était divisée en **4 veilles** (***vigilia*, *ae***, f.) pour les soldats, avec un repère fixe à la fin de la 2e veille, *media nox* (minuit).

Quand les heures sont comptées

◆ Les premiers instruments de mesure officielle du temps furent les **cadrans solaires**, dont le premier fut introduit à Rome au début du IIIe siècle avant J.-C. Les cadrans solaires comportent une tige de métal (*gnomon* en grec) dont l'ombre se projette sur une surface divisée en secteurs horaires.

◆ Il en existe de toutes les tailles et de toutes les formes, mais d'un cadran à l'autre, l'heure varie, comme le rappelle ironiquement Sénèque : « Quant à l'heure, je ne puis vous la dire exactement : il est plus facile de mettre d'accord des philosophes que des horloges. »

Mosaïque du calendrier, IIIe s. ap. J.-C., Sousse (*Tunisie*), *Musée archéologique*.

◆ Les plus petits de ces cadrans ont la taille de nos montres et le plus grand est l'*Horologium Augusti*, qu'Auguste fit construire à Rome sur le Champ de Mars pour commémorer sa victoire d'Égypte en 30 avant J.-C., et dont le *gnomon* était un obélisque d'Héliopolis de 22 mètres de hauteur.

◆ Pour mesurer le temps pendant la journée, les Anciens disposaient de **sabliers** et d'**horloges à eau**. Il existe deux types d'horloges à eau : la **clepsydre**, sorte de sablier à eau, destinée à mesurer un court moment, et l'***horologium ex aqua***, vase transparent dans lequel l'eau s'écoule avec un débit régulier, et que l'on a gradué en y reportant les ombres d'un *gnomon* solaire correspondant aux douze niveaux horaires pour un même jour de chaque mois.

ARRÊT SUR IMAGE

1. Histoire de l'art

Rappelez comment est fabriquée une mosaïque. Cette imposante mosaïque mesure 5 x 4 m : où était-elle disposée selon vous ?

2. Art et histoire

Cette mosaïque représentant un calendrier provient de la ville antique d'El-Djem, située dans la province romaine d'Africa (l'actuelle Tunisie). Dans cette province, très prospère grâce à ses exportations de blé, les villes « à la romaine » se sont multipliées à l'époque impériale et l'on a retrouvé de somptueuses demeures décorées de mosaïques. Quelle est la langue employée sur cette mosaïque ? Par quel mois commence l'année ? Pourquoi ? Quels types d'activités sont représentés ?

3. Techniques et effets

Combien de vignettes l'artiste a-t-il représentées ? Correspondent-elles toutes aux mois de l'année ? Comment sont-elles disposées dans l'espace et avec quel effet ? Montrez comment l'artiste parvient à suggérer la variété des lieux et des activités (attitudes et nombre des personnages, inscription des mois, etc.).

CHAPITRE

3 Un gamin rusé

VOCABULAIRE

antea (*adv.*) : avant, jadis
curia, **ae**, *f.* : la Curie, où siège le Sénat
profero, **fers**, **ferre**, **tuli**, **latum** : remettre, différer
enuntio, **as**, **are** : annoncer publiquement
percontor, **aris**, **ari**, **atus sum** : interroger
inquiro, **is**, **ere**, **sivi**, **situm** : poser des questions
everbero, **as**, **are** : fouetter, aiguillonner
compresse (*adv.*) : de façon pressante
violenter (*adv.*) : violemment
urgeo, **is**, **ere**, **ursi** : presser
lepidus, **a**, **um** : spirituel
festivus, **a**, **um** : amusant
-ne…, **an…** (*interr.*) : si…, ou si…
nubo, **is**, **ere**, **nupsi**, **nuptum** : épouser (pour une femme)

Le monde romain est masculin, pour ne pas dire « machiste » : les hommes décident, en politique comme à la maison. Ce qui n'empêche pas les femmes de les surveiller…

Mos antea senatoribus Romae fuit in curiam cum praetextatis[1] filiis introire. Tum, cum in senatu res major quaedam consultata eaque in diem posterum prolata est, placuit[2] ut eam rem super qua tractavissent ne quis enuntiaret priusquam decreta esset.
Mater Papirii pueri, qui cum parente suo in curia fuerat, percontata est filium quidnam in senatu patres egissent[3]. Puer respondit tacendum esse, neque id dici licere. Mulier fit audiendi cupidior ; secretum rei et silentium pueri animum ejus ad inquirendum everberat. Quaerit igitur compressius et violentius.
Tum puer, matre urgente, lepidi atque festivi mendacii consilium capit. Actum in senatu dixit utrum[4] videretur utilius esse : unusne ut duas uxores haberet, an ut una apud duos nupta esset.

(à suivre, p. 28)

Aulu-Gelle, *Nuits attiques*, I, 23.

1. ***praetextatus, a, um*** : en âge de porter la toge prétexte.
2. ***placuit… ut… ne*** : il parut bon, on décida que… ne… pas.
3. ***agere***, ici, a le sens « technique » de : avoir à l'ordre du jour, examiner une question, avoir un débat (dans une assemblée).
4. ***utrum*** : (la question de savoir) laquelle des deux choses…

ÉTUDE

1. Découvrez par vous-même le sens des mots :
– **introire** (< **ire**) ;
– **tractavissent** (< **tractare**) ;
– **decreta est** (< **decerno**) ;
– **secretum** ;
– **mendacii** (< **mendacium**).
Quelle particularité présente le verbe auquel appartient la forme **fit** ?

2. Rappelez comment se forment le comparatif et le superlatif des adjectifs.
De quels adjectifs **cupidior** et **utilius** sont-ils les comparatifs ? Et **major** ?
Quels autres comparatifs irréguliers connaissez-vous ?

3. **Compressius** et **violentius** sont des adverbes au comparatif (< **compresse** et **violenter**).
Quel suffixe marque le comparatif ?

Un beau mensonge

4. Étudiez le rythme du récit.
Quels sont les procédés qui contribuent à donner l'impression de rapidité ?

5. Quels traits psychologiques sont censés motiver l'attitude du jeune Papirius et de sa mère ?
Sur quels préjugés reposent-ils ?

Sarcophage de M. Cornelius Status : évocation de la vie d'un enfant, IIe s. ap. J.-C., *musée du Louvre.*

GRAMMAIRE

1 Les mots interrogatifs

Les pronoms-adjectifs

Pronoms	
quis, quae, quid ?	qui, quoi, lequel/laquelle ?
quisnam, quaenam, quidnam ?	qui donc ? quoi donc ? laquelle donc ?
uter, utra, utrum ?	lequel/laquelle (des deux) ?
Adjectifs	
qui, quae, quod ?	quel(le) ?
uter, utra, utrum ?	quel(le) (des deux) ?

Les adjectifs interrogatifs

qualis, e ?	quel (le) ? de quelle nature ?
quantus, a, um ?	quel (le) ? combien grand(e) ?

Les adverbes interrogatifs

Lieu	
ubi ?	où (est-il ?)
quo ?	où (va-t-il ?)
unde ?	d'où (vient-il ?)
qua ?	par où (va-t-il ?)
Temps	
quando ?	quand ?
quamdiu ?	pendant combien de temps ?
quousque ?	jusqu'à quand ?
Cause	
cur ?	pourquoi ?
quare ?	
quamobrem ?	
quid ?	
Quantité, intensité	
quam ?	combien ? (devant un adjectif ou un adverbe)
quantum ?	(devant un verbe ou un nom au génitif)
quot ?	(devant un nom au pluriel)
Manière	
quomodo ?	comment ?
quemadmodum ?	

Les particules interrogatives

– Suffixe **-ne** ajouté à la fin du mot sur lequel porte l'interrogation :

Frater**ne** locutus est ? Est-ce ton frère qui a parlé ?

– **Nonne** (est-ce que… ne… pas ?)

– **Num** (est-ce que… ?)

L'interrogation double

Les deux membres d'une interrogation double sont liés par la particule **an**. Le premier terme peut :

– n'être introduit par aucun mot interrogatif :

Venis **an** manes ? Tu viens ou tu restes ?

– être introduit par **utrum** ou par **-ne** :

Utrum pacem **an** bellum vultis ?

Voulez-vous la paix ou la guerre ?

2 Le comparatif et le superlatif de l'adverbe

Sur les adjectifs de la 1re classe se forment des adverbes en **-e**, sur les adjectifs de la 2e classe, des adverbes en **-ter** :

doctus ► docte
savant savamment

pulcher ► pulchre
beau bellement

fortis ► fortiter
courageux courageusement

Les adverbes ont un comparatif en **-ius** et un superlatif en **-issime** (ou **-errime**) :

fortiter ► fortius, fortissime
courageux plus courageusement, très courageusement

pulchre ► pulchrius, pulcherrime

saepe ► saepius, saepissisme

diu ► diutius, diutissime

EXERCICES

1 Le plus et le moins

a. Traduisez du français au latin et du latin au français.

1. *Ce Papirius est un bon garçon.* – **2.** Cicero melior fuit orator quam imperator. – **3.** Bona valetudo omnium bonorum optimum est. – **4.** Mali cives numquam in nostra civitate defuerunt. – **5.** Num paupertas pejor est quam servitudo ? – **6.** *La langue* (lingua, ae) *est la meilleure et la pire des choses.* – **7.** Negotiatores magnis navibus utuntur. – **8.** *Chez les Romains, l'art de la guerre* (ars militaris) *procurait* (praestare) *une plus grande gloire que l'éloquence.* – **9.** Maxima diligentia curavit Papirius ut secretum taceret. – **10.** *Beaucoup de chemins* (iter) *conduisent à Rome.* – **11.** Plures libros legi quam tu. – **12.** Aestate plurimae stellae (*étoiles*) in caelo adspici possunt. – **13.** *Notre grand-père nous a laissé une petite maison.* – **14.** Illam villam minore pretio vendidit quam emerat. – **15.** Romulo regnante, Roma minima erat.

b. Traduisez ces expressions devenues proverbiales à Rome, en expliquant leur sens.

1. Parva necat morsu spatiosum vipera taurum.
2. Majora premunt.
3. Optima rara sunt.
4. Omnes vulnerant, ultima necat. (*Se lit souvent sur des cadrans solaires…*)

2 Les mots interrogatifs

Associez une réponse à chaque question, puis traduisez.

• **Questions : 1.** Qualis fuit praeclarorum virorum vita ? – **2.** Cur secretum tacere tam difficile est ? – **3.** Quando Romam redibit Caesar ? – **4.** Quando Carthago deleta est ? – **5.** Utrum Romulus an Remus Urbem condidit ? – **6.** Quo profectus est consul ? – **7.** Quamdiu Caesar bellum in Gallia gessit ? – **8.** Matrine an sorori Papirius puer mendacium dixit ? – **9.** Quid in senatu hodie Cicero dixit ? – **10.** Quantam pecuniam habes ?

• **Réponses : 1.** Bello confecto Caesar domum redibit. – **2.** Consul in Asiam profectus est. – **3.** Matri interroganti ille puer lepide respondit. – **4.** Quinque sestertii tantum mihi sunt. – **5.** Quia omnes secreta scire cupiunt. – **6.** Illorum vita laborum plena fuit. – **7.** Bello Punico tertio Romani hanc urbem deleverunt. – **8.** Decem annos cum Gallis bellum gessit. – **9.** Longissimam orationem de minimis rebus habuit. – **10.** Ille fratre interfecto primus Romae regnavit.

3 Les adverbes

Retrouvez dans les phrases les adverbes formés sur les adjectifs suivants, puis traduisez.

• longus – superbus – vehemens – doctus – peritus – gravis – acer – rectus – diligens – beatus.

1. Tarquinius superbe Romae regnavit. – **2.** Cum Poenis diutissime et acerrime pugnatum est. – **3.** Papirii mater filium interrogare vehementius cupiebat. – **4.** Gladiator graviter vulneratus tandem necatus est. – **5.** Si recte egeris, laudaberis ! – **6.** Scipio peritius bellum gessit quam Hannibal. – **7.** Magister discipulis rogantibus doctissime respondit. – **8.** Ad beate vivendum pauca necessaria, multa utilia sunt. – **9.** Epistulas tuas diligenter legi. – **10.** Orator in curia sententiam suam longius dixit.

VERSION

L'enfance des Gracques

Avant d'enflammer la République en essayant en vain d'imposer leurs réformes, les Gracques furent des enfants modèles, choyés par leur maman…

Tiberius Gracchus et Caius Gracchus Scipionis Africani ex filia nepotes erant. Horum adulescentia bonis artibus[1] et magna spe omnium floruit[2]. Ad egregiam quippe[3] indolem[4] accedebat optima educatio. Exstant[5] Corneliae matris epistolae, quibus apparet eos non solum in gremio[6] matris educatos fuisse, sed etiam ab ea sermonis elegantiam hausisse[7]. Maximum matronis ornamentum esse liberos bene institutos merito[8] putabat sapientissima illa mulier.

Lhomond, *De viris illustribus.*

1. *bonae artes*, f. pl. : qualités
2. *floreo, es, ere, ui* : être florissant, briller
3. *quippe* : de fait
4. *indoles, is*, f. : caractère naturel
5. *exsto, as, are* : exister encore
6. *gremium, ii*, n. : sein, giron
7. *haurio, is, ire, hausi, haustum* : puiser, tirer de
8. *merito* (adv.) : avec raison

VOCABULAIRE

De la naissance au mariage

1 Les membres de la famille

- **affines, ium,** *m. pl.* : parents par alliance.
- **avus, i,** *m.* : grand-père, ancêtre.
- **cognatus, a, um** : apparenté.
  ▶ **cognati, orum,** *m. pl.* : parents (unis par les liens de la naissance).
- **conjux, conjugis,** *f.* : épouse.
- **familia, ae,** *f.* : famille (ensemble de ceux qui vivent sous le même toit).
  ▶ **familiaris, is, e** : qui appartient à la famille, intime.
  ▶ **res familiaris** : patrimoine.
- **filia, ae,** *f.* : fille.
- **filius, ii,** *m.* : fils.
- **frater, fratris,** *m.* : frère.
- **gigno, is, ere, genui, genitum :** engendrer, produire.
  ▶ **gens, entis,** *f.* : race, famille (ensemble de ceux qui portent le même nom), peuple.
- **liberi, rorum,** *m. pl.* : enfants.
- **majores, um,** *m. pl.* : ancêtres.
- **mater, tris,** *f.* : mère.
- **matrona, ae,** *f.* : femme mariée, dame, mère de famille.
- **nascor, sceris, sci, natus sum** : naître.
- **nepos, otis,** *m.* : neveu, petit-fils, descendant.
- **pater, tris,** *m.* : père.
- **parens, ntis,** *m.* ou *f.* : père ou mère (< **pario, is, ere, peperi, partum :** enfanter, produire).
- **posteri, orum,** *m. pl.* : descendants.
- **proles, is,** *f.* : lignée.
- **puer, eri,** *m.* : enfant.
- **socer, eri,** *m.* : beau-père.
- **soror, oris,** *f.* : sœur.
- **uxor, oris,** *f.* : épouse.

2 Rites et pratiques

- **adopto, as, are, avi, atum** : adopter.
  ▶ **adoptio, onis,** *f.* : adoption.
  ▶ **adoptivus, a, um** : adoptif.
- **agnosco, is, ere, agnovi, agnitum** : reconnaître, saisir.
- **emancipo, as, are, avi, atum** : émanciper.
- **expono, is, ere, posui, situm** : exposer, abandonner un enfant.
- **nubo, is, ere, nupsi, nuptum** : prendre le voile, se marier (pour une femme) ≠ **uxorem duco, is, ere, duxi, ductum** : conduire une femme chez soi, se marier (pour un homme).
  ▶ **nuptiae, arum,** *f. pl.* : noces.
  ▶ **mulier nupta,** *f.* : femme mariée.
- **orior, oriris, iri, ortus sum** : sortir, descendre de, se lever, naître.
  ▶ **origo, inis,** *f.* : origine, provenance, naissance.
- **spondeo, es, ere, spopondi, sponsum** : prendre un engagement solennel, promettre, fiancer.
  ▶ **sponsus, i,** *m.* : fiancé.
  ▶ **sponsa, ae,** *f.* : fiancée.
  ▶ **sponsalia, ium,** *n. pl.* : fiançailles.
- **suscipio, is, ere, cepi, ceptum** *ou* **tollo, is, ere, sustuli, sublatum** : soulever, élever (un enfant pour le reconnaître).

? Que signifient les mots : **fratricide, génitrice, népotisme, nubile, orient** ?
Quel sens a pris aujourd'hui le mot **matrone** ?

3 Quelques préfixes

Préfixe	Sens	Exemple
ante-	– devant – supériorité	– **antevenire** : précéder – **anteponere** : placer en tête
inter- (**intel-** par assimilation)	– entre, au milieu – idée de destruction	– **intercedere** : s'interposer – **interficere** : détruire, tuer

? Qu'est-ce qu'une **anticipation**, une **antéposition**, une **intercession**, une **intervention** ?

En latin dans le texte

Qualis pater talis filius.

▶ Traduisez ce proverbe.

Tu quoque, fili !

▶ Dans quelles circonstances cette phrase a-t-elle été prononcée ?

Vie de famille

Dans le monde romain, la familia *se compose de l'ensemble des gens qui vivent sous le même toit, qu'il s'agisse des membres de la famille au sens moderne ou du personnel domestique. Le* pater familias *exerce son autorité sur tout ce petit monde, mais, dès la fin de la République, son pouvoir se relativise et la mère obtient des droits plus étendus sur ses enfants.*

Histoires de couples

◆ Dans l'ancienne société romaine, le mariage traditionnel par ***conventio in manum*** plaçait l'épouse sous l'autorité (*manus*) du mari. Ce mariage pouvait prendre trois formes différentes : la ***confarreatio***, cérémonie religieuse avec l'offrande d'un gâteau d'épeautre à Jupiter Capitolin, la ***coemptio***, vente fictive de sa fille par le père, et enfin, l'***usus***, fondé sur une cohabitation d'un an des époux.

◆ Mais, à l'époque impériale, on voit se généraliser un **mariage libre** (***sine manu***), fondé sur une simple cohabitation du couple qui aboutit à un mutuel accord de mariage. Au temps d'Hadrien (IIe siècle ap. J.-C.), les époux se choisissent de plus en plus librement et le consentement de la jeune fille devient indispensable.

◆ Pour dissoudre un mariage *sine manu*, il suffit que les époux se séparent. Le **divorce**, déjà fréquent à l'époque de Cicéron, devient plus courant dans les grandes familles, et Sénèque le déplore : « Les dames les plus illustres ont pris l'habitude de compter leurs années non plus par les noms des consuls mais par ceux de leurs maris ». Pour tenter de moraliser la vie conjugale, Auguste imagine une loi (***lex Iulia de adulteriis***) qui exile les adultères, confisque la moitié de leur fortune et leur interdit de se marier l'un à l'autre ultérieurement.

Vive les mariés !

◆ Tout commence par des « **fiançailles** » (***sponsalia***), concrétisées par le don symbolique d'un anneau et de cadeaux à la fiancée. Le mariage proprement dit consiste en une cérémonie précédée d'un **sacrifice aux dieux**. On évite avec soin les jours de mauvais augure pour célébrer les noces. La jeune fille revêt une longue tunique blanche, serrée à la taille par une ceinture dont on noue les bouts d'une façon particulière. Elle couvre sa tête du ***flammeum***, voile de couleur orangée, et chausse des sandales jaunes. Au terme de la cérémonie religieuse, les deux époux prononcent la formule rituelle : « **Ubi tu Gaius, ego Gaia** ».

Autel funéraire de Plotius et de sa femme, IIe s. ap. J.-C., *Este, Musée national atestin.*

Les Noces Aldobrandines, Ier s. ap. J.-C., *Rome, musée du Vatican.*

◆ À la fin du banquet nuptial, la jeune mariée est conduite dans la maison du mari. On la soulève de terre pour franchir le seuil où l'attend son époux. Le lendemain, devenue **matrone**, elle est saluée du nom de ***domina*** (maîtresse de maison). Désormais, c'est elle qui surveille et dirige les esclaves domestiques. Elle assiste parfois aux banquets offerts par son mari, mais elle mange assise et le vin lui est interdit (en principe !).

Du couple à la famille

◆ À l'époque impériale, **la natalité décroît** et le poète Martial peut vanter les mérites d'une femme qui a eu trois enfants. Les mères ont obtenu, en cas de divorce, le droit de garde des enfants et les pères n'ont plus droit de vie et de mort sur eux ; néanmoins, ils peuvent toujours « exposer » les nouveau-nés non désirés, surtout les filles, sur la voie publique où ils meurent le plus souvent de faim ou de froid.

◆ Dès que l'enfant est né, il est déposé à terre devant son père qui, s'il le « reconnaît », **le soulève dans ses bras**. Mais s'il le laisse sur le sol, c'est qu'il l'abandonne. Le huitième jour pour les garçons (le neuvième pour les filles) a lieu la **purification**, après laquelle le garçon reçoit la ***bulla***, pendentif contenant des amulettes et des formules magiques, qu'il gardera au cou jusqu'à ses 17 ans. C'est à cet âge qu'il reçoit son ***praenomen*** et à partir de l'époque impériale, ses parents le font enregistrer au temple de Saturne où est installé une sorte de registre d'état civil. En cas d'absence d'héritier mâle, il est d'usage que le père de famille adopte un ou deux fils de ses amis, et rien ne distingue par la suite un enfant adopté d'un enfant naturel.

ARRÊT SUR IMAGE

1. Histoire de l'art

La peinture murale romaine se caractérise par l'insertion des motifs picturaux dans une décoration architecturale : étudiez la place de cette décoration dans la scène représentée et montrez-en la valeur scénographique.

2. Art et histoire

Découverte dans une villa de l'Esquilin, cette fresque est un exemple précieux de peinture romaine provenant de la Ville même et non de Pompéi ou d'Herculanum. Elle tire son nom du cardinal Aldobrandini qui, au XVIIe siècle, la fit transporter chez lui. On y voit se dérouler une scène nuptiale dont on peut suivre avec précision les différentes étapes. Identifiez les principaux personnages et décrivez le rituel représenté.

3. Techniques et effets

Quelles couleurs sont respectivement utilisées pour la mariée, les servantes, le marié ? Étudiez la composition de la scène : par quels procédés (disposition des personnages, formes et couleurs, jeu des regards) le peintre attire-t-il le regard sur le groupe central ?

CHAPITRE

4 Un sénateur en herbe

VOCABULAIRE

compavesco, is, ere : être terrorisé
caterva, ae, *f.* : bataillon, troupe
obsecro, as, are : supplier
intemperies, ei, *f.* : débordement, caprice
postulatio, onis, *f.* : demande
insto, as, are, stiti : demander avec insistance
posthac (*adv.*) : à l'avenir
praeter (*adv.*) : sauf
inditus, a, um : revêtu de, portant
ob (+ *Acc.*) : en raison de

La suite des événements (cf. Un gamin rusé, *p. 22) montre que le jeune* Papirius *est déjà un fin politique.*

Hoc illa ubi audivit, animus compavescit; domo trepidans egreditur ad ceteras matronas ; pervenit ad senatum postridie matrum familias caterva. Lacrimantes atque obsecrantes orant ut una potius duobus nupta fieret quam ut uni duae.

Senatores ingredientes in curiam quae illa mulierum intemperies et quid sibi postulatio ista vellet mirabantur[1]. Puer Papirius, in medium curiae progressus, quid mater audire institisset, quid ipse matri dixisset, rem, sicut fuerat, denarrat.

Senatus fidem atque ingenium pueri exosculatur[2], consultum facit ut posthac pueri cum patribus in curiam ne[3] introeant, praeter ille unus Papirius, atque puero postea cognomen honoris gratia inditum[4] « Praetextatus » ob tacendi loquendique in aetate praetextae prudentiam.

Aulu-Gelle, *Nuits attiques*, I, 23.

1. ***mirabantur quid sibi vellet*** : se demandaient avec étonnement ce que signifiait…
2. ***exosculatur*** : couvre de baisers, récompense en l'embrassant.
3. ***consultum facit ut… ne*** : décrète que… ne… pas.
4. ***inditum*** (*est*) : fut donné.

ÉTUDE

1. Trouvez par vous-même le sens des mots **trepidans** (*cf.* trépidation), **matrum familias** (*cf.* **pater familias**), **denarrat** (*cf.* **de-** : de haut en bas). À quel genre sont **duobus** et **uni** ?

2. Relevez les propositions interrogatives indirectes du texte. De quels verbes dépendent-elles ? Par quels mots interrogatifs sont-elles introduites ? À quel mode est leur verbe ?

3. Quel emploi du présent (qui existe aussi en français) trouve-t-on dans ce récit ? Quel indice montre que, du point de vue de la concordance des temps, ce présent peut être traité comme un parfait ?

Bravo, Papirius !

4. Relevez les mots qui décrivent l'excitation de la mère de Papirius et des matrones. Quel effet recherche le narrateur par cette accumulation ?

5. En quoi Papirius se comporte-t-il précocement comme un sénateur ?

6. Quelle pourrait être la morale de cette histoire ?

Brutus condamnant ses fils à mort (détail), Lethière-Guillon (1760-1832), *musée du Louvre.*
Le personnage central porte une toge prétexte.

GRAMMAIRE

1 La proposition subordonnée interrogative indirecte

■ Elle se rencontre après un verbe signifiant **demander**, **savoir**, **ignorer**, **dire**, **apprendre**.

Magister puerum **rogat** num sororem habeat.
Le maître demande au garçon s'il a une sœur.

Narra nobis quid feceris.
Raconte-nous ce que tu as fait.

■ Son verbe est au subjonctif, au temps voulu par la concordance des temps.

Rappel : le verbe d'une proposition au **subjonctif**, dépendant d'un verbe à un temps du passé, est à l'imparfait ou au plus-que-parfait du subjonctif.

Te rogo : « Quis adest ? »
► Te **rogo** quis **adsit**.
Te rogabam : « Quis adest ? »
► Te **rogabam** quis **adesset**.
Te rogabam : « Quis adfuit ? »
► Te **rogabam** quis **adfuisset**.

■ On rencontre parfois une proposition interrogative indirecte après un nom ou un verbe impliquant l'**idée d'une question qui se pose** :

Miror cur villam vendat.
Je me demande (avec étonnement) pourquoi il vend sa villa.

Inter Romulum et Remum **certamen** erat uter regnaret.
Entre Romulus et Remus l'enjeu du conflit était (de savoir) lequel serait roi.

2 L'emploi des temps dans le récit

Caesar in Galliam **profectus est**. Ibi longum bellum **gerit** ut Gallos domaret. Multi Romani reditum ejus **exspectabant**. Cum tandem Romam **rediit**, civile bellum **suscepit** cum Pompeio, cujus socius **fuerat**.

*César **partit** en Gaule. Là, il **mène** une longue guerre pour soumettre les Gaulois. Beaucoup de Romains **attendaient** son retour. Quand finalement il **fut revenu** à Rome, il **commença** la guerre civile contre Pompée, dont il **avait été** l'allié.*

■ Le temps du récit est normalement le **parfait**.

■ On rencontre, en latin comme en français, le **présent de narration**. Il est généralement suivi d'une concordance des temps au passé.

■ L'**imparfait** souligne la durée d'une action ou d'une situation, par rapport à l'action racontée au parfait.

■ Dans le récit, l'antériorité est marquée par les temps du perfectum (**parfait** ou **plus-que-parfait**).

EXERCICES

1 Politique et politiciens

Complétez les phrases en utilisant des mots courants du vocabulaire latin de la vie politique, puis traduisez.

1. Heri comitia … sunt ut populus Romanus magistratus suos suffragiis eligeret. – **2.** Omnes adulescentes nobili genere orti sperare solent se cursum honorum perfecturos esse, ita ut … creari possint. – **3.** Res publica Ciceronis tempore duarum … certaminibus vexabatur. – **4.** Tribuni plebis … utuntur ne leges jubeantur quae plebi nocere possint. – **5.** Felix consul, anno suo peracto, optimam… obtinuit. – **6.** Apud consules summum … erat. – **7.** Non opus est longa oratione, Cicero, ut … tuam dicas ! – **8.** Gracchi fratres vehementissimas … apud populum habuerunt. – **9.** Tribunus legem … ne aere alieno plebs premeretur. – **10.** Censorum officium est … habere. – **11.** Magna pecunia tibi opus est, si magistratum … vis.

2 L'interrogation directe et indirecte

Traduisez.

1. Nescio cur tam multos libros emas, quoniam legere nescis. – **2.** Patres imperatorem rogaverunt quamdiu pugnatum esset, quam multi milites interfecti essent, quantam praedam fecisset ; ille respondere noluit. – **3.** Senatui placuit ut legati ad hostes mitterentur, deinde legati Patribus detulerunt quae fecissent, quae dixissent, qualia responsa sibi data essent. – **4.** Quidnam facere possumus ut pax servetur ? – **5.** Dic mihi quare non liceat omnia omnibus dicere. – **6.** Patre urgente, puer narravit quid illo die in ludo evenisset. – **7.** Utiliusne putas tacere an rem totam nobis narrare ? – **8.** Non video qua de causa jus in curiam ineundi cum patribus pueris praetextatis, non puellis olim concessum sit. – **9.** Nonne timetis ne nimis laborando discipuli aegri fiant ?

3 La concordance des temps

Appliquez la concordance des temps en modifiant les phrases selon le modèle suivant, puis traduisez.

***Exemple :* Omnes sciunt quid sentias. ⟶ Omnes sciebant quid sentires.**

1. In libris suis Caesar narrat quae in Gallia viderit. – **2.** Cicero minime ignorat quomodo consul creatus sit. – **3.** Quotidie nos ipsa natura admonet quam paucis rebus egeat. – **4.** Nihil est difficilius quam quid deceat videre. – **5.** Multi auctores docent quam breviter urbs Roma creverit.

Chaise curule,
Rome, musée de la Civilisation romaine.

VERSION

Souvenirs, souvenirs…

Les sénateurs, comme leur nom l'indique, étaient souvent bien vieux. Caton l'Ancien, qui mourut à quatre-vingts ans passés, estime que cette vieillesse n'est pas un inconvénient, tant qu'on a encore de la mémoire.

At memoria senibus minuitur. Credo, nisi eam exerceas, aut etiam si sis natura tardior[1]… Nec vero quemquam senem audivi[2] oblitum [esse] quo loco thesaurum[3] obruisset[4]. Omnia quae curant meminerunt[5], […] quis sibi [debeat], cui ipsi debeant. Manent ingenia senibus, modo[6] permaneat studium et industria, neque ea solum in claris et honoratis viris, sed in vita etiam privata et quieta.

Cicéron, *Cato Major.*

1. *tardus, a, um* : lent, engourdi
2. *audire* (+ prop. inf.) : entendre dire que
3. *thesaurus, i,* m. : trésor
4. *obruo, is, ere, obrui, obrutum* : enfouir, enterrer
5. *memini* : je me souviens
6. *modo* (+ Subj.) : pourvu que

VOCABULAIRE

Faire de la politique

1 Charges et institutions

- **censor, oris**, *m.* : censeur.
- **comitia, orum**, *n. pl.* : comices, réunion générale du peuple pour voter.
  ▶ **comitia habere** : organiser les élections.
- **consul, ulis**, *m.* : consul.
- **contio, onis**, *f.* : assemblée du peuple (sans vote), discours devant le peuple.
- **aedilis, is**, *m.* : édile.
- **imperium, ii**, *n.* : pouvoir d'un magistrat supérieur.
- **magistratus, us**, *m.* : magistrat, magistrature.
  ▶ **magistratum petere** : briguer une charge.
- **ordo, inis**, *m.* : classe sociale.
  ▶ **ordo senatorius** : ordre sénatorial.
  ▶ **ordo equester** : ordre équestre.
- **partes, ium**, *f. pl.* : parti politique.
- **patres, um conscripti, orum**, *ou* **Patres**, *m. pl.* : sénateurs.
- **potestas, atis**, *f.* : pouvoir (des tribuns).
- **praetor, oris**, *m.* : préteur.
- **senatus, us**, *m.* : sénat.
  ▶ **senator, oris**, *m.* : sénateur.

2 Hommes et procédures

- **ambio, is, ire, ii, itum** (*ambi* + *ire*) : entourer, solliciter, briguer.
  ▶ **ambitio, onis**, *f.* : brigue légale
  ≠ **ambitus, us**, *m.* : brigue illégale.
- **censeo, es, ere, ui, sum** : penser, juger, donner son avis (pour un sénateur), recenser.
  ▶ **census, us**, *m.* : recensement, fortune.
- **civis, is**, *m.* : citoyen.
  ▶ **civitas, atis**, *f.* : droits de citoyen, citoyenneté.
- **consulo, is, ere, ui, tum** (+ D) : réfléchir, délibérer, consulter.
  ▶ **consultum, i**, *n.* : décision, décret du Sénat (**senatus consultum**).
- **eligo, is, ere, egi, ectum** : choisir, élire.
- **intercedo, is, ere, cessi, cessum** : venir se placer entre, s'opposer.
  ▶ **intercessio, onis**, *f.* : opposition (droit de veto du tribun).
- **lex, legis**, *f.* : loi.
  ▶ **legem ferre** : déposer un projet de loi.
  ▶ **legem promulgare** : afficher, publier une loi.
  ▶ **legem suadere / dissuadere** : voter pour / contre une loi.
- **provincia, ae**, *f.* : province.
  ▶ **provinciam obtinere** : obtenir l'administration d'une province.
- **res (rei) publica, ae**, *f.* : les affaires publiques.
  ▶ **rem publicam gerere** : faire de la politique.
  ▶ **res novare** : faire des réformes, faire la révolution.
- **sentio, is, ire, sensi, sensum** : percevoir par les sens ou l'intelligence, avoir une opinion.
  ▶ **sententia, ae**, *f.* : opinion, avis, suffrage, motion du Sénat.
  ▶ **sententiam dicere, rogare** : exprimer, demander un avis.
- **suffragium, ii**, *n.* : le suffrage, la voix.
  ▶ **suffragium ferre (dicere)** : voter.
- **veto, as, are, vetui, vetitum** : s'opposer à, interdire.

? En quoi consiste le **droit de veto** ?
Qu'est-ce, de nos jours, qu'un **censeur**, l'**ambition**, un **édile**, des **comices** ?

3 Quelques préfixes

Préfixe	Sens	Exemples
circum-	– autour	– **circumvenire** : entourer
de-	– de haut en bas – séparation, éloignement – cessation ou privation – intensité, achèvement	– **decipere** : tromper – **decedere** : s'éloigner de – **desperare** : désespérer de – **devincere** : soumettre
prae-	– en avant, en tête – à l'avance – supériorité	– **praemittere** : envoyer en avant – **praedicere** : prédire – **praeclarus** : très célèbre
trans- (tra-)	– au-delà	– **transire** : aller au-delà

? Qu'est-ce qu'une **transgression**, une **transition**, une **prédiction**, un accent **circonflexe** ?

En latin dans le texte

De minimis non curat praetor.
Dura lex, sed lex.

▶ Traduisez et expliquez ces phrases célèbres.

La vie politique

Avant d'être confiée sous l'Empire à des fonctionnaires de l'État, l'administration de Rome est assurée à l'époque républicaine par différents organes : assemblées, magistrats et Sénat.

La voix des citoyens

◆ Il existe trois types d'assemblées électorales des citoyens (**comices**) dont le rôle est important puisque c'est de leurs votes que dépend la nomination des magistrats.

◆ Les **comices curiates**, dont le pouvoir est déjà très affaibli sous la République, sont les plus anciennes assemblées. Uniquement constitués à l'origine de patriciens, ils ont principalement un rôle religieux.

◆ Les **comices centuriates** se réunissent sur le **Champ de Mars**, du fait de leur origine militaire. Ils rassemblent les citoyens répartis en **classes censitaires** (***centuries***), sont chargés d'élire les magistrats supérieurs (préteurs, consul, censeurs, dictateur), de voter certaines lois, de ratifier les décisions relatives aux déclarations de guerre et aux traités de paix. En fait, les procédures, qui favorisent les classes les plus riches, font que les candidats « officiels » sont généralement élus sans problème.

◆ Les **comices tributes** rassemblent l'ensemble des citoyens, regroupés en **tribus**, pour élire les magistrats de moindre importance (questeurs, édiles plébéiens, tribuns) et voter les lois courantes. Ils se réunissent sur le **forum**.

La course aux magistratures

◆ Plusieurs traits caractérisent les magistratures romaines, si diverses soient-elles : elles sont annuelles (sauf pour les censeurs élus pour cinq ans), électives, gratuites et collégiales. Un citoyen romain, s'il a servi dix ans dans l'armée et possède la fortune nécessaire, peut être admis à les exercer successivement, selon une progression bien codifiée : c'est le ***cursus honorum***, qui mène de la questure au consulat en passant par l'édilité et la préture. L'exercice de chacune de ces fonctions nécessite d'avoir atteint un âge minimum.

◆ D'autres magistratures ne sont pas intégrées au *cursus honorum*. Tel est le cas des **censeurs**, qui recrutent le Sénat et recensent tous les cinq ans les citoyens qu'ils classent selon leur fortune (le « cens »). Quant aux **représentants de la plèbe**, appelés **tribuns**, ils possèdent un droit de veto et l'inviolabilité. Enfin, la **dictature** est une magistrature extraordinaire qui peut être accordée pour 6 mois en cas de crise grave.

◆ Tous les magistrats jouissent de la ***potestas*** (pouvoir administratif), mais seuls les magistrats supérieurs bénéficient de l'***imperium*** (pouvoir sur les individus qui inclut le droit de vie et de mort). Sous l'Empire, les magistrats voient leur pouvoir diminuer et de nombreuses fonctions qui leur incombaient sont désormais confiées à des fonctionnaires regroupés en bureaux ou à des administrateurs nommés.

Le *cursus honorum*

Fonction	Âge requis (variable selon les époques)	Nombre (variable selon les époques)	Charges exercées
Questeur	28 à 31 ans	4 à 40	Gestion du trésor et des archives
Édile	31 à 37 ans	4 (2 curules et 2 plébéiens)	Administration urbaine (police, voirie, jeux, approvisionnement)
Préteur	34 à 40 ans	2 à 16	Justice
Consul	37 à 43 ans	2	Présidence des séances du Sénat, direction des armées

Dans le temple du Sénat

◆ Le **Sénat**, dont l'origine remonterait à Romulus, est composé d'anciens magistrats inscrits sur une liste (l'***album***) par les censeurs (entre 300 et 900). C'est le Sénat qui, avec les comices, contrôle l'État, comme en témoigne la célèbre formule « **Senatus PopulusQue Romanus** » (SPQR). Ses compétences sont à la fois religieuses (il est le gardien de la religion des ancêtres), financières (il administre le Trésor public) et militaires (il représente Rome dans les relations avec les autres peuples). À l'époque impériale, en même temps que son autorité décroît, il reçoit de nouvelles compétences judiciaires.

◆ Le Sénat se réunit, sur convocation d'un magistrat supérieur, soit à la **Curie**, sur le **forum**, soit dans tout autre ***templum*** (lieu inauguré) dont les portes restent ouvertes. Les séances, qui débutent à la première heure de la journée pour ne s'achever souvent qu'à la nuit tombante, ne sont pas publiques. Vêtus d'une **toge prétexte** et de la **tunique laticlave** (à large bande de pourpre) et chaussés de bottines ornées d'un croissant, les sénateurs s'installent où ils veulent, sur une chaise curule.

◆ Le président de la séance est le magistrat qui l'a provoquée : il prend les auspices puis lit l'ordre du jour (***relatio***). Les sénateurs sont invités à donner leur avis (***sententiam dicere***) à tour de rôle, suivant l'ordre de leur inscription sur l'album. Le vote se fait souvent **par déplacement** : on va se joindre au groupe avec lequel on est d'accord (***ire pedibus in sententiam alicujus***). Simples avis du Sénat à l'origine, les ***senatusconsulta*** finiront par avoir force de loi. À partir du consulat de César, un compte rendu des séances (***acta Senatus***) est rendu public.

Adolescent à la bulle provenant de Veleia, Ier s. ap. J.-C., *Rome, musée de la Civilisation romaine.*

ARRÊT SUR IMAGE

1. Histoire de l'art

Cette statue en ronde-bosse est de facture classique : la posture du jeune garçon est équilibrée, et l'assise est assurée par la position des jambes, légèrement écartées. Quels autres éléments confèrent à cette statue équilibre et solennité ?

2. Art et histoire

Les portraits romains constituent des documents intéressants sur le statut des individus qu'ils représentent. Ici, le jeune garçon porte la toge prétexte et tout concourt à lui donner un air majestueux. Quels éléments indiquent avec précision qu'il s'agit encore d'un *puer* ? Quels autres éléments le rapprochent du monde des adultes ? Dans l'attitude de quel type d'homme est-il représenté ?

3. Techniques et effets

Comment le sculpteur anime-t-il sa statue ? Étudiez en particulier la mise en espace du sujet, le traitement du relief, le rendu de la coiffure, le drapé du vêtement et l'expression du visage.

Se servir du dictionnaire

Traduire un texte latin nécessite souvent de recourir à un dictionnaire latin-français pour trouver le sens des mots inconnus ou préciser certaines particularités d'emploi de mots déjà connus. À partir du chapitre 5, le vocabulaire des textes ne vous sera plus indiqué : il vous faudra avoir recours au dictionnaire.
Évitez bien sûr de chercher tous les mots dans le dictionnaire, car cela constitue une perte de temps importante. Ayez le plus souvent possible recours à votre mémoire ainsi qu'au contexte pour élucider le sens d'un mot.
Le dictionnaire Latin-Français *de référence est celui de* Félix Gaffiot (Hachette) *dont il existe une version abrégée* (Le Livre de Poche *n°* 7969). *Les exemples traités ci-dessous sont tirés de ces deux dictionnaires ainsi que du dictionnaire de* B. Auzanneau *et* Y. Avril (Le Livre de Poche *n°* 8533).

Chercher avec méthode

■ Avant de chercher un mot dans le dictionnaire, il est indispensable de lire plusieurs fois la phrase latine dans laquelle il apparaît. En effet, si l'on ne reconnaît pas immédiatement la **nature** de ce mot, c'est le **contexte** qui permet généralement de la déterminer. Ainsi, dans la phrase :

pervenit ad senatum **postridie** matrum familias caterva

Le fait que *postridie* ne s'accorde avec aucun autre mot de la phrase suggère qu'il peut s'agir d'un adverbe.

■ Les **mots invariables** (propositions, adverbes, conjonctions de subordination, etc.) se trouvent sans difficulté dans le dictionnaire, puisqu'ils y figurent sous leur forme unique. Néanmoins, soyez attentifs au fait que certains adverbes se rencontrent au **comparatif** et au **superlatif** (*cf.* Grammaire, p. 23).

■ Pour les mots **qui se déclinent** (noms, adjectifs, pronoms) ou **se conjuguent** (verbes), une analyse est nécessaire : il faut décomposer le mot afin de trouver sous quelle forme il apparaît dans le dictionnaire.

■ Il ne faut pas lire intégralement l'article du dictionnaire (surtout s'il est long) mais **sélectionner** la rubrique qui convient :

– soit en fonction du **contexte** (en choisissant la rubrique de sens la mieux adaptée à ce contexte) ;

– soit en fonction de la **construction** du mot (vérifiez le cas employé derrière la préposition, le cas employé derrière le verbe, l'emploi transitif ou intransitif d'un verbe, etc.).

Attention : les sens d'un mot sont classés, non pas selon leur fréquence d'emploi, mais selon une progression logique (du sens étymologique aux sens dérivés).

■ **Conseils pour la traduction**

– Confrontez la construction du mot dans la phrase à traduire avec celles qui sont indiquées dans le dictionnaire.

– Repérez les expressions figées, traduites dans le dictionnaire.

– N'hésitez pas à chercher des synonymes pour alléger la traduction.

■ Les exemples suivants, qui illustrent cet exposé des méthodes de recherche dans le dictionnaire, sont empruntés au texte d'Aulu-Gelle, p. 28.

▶ Senatores ingredientes... **mirabantur**

On reconnaît un verbe dont la terminaison indique la 3e personne du pluriel de l'indicatif de l'imparfait passif (*-bantur*). Il peut donc s'agir de l'imparfait passif d'un verbe **miro* ou de l'imparfait d'un verbe déponent (*miror*). Ne trouvant pas le verbe **miro* dans le dictionnaire, nous saurons qu'il s'agit du verbe dont le radical est *mira-*, et l'infinitif *mirari*. On cherchera donc *miror* dans le dictionnaire où les verbes sont donnés à la 1re personne du singulier du présent de l'indicatif.

▶ Senatores **ingredientes**... mirabantur

L'examen du verbe permet le plus souvent d'envisager l'organisation générale de la phrase et de grouper les autres mots selon leur fonction syntaxique. Ici, la forme *mirabantur* (3e pers. pl.) appelle un sujet au pluriel, ce qui conduit à identifier *senatores ingredientes* comme un groupe au nominatif pluriel, qui se décompose lui-même en un nom (*senatores*) et un participe présent épithète accordé (*ingredientes*). On ôte donc la désinence *-es* pour trouver le radical, ce qui donne, pour le nom, *senator-*, et à partir de cette forme, on cherche dans le dictionnaire le nom au nominatif.

Toutefois, la 3e déclinaison des noms pose des problèmes spécifiques que vous avez déjà rencontrés lorsque vous consultiez un lexique : en effet, il faut, par exemple, à partir de *matrum* (G. pl.) ou de *matri* (D. sg) « remonter » au nominatif *mater*, qui est l'entrée du mot dans le dictionnaire.

De même, il faut à partir d'*ingredientes*, « remonter » à un nominatif *ingrediens*, et reconnaître le participe présent du verbe *ingredior*.

▶ Ad **ceteras** matronas

Si l'on rapproche *ceteras* du nom *matronas*, on en conclut que la terminaison *-as* est celle d'un adjectif à l'accusatif féminin pluriel de la première classe (en *-us*, *-a*, *-um*). On cherchera donc dans le dictionnaire l'entrée *ceterus, a, um*.

▶ **ad** senatum

Ad est une préposition qui introduit le mot *senatum*, à l'accusatif. C'est un mot indéclinable que l'on cherche tel quel.

Les articles du dictionnaire : présentation et codes de lecture

Sur la page suivante, nous avons reproduit à l'identique les rubriques de divers dictionnaires présentant différents mots latins. Vous y verrez apparaître des signes typographiques et des abréviations qu'il vous faut connaître.

Signes usuels

(Vous trouverez une liste de ces signes au début de votre dictionnaire.)

– ¶ introduit les grandes rubriques de sens du mot.

– ‖ indique une séparation (pour introduire une nuance particulière d'emploi).

– ( ) ou [ ] indique une précision permettant de bien situer un sens particulier du mot.

– ➡ indique un rapprochement avec des mots de même racine.

Abréviations usuelles

– subst. = substantif

– m. = masculin ; f. = féminin ; n. = neutre

– adj. = adjectif

– interj. = interjection

– adv. = adverbe

– prép. = préposition

– conj. = conjonction

– pron. = pronom ; interr. = interrogatif ; indéf. = indéfini

– compl. = complément

– indécl. = indéclinable

– compar. = comparatif ; superl. = superlatif

– tr./intr. = verbes employés transitivement/intransitivement

– act. = actif ; pass. = passif ; dép. = déponent ; impers. = impersonnel

– pr. = sens propre

– fig. = sens figuré

– métaph. = sens métaphorique

– arch. = formes archaïques

– Diverses abréviations indiquent un emploi « technique » du mot dans un contexte précis : milit. = langue militaire ; poét. = en poésie ; com. = dans les comédies ; méd. = lexique de la médecine, etc.

1 Un nom

1. Nominatif et désinence du génitif singulier
2. Autre orthographe
3. Genre
4. Distinction de sens différents

? Combien ce nom a-t-il de sens différents ?

5. Nuances de sens

? Combien ce nom a-t-il de nuances de sens différentes dans la 1re rubrique ? et dans la 2e ?

6. Exemples et expressions latines courantes
7. Précision concernant certains emplois particuliers du mot

causa (caussa), æ, f.,
I. 1. cause, raison, motif : *eadem de causa*, pour la même raison || *ex aliis causis*, pour d'autres raisons ; *ob eam ipsam causam quod*, précisément pour la raison que... ; *propter hanc causam quod*, pour cette raison que... || *cum causa*, avec raison || *non sine causa*, non sans raison || *quid est causæ, cur*, quel motif y a-t-il pour que || *ea causa, ut* = *idcirco, ideo ut* || **2.** motif allégué, raison invoquée, excuse, prétexte || **causa** [jouant le rôle de prép., placé après son régime au gén.] à cause de, en vue de : *honoris causa*, pour honorer, par honneur ; *vestra reique publicæ causa*, à cause de vous et de l'État, dans votre intérêt comme dans l'intérêt général || [qqf.] à cause de, par l'effet de.
II. affaire où sont en cause des intérêts : **1.** affaire judiciaire, procès, cause : *causam accipere, aggredi, amplecti, attingere, defendere*, se charger d'une cause, la prendre en mains, la défendre || **2.** cause, affaire, question, cas, situation, position, rapports entre personnes, liaison : *causam amicitiæ habere cum aliquo*, avoir des relations d'amitié avec qqn || cause, parti : *causa nobilitatis*, la cause de la noblesse.

***Dictionnaire Gaffiot abrégé*, « Le Livre de Poche » © Hachette Livre.**

2 Un verbe

1. Temps primitifs du verbe (1re et 2e pers. du singulier du présent de l'indicatif, infinitif présent actif, 1re personne du singulier du parfait, supin)
2. Radical et éclairage étymologique
3. Rubriques de division des sens selon la construction du verbe (intransitif / transitif)
4. Distinction de sens différents
5. Exemples et références
– expressions où figure le mot qui est défini (en italique)
– auteur (nom en majuscules, abrégé) :
CIC. = Cicéron (la liste de ces abréviations figure à la fin du dictionnaire)
– titre de l'œuvre (en italique, abrégé) :
Div. = *De Divinatione*
– références dans l'œuvre (numéros des livres, des chapitres, des paragraphes ou des vers) :
1, 96 = *De Divinatione* 1, paragraphe 96.
– traduction de l'expression
6. Indications concernant la construction (construit avec *ut* ou *ne*, le verbe prend un sens particulier)
7. Spécificités d'emploi :
– fig. = sens figuré
– poét. = en poésie
– mét. = sens métaphorique

? Décrivez précisément le point II. 1 de l'article.

vĭgĭlō, ās, āre, āvī, ātum (*vigil* ; fr. *veiller*), intr. et tr.
I intr. ¶ **1** veiller, être éveillé : CIC. *Cat. 3, 6 ; Rep. 6, 10 ; Pis. 43* ; ***vigilias vigilare*** GELL. *pr. 198*, passer des veilles ; ***vigilatur*** MART. *12, 68, 6*, on veille || ***vigilans somniat*** PL. *Cap. 848*, il rêve tout éveillé, cf. TER. *And. 972* ; ***vigilans dormit*** PL. *Ps. 386*, il dort éveillé, il dort debout = il est endormi, mou || [poét.] ***incertum vigilans*** OV. *H. 10, 9*, réveillée d'une manière incertaine ¶ **2** [métaph.] ***vigilantes curae*** CIC. *Div. 1, 96*, soins qui ne s'endorment pas ; ***oculi vigilantes*** VIRG. *En. 5, 438*, yeux vigilants, sur le qui-vive ¶ **3** [fig.] être sur ses gardes, être attentif, veiller au grain, être sur le qui-vive : CIC. *Phil. 6, 18 ; Verr. 5, 181 ; Cat. 3, 3* || [avec *ut, ne*] pour faire que, pour éviter que : CIC. *Fam. 2, 10, 4 ; Fat. 12*.
II tr., poét. ¶ **1** passer dans la veille : ***noctes vigilantur*** OV. *H. 12, 169*, des nuits se passent sans dormir, cf. OV. *F. 4, 167* ; ***vigilatum carmen*** OV. *F. 4, 109*, un chant fait dans les veilles ¶ **2** entourer de veilles, de soins : ***quae vigilanda (sint) viris*** VIRG. *G. 1, 313*, [dire] à quoi les hommes doivent consacrer leurs soins.

***Dictionnaire Le Grand Gaffiot*, © Hachette Livre.**

3 Un adjectif

1. Nominatif singulier des trois genres (masculin, féminin s'il est différent du masculin, et neutre)
2. Quantité de la voyelle (˘ = brève/– = longue)
3. Rapprochement étymologique
4. Distinction de différents sens
5. Nuances de sens
6. Précisions concernant la construction du mot
7. Exemples et références

> **?** Trouvez la référence précise à l'emploi de ce mot dans le texte d'Horace (p. 56).
> Quel sens Horace donne-t-il à l'adjectif ?

8. Synonymie avec d'autres adjectifs
9. Comparatif et superlatif de l'adjectif

aequālis, *e* (*aequus* ; it. *uguale*) ¶ **1** égal par l'âge **a)** de même âge : ENN. *Tr. 44* ; CAECIL. *Com. 10* ; PL. ; TER. ; [avec gén.] ***alicujus aequalis*** CIC. *Balb. 9*, du même âge que qqn ; ***meus aequalis*** CIC. *de Or. 1, 117*, du même âge que moi ; ***temporum illorum*** CIC. *Div. 1, 39*, contemporain de cette époque-là ; [gén. ou dat.] ***Themistocli*** NEP. *Arist. 1, 1*, du même âge que Thémistocle ; [dat.] ***cui (Ennio)*** CIC. *Brut.* [...] ¶ **3** ➡ *aequabilis* : ***nil aequale homini fuit illi*** HOR. *S. 1, 3, 9*, dans cet homme, il n'y avait rien d'égal (de constant) ; ***aequali ictu*** OV. *M. 11, 463*, [frapper l'eau] à coups réguliers ; ***cursus*** SEN. *Tranq. 2, 4*, cours régulier (égal à lui-même) ; ***aequalis fuit in tanta inaequalitate fortunae*** SEN. *Ep. 104, 28*, il fut toujours égal dans de si grandes inégalités du sort ; ***aequalis et congruens*** SUET. *Tib. 68*, ayant un corps régulier et bien proportionné ¶ **4** ➡ *aequus* : ***per loca aequalia*** SALL. *J. 79, 6*, à travers un terrain uni, cf. CAT. *Agr. 162, 2* ; OV. *M. 1, 34* ; LIV. *9, 40, 2* ‖ ***aequalior*** LIV. *24, 46, 5* ; PLIN. *19, 9* ; QUINT. *3, 8, 60* ; ***aequalissimus*** TERT. *Anim. 17, 2*.

4 Une préposition

1. Liste des homonymes
2. Différentes orthographes de la préposition
3. Cas utilisé derrière la préposition
4. Grandes catégories d'emploi
5. Sens différents

> **?** Combien y a-t-il de sens différents dans cette catégorie d'emploi ?

6. Exemples et expressions courantes
7. Utilisation de l'adverbe comme préfixe

A, a, f. et n., indécl., 1. a, première lettre de l'alph. latin ; 2. A., abr. : *Aulus*, prénom ; *A(ntiquo)* = je rejette la proposition de loi ; *A(bsolvo)* = j'acquitte l'accusé ; *a(nte)* = dans la formule *ante diem* (pour dater).

ā, interj., ah !, hélas !

ā, ăb, abs, prép.+ abl., marquant le point d'origine (proximité).

I 1. de, venant de, d'auprès de, *fugare abs urbe* : fuir la ville ; *a Gallis discedere* : s'éloigner des Gaulois ; *a patre redeo* : je reviens de chez mon père ; 2. de, de la part de, *litteras a patre accipio* : je reçois une lettre de mon père ; *audire ab aliquo* : entendre dire à qqn. ; 3. au nom de, *dicere a reo* : parler au nom d'un accusé ; 4. de, à partir de, depuis, dès, après, *a sole orto* : dès le lever du soleil, *a pueritia* : dès l'enfance, *a tuo digressu* : après ton départ.

II 1. à une distance de, *ab oppido mille passus* : à mille pas de la ville ; 2. par rapport à, *dissentire ab aliquo* : être en désaccord avec qqn. ; 3. de, contre, *defendere ab hostibus* : défendre contre les ennemis, *aliquem deterrere a scribendo* (gér.) : détourner qqn. d'écrire.

III 1. du côté de, *a septentrione* : du côté du septentrion ; 2. en parlant de fonctions : *servus a pedibus* : valet de pied, *ab epistulis* : secrétaire chargé de la correspondance de l'empereur.

IV 1. de, à cause de, par, *laborare ab aliqua re* : souffrir de qqch. ; *ab aliquo interire* : être tué par qqn. ; *Gallia a paludibus invia* : la Gaule impraticable du fait des marais ; 2. avec le c. d'agent d'un vb. passif, *litteræ a puero scriptæ* : une lettre écrite par un enfant.

a~, ab~, abs~, préfixe marquant éloignement, séparation, privation, épuisement, excès.

CHAPITRE

5 Bons comptes, bons ennemis

À table, le bon vin aidant, on peut se laisser aller à des propos dangereux, fût-ce pour faire un bon mot : le lendemain, on risque de s'être fait un ennemi mortel. À moins d'agir vite et avec audace… et de profiter de la clémence de César Auguste.

Rufus, vir ordinis senatorii, inter cenam optaverat ne Caesar salvus rediret ex ea peregrinatione quam parabat, et adjecerat idem omnes et tauros et vitulos optare[1]. Fuerunt qui illa diligenter audirent.

Ut primum diluxit, servus qui cenanti ad pedes steterat, narrat quae inter cenam ebrius dixisset ; hortatur ut Caesarem occupet, atque ipse se deferat. Usus consilio, descendenti[2] Caesari occurrit, et cum malam mentem habuisse se pridie jurasset, id ut in se et filios suos recideret optavit, et Caesarem ut ignosceret sibi rediretque in gratiam secum rogavit.

Cum dixisset se Caesar facere : « Nemo, inquit, credet te mecum in gratiam redisse, nisi aliquid mihi donaveris », petiitque non fastidiendam summam, et impetravit. Caesar ait : « Mea causa[3] dabo operam ne unquam tibi irascar ! »

Sénèque, *De beneficiis*, III, 27.

1. Allusion aux sacrifices d'action de grâce que ne manquerait pas de faire Auguste (appelé ici Caesar) à son retour.
2. ***descendere*** : descendre au Forum.
3. ***mea causa*** : dans mon intérêt.

ÉTUDE

1. Rappelez le sens de **optare, hortari, parare, occurrere, ignoscere** et de l'expression **dare operam**. Quelle racine reconnaissez-vous dans **recideret** (< **recido**) et **donaveris** (< **donare**) ?
Quels noms latins vous permettent de trouver le sens de **diluxit** (< **dilucere**) et de **irascar** (< **irasci**) ?
Vérifiez dans le dictionnaire la construction des verbes **donare** et **irasci**. Rappelez celle de **rogare**.

2. Relevez les propositions infinitives du texte. Pourquoi le verbe **adjicere** est-il ici suivi d'une telle proposition ? Quelle est la fonction des propositions au subjonctif introduites par **ut/ne** après **optare** ? Relevez deux autres exemples de cette construction dans le texte.

3. Relevez les propositions relatives du texte. Quelle particularité notez-vous dans l'une d'entre elles ? En quoi son sens s'en trouve-t-il modifié ?

4. À quels personnages renvoient les différents pronoms **se (sibi)** du texte ?

Un sacré culot

5. En quoi les propos de table du sénateur sont-ils à la fois drôles et dangereux ?

6. Commentez la manière dont il « s'excuse ».

7. Quelles qualités de César Auguste cette anecdote met-elle en évidence ?

Scène de paiement des impôts, relief de stèle funéraire, IIᵉ-IIIᵉ s. ap. J.-C., *Allemagne, musée de Rhénanie.*

GRAMMAIRE

1 La proposition infinitive

■ Elle se compose d'un **verbe à l'infinitif** et d'un **sujet à l'accusatif**. Lorsque ce sujet est le même que le sujet du verbe introducteur, il est indiqué par un pronom personnel (*me, te, se, nos, vos*).

Reus negat **se** Romae **fuisse.**

■ Les verbes et locutions verbales signifiant « dire », « montrer », « promettre » (***dicere***, ***negare***, ***narrare***, ***docere***, etc.), « percevoir », « apprendre », « savoir » (***sentire***, ***intellegere***, ***scire***, ***meminisse***, etc.), « croire », « penser », « espérer » (***credere***, ***arbitrari***, ***putare***, ***sperare***, etc.), et les verbes ***volo***, ***nolo***, ***malo***, ***cupio***, ***studeo***, ***jubeo*** sont suivis de la proposition infinitive :

Scimus Caesarem Gallos vicisse.
Caesar **sperat** se dictatorem futurum esse.
Volo te adesse.

2 Les propositions complétives au subjonctif introduites par *ut/ne*

■ Les verbes et expressions exprimant un **ordre** (***rogare***, ***imperare***, etc.), un **conseil** (***monere***, ***suadere***, etc.), un **souhait** (***optare***, etc.), un **effort** (***conari***, ***curare***, ***operam dare***, etc.) sont suivis d'une proposition complétive au subjonctif introduite par **ut/ne** :

Caesarem **rogavi ut** aliquid mihi daret.
Curabo ne tibi pecunia desit.

■ La proposition complétive des verbes exprimant une **crainte** (***timere***, ***vereri***, ***metuere***, etc.) est introduite par **ne** (négation : **ne non**) :

Timeo ne veniat/**ne non** veniat.

Rappel : Les verbes des propositions complétives au subjonctif sont soumis à la concordance des temps (*cf.* p. 29).

3 Les propositions relatives au subjonctif

Lorsque le verbe d'une proposition relative est au subjonctif, la proposition prend le sens d'une **proposition subordonnée de cause** (*parce que, étant donné que*, etc.), de **but** (*pour que*, etc.), de **conséquence** (*de façon que, de nature à*, etc.) ou de **concession** (*alors que, bien que*, etc.).

– **Cause** :

Cicero, **qui adesset**, orationem habuit.
Cicéron, puisqu'il était là, fit un discours.

– **But** :

Servum misi **qui** tibi librum meum **daret**.
J'ai envoyé un esclave pour qu'il te donne mon livre.

– **Conséquence** :

Sunt **qui** se omnia scire **credant**.
Il y a des gens pour croire (capables de croire) qu'ils savent tout.

– **Concession** :

Caesar, **qui** irasci **posset**, ridere maluit.
César, alors qu'il pouvait se fâcher, préféra rire.

EXERCICES

1 Consul ou non ?

a.** Soit la phrase :* **Cicero consulatum petit.** ***Faites-en, selon le cas, une proposition infinitive ou complétive au subjonctif de façon à compléter les propositions principales sur le modèle :

Omnes sciunt ... ⟶ Omnes sciunt Ciceronem consulatum petere.

1. Multi cives optabant ... – **2.** Nonnulli Patres timebant ... – **3.** Uxor vehementissime cupit ... – **4.** Oracula (les oracles) ipsa monuerunt ... – **5.** Catilina nolebat ... – **6.** Caesaris inimici operam dederunt ... – **7.** Num oblitus es ... ? – **8.** Amici sperant ... – **9.** Credere minime possum ... – **10.** Pericula rei publicae hortantur ... – **11.** Nemo imperare potest ... – **12.** Tuae litterae narrant ... – **13.** Dicunt Pompeium clam curavisse ... – **14.** Non vereor ... – **15.** Nemo polliceri potest ...

***b.** Reprenez l'exercice avec la phrase :* **Cicero consulatum non petit.**

2 *Ut* ou *ne*

Traduisez.

1. Praetores curant ne Urbi desit frumentum. – **2.** Impetrare minime potuerunt legati ut hostes captivos redderent. – **3.** Ciceroni cenanti plures amici suaserunt ne consulatum peteret. – **4.** Fama est Gallos timere ne caelum in se cadat. – **5.** Matre jubente, puer Papirius senatum adiit Patresque rogavit ut unam duobus nubere liceret. – **6.** Cum apud Trimalchionem cenabis, cave ne nimis bibendo ebrius fias. – **7.** Plurimi tauri vitulique metuebant ne bello confecto a Caesare necarentur. – **8.** Tribunus juravit se summam operam daturum esse ne plebs aere alieno premeretur. – **9.** Natura ipsa nos admonet ne majora pericula frustra adeamus. – **10.** Caesar audiverat senatorii ordinis quemdam sibi male dixisse.

3 Les propositions relatives au subjonctif

Traduisez.

1. Neminem inveniemus qui tantum periculum adire audeat. – **2.** Fama est in quibusdam maribus pisces versari qui volare possint. – **3.** Convivae, qui vino moderate uti possent, luce oriente ebrii jacebant. – **4.** Papirii soror digna non visa est quae Curiam cum parente intraret. – **5.** Dux fortissimos milites elegit qui nocte hostium praesidium expugnarent. – **6.** Cicero, qui diu Athenis vixisset, amicis graece vel latine epistulas scribere poterat. – **7.** Num puellam novisti cui has rosas dare possim ? – **8.** Caesar Pompeio, cui summum imperium a Patribus concessum esset, invidere coepit. – **9.** Pueri, quibus matres nimis indulgere soleant, saepe puellis pigriores sunt. – **10.** Nullam pecuniam habeo qua tuam villam emere possim.

Alexandre à la bataille d'Issos (détail), Ier s. ap. J.-C., *Naples, Musée archéologique.*

VERSION

Alexandre le Vaniteux

Le philosophe Sénèque a consacré tout un traité (De beneficiis) *à l'art de donner et de recevoir les bienfaits. Alexandre le Grand est un mauvais exemple.*

Alexandro Macedoni, cum victor Orientis animos supra humana tolleret[1], Corinthii per legatos gratulati sunt et civitate[2] illum sua donaverunt. Cum risisset hoc Alexander officii genus, unus ex legatis : « Nulli, inquit, civitatem umquam dedimus alii quam tibi et Herculi. » Libens accepit non dilutum honorem et, legatos invitatione aliaque humanitate prosecutus[3], cogitavit non qui sibi civitatem darent, sed cui dedissent.

Sénèque, *De beneficiis*, I, 13.

1. *animos tollere* : hausser sa fierté
2. Ici, ne signifie pas *« cité »*
3. *prosequi* : honorer

VOCABULAIRE

Acheter, donner, avoir

1 Emere, dare, habere et leurs composés

Prendre/Acheter	Donner/Placer	Tenir/Avoir
emo, is, ere, emi, emptum	**do, das, dare, dedi, datum**	**habeo, es, ere, habui, itum**
– **emptio**, **onis**, *f.* : achat – **emptor**, **oris**, *m.* : acheteur – **praemium**, **ii**, *n.* : avantage, récompense	– **donum**, **i**, *n.* : le don – **sacerdos**, **otis**, *m.* : le prêtre, celui qui place les offrandes sacrées	– **habitus**, **us**, *m.* : manière d'être, état – **habilis**, **e** : qui s'adapte, approprié – **habilitas**, **atis**, *f.* : aptitude, convenance
Quelques composés (< sens « prendre » du verbe) – **adimere** : enlever, ôter, supprimer – **coemere** : acheter en bloc – **dirimere** : partager, séparer, rompre, terminer – **perimere** : détruire, tuer – **redimere** : racheter, délivrer	Quelques composés (en **-do,-dis, -dere, -didi, -ditum**) – **abdere** : cacher – **addere** : ajouter – **edere** : mettre au jour, publier – **perdere** : perdre, ruiner – **prodere** : livrer, trahir – **reddere** : rendre – **tradere** : livrer, transmettre	Quelques composés (en **-hibeo, es, ere, hibui, ibitum**) – **adhibere** : placer auprès, appliquer – **cohibere** : retenir, empêcher – **exhibere** : produire au-dehors, montrer – **inhibere** : arrêter, freiner – **prohibere** : empêcher, interdire – **redhibere** : rendre, faire reprendre

? Qu'est-ce qu'une **rédemption**, une date de **péremption**, une **exemption** ?

Qu'est-ce qu'une **reddition**, une **tradition**, une **addition**, une **édition** ?

Qu'est-ce qu'une **prohibition**, une **exhibition**, **une inhibition** ?

2 Quelques préfixes

Préfixe	Sens	Exemples
ab- (**a-**, **abs-**, **au-**)	– à partir de, loin de	– **abducere** : emmener – **auferre** : emporter
ad- (**ac-** ou **ap-** par assimilation)	– en direction de, en allant vers	– **addere** (< **dare**) : ajouter – **accipere** (< **capere**) : recevoir – **apponere** (< **ponere**) : placer auprès
re- (**red-**)	– mouvement vers l'arrière – de nouveau	– **reddere** (< **dare**) : rendre – **redhibere** (< **habere**) : reprendre – **reficere** (< **facere**) : refaire

En latin dans le texte

Timeo Danaos et dona ferentes : Je crains les Danaens (les Grecs), même porteurs de cadeaux. (Virgile)

Lucri bonus odor ex re qualibet : Bonne est l'odeur du gain, de quelque origine qu'il soit. (Vespasien)

Bis dat qui cito dat : Il donne deux fois celui qui donne vite. (Sénèque)

▶ Comment comprenez-vous ces phrases ?

3 La formation des mots : les noms abstraits féminins en *-tio*

Le suffixe **-tio, onis** (*f.*) sert à former des noms d'action à partir de verbes :

▶ **actio, onis**, *f.* : l'action
< **agere** (supin : *actum*)

▶ **emptio, onis**, *f.* : l'achat
< **emere** (supin : *emptum*)

▶ **inventio, onis**, *f.* : l'invention, la découverte
< **invenire** (supin : *inventum*)

? Sur quels verbes sont formés les noms : **oratio, admiratio, ambitio, admonitio, lectio, confessio, relatio, occasio ?**

Affaires d'argent

À Rome, les classes sociales sont déterminées par la fortune, laquelle ne consiste pas seulement en argent. Mais l'argent prend une place croissante et il faut le faire fructifier.

Denier d'argent (avers), Ier s. av. J.-C.

L'argent de l'État

◆ L'État doit faire face à certaines dépenses (frais du culte, dépenses militaires, travaux publics, indemnités versées à certains magistrats, ravitaillement) pour lesquelles il doit collecter des fonds.

◆ L'**impôt** n'existe que de façon exceptionnelle. Les citoyens paient parfois un **tribut** (***tributum***) lorsqu'une campagne militaire nécessite l'attribution d'une solde aux soldats. En revanche, les non-citoyens paient une **dîme** (< ***decima pars*** : 10 %) sur leurs biens, et il existe certaines **taxes spéciales : taxe sur les affranchissements** (5 % de la valeur de l'esclave), **sur le célibat** (***aes uxorium***) ou même **sur les urinoirs**, impôt inventé par Vespasien qui, pour le justifier, prononça la formule célèbre : *Non olet* (L'argent n'a pas d'odeur).

As en bronze (avers), IVe s. av. J.-C., *Rome, Musée national.*

◆ L'argent provient aussi de la **location des terres de l'État** (***ager publicus***) ou des domaines publics. Le fisc tire également des sommes importantes des **droits de douane**, des **taxes portuaires** ou des **revenus des provinces** (commerce du blé, mines). À l'occasion, des **butins de guerre** (***praeda***), des **dons** ou des **confiscations de biens** viennent enrichir les finances publiques.

◆ Ces fonds, qui constituent le **trésor** (***aerarium populi***), sont conservés dans le temple de Saturne et gérés par le Sénat.

Quand l'argent fructifie

◆ La **collecte des impôts** est assurée par des sortes de « **fermiers généraux** » (***publicani***) qui sont réunis en sociétés par actions. Ils disposent d'une puissance financière considérable, car ils avancent les fonds à l'État, et se remboursent en majorant l'impôt qu'ils perçoivent. Ils sont chargés d'attribuer les marchés publics et empochent au passage de gros bénéfices. Ce sont souvent des membres de l'ordre équestre. Sous l'Empire, ils seront remplacés par des administrateurs professionnels.

◆ Les **banquiers** (***argentarii***), rigoureusement contrôlés par l'État, sont des particuliers. Installés dans des boutiques, sur le forum, ils prêtent de l'argent à intérêt et le taux peut varier de 6 % à 48 % si le risque encouru est très important. Ils reçoivent des dépôts de fonds, changent les devises, tirent des lettres de change et investissent les capitaux qu'ils gèrent dans les domaines agricoles ou dans le commerce maritime.

La monnaie

◆ **La monnaie apparaît à Rome au IVe siècle av. J.-C.** sous la forme de **lingots de bronze** (***aes***) de poids déterminé, gravés de diverses **figures d'animaux** (mouton, cochon ou bœuf) qui indiquent leur valeur (***pecunia, ae,*** f. : la richesse, l'argent, vient de *pecus, oris*, le bétail).

◆ Puis sont frappées les premières **pièces de monnaie** : l'**as libral**, divisé en 12 fractions (*semis* = 1/2 as, *triens* = 1/3 as, *quadrans* = 1/4 as, *sextans* = 1/6 as, *uncia* = 1/12 as). Les premières pièces portent l'effigie du dieu **Janus *bifrons*** (c'est-à-dire à deux têtes) sont frappées les premières. La nature, la valeur et le poids des pièces ont beaucoup varié selon les époques.

Lingot de bronze (avers), Ve s. av. J.-C.

◆ **Les premières monnaies en argent** datent de la fin du IIIe siècle av. J.-C. :
– le **sesterce** (***sestertius***) vaut d'abord 2 as et demi (d'où son symbole HS, où H note le chiffre II et S la demie), puis 4 as.
– le **denier** (***denarius***) vaut 10 as puis 16 as au IIe siècle.

◆ **La monnaie d'or** apparaît sous César. On a alors le système suivant :
– le **sesterce en bronze** (= 4 as)
– le **denier en argent** (= 4 sesterces)
– l'**aureus en or** (= 25 deniers)

◆ Sous l'Empire réapparaissent les **as en bronze**. Le sesterce est désormais remplacé par le ***nummus***, pièce en alliage.
À l'origine, les monnaies étaient frappées près du **temple de Junon *Moneta*** (= « Junon qui avertit », du verbe *moneo*, d'où dérive notre « monnaie ») sous la surveillance d'une commission de trois membres.

ARRÊT SUR IMAGE

1. Histoire de l'art

Les premières monnaies sont des lingots d'airain moulé, puis l'on fabrique des pièces rondes à partir de différents métaux (bronze, argent, or). La monnaie est frappée : on imprime à froid l'empreinte de coins sur les deux faces de rondelles de métal. Comparez la précision des motifs de ces trois monnaies : laquelle offre la plus grande lisibilité ? Sur laquelle trouve-t-on une inscription ? Pourquoi ?

2. Art et histoire

La numismatique (< (grec) *nomisma* : la monnaie) est la science qui traite de la description et de l'histoire des monnaies : elle est très utile pour comprendre l'histoire économique d'un pays (par exemple, les monnaies retrouvées à l'étranger renseignent sur les échanges commerciaux entre pays). Les motifs figurant sur l'avers des pièces apportent une mine d'informations sur l'histoire et les mentalités. Quel motif figure sur l'avers de chacune de ces pièces ? Que nous apprend la comparaison de ces effigies sur l'évolution des mentalités ?

3. Techniques et effets

Montrez comment les artistes utilisent au mieux la forme des pièces pour agencer les motifs et les inscriptions : commentez la composition de l'avers de la monnaie de César.

CHAPITRE

6 Compétition de centurions

Dans ses Commentaires de la Guerre des Gaules, *César ne manque pas une occasion de mettre en valeur la bravoure de ses soldats. Même quand, assez stupidement, ils prennent des risques inutiles... Et il est toujours fâcheux, au beau milieu d'un siège, de voir ses officiers rivaliser d'audace pour mériter de monter en grade* !

Erant in ea legione fortissimi viri centuriones [...] T. Pullo et L. Vorenus. Hi perpetuas controversias inter se habebant quinam anteferretur, omnibusque annis de locis[1] summis simultatibus contendebant. Ex his Pullo, cum acerrime ad munitiones pugnaretur[2] : « Quid dubitas, Vorene ? Aut quem locum[3] probandae virtutis tuae spectas[4] ? Hic dies de nostris controversiis judicabit ! »

Haec cum dixisset, procedit extra munitiones, quaeque[5] pars hostium confertissima visa est irrumpit. Ne Vorenus quidem tum vallo sese continet, sed, omnium veritus existimationem, subsequitur. Mediocri spatio relicto, Pullo pilum in hostes immittit atque unum ex multitudine procurrentem trajicit. Quo percusso et exanimato, hunc scutis protegunt hostes, et in illum universi tela conjiciunt neque dant progrediendi facultatem.

(à suivre, p. 50)

César, *Guerre des Gaules*, V, 44.

1. ***de locis*** : au sujet de leur avancement (*locus* : grade).
2. ***pugnaretur*** : passif impersonnel (*cf.* p. 17).
3. ici, ***locus*** : occasion.
4. ***spectas*** = *exspectas*
5. ***quaeque*** (= *et quae*) *pars* = *et in eam partem quae.*

ÉTUDE

1. Relevez les verbes composés du texte, et isolez les préverbes. Quelle précision apportent-ils ?

2. Distinguez, dans le texte, les emplois de **hic** et **ille** comme adjectifs et comme pronoms.
Dans ce second cas, à quoi (ou à qui) renvoient ces pronoms ?

3. Quel est l'antécédent du relatif **quo** dans l'ablatif absolu **Quo percusso et exanimato** ?

4. De quels éléments se compose le groupe nominal **probandae virtutis** ?
Il est l'équivalent du tour ***probandi virtutem** : quelle transformation permet de passer de ***probandi virtutem** à **probandae virtutis** ?

Puérilités

5. En quoi la conduite des deux centurions pourrait-elle être critiquable ?

6. Quels détails du récit de César mettent cependant en évidence leurs qualités de soldats ?

Deux légionnaires à l'assaut,
Rome, musée de la Civilisation romaine.

GRAMMAIRE

1 Les emplois de *hic, iste, ille*

■ **Hic**, **iste** et **ille** correspondent aux points de vue des trois personnes de la conjugaison :

hic, **haec**, **hoc** (1re personne) :
haec domus cette maison (**dont je parle**), ma maison

iste, **ista**, **istud** (2e personne) :
ista oratio **ce** discours (**dont tu parles**), ton discours

ille, **illa**, **illud** (3e personne) :
illud tempus **cette** époque (**qu'ils vécurent**), leur époque

■ **Hic** renvoie à ce qui est **le plus proche** (dans un texte, dans l'espace ou dans le temps) et **ille** à ce qui est **le plus lointain :**

his temporibus ces temps-**ci**
illis temporibus en ces temps-**là**

■ **Iste** peut avoir une valeur péjorative (il sert souvent à désigner l'accusé dans un procès), et **ille** une valeur laudative :

iste praetor ce (**mauvais**) préteur
illa statua cette (**belle**) statue

2 Le pronom relatif de liaison

■ **En tête d'une phrase**, un pronom relatif peut renvoyer à un nom ou à un pronom de la phrase précédente (ou, au neutre, reprendre ce qui vient d'être énoncé). Ce **relatif de liaison** est l'équivalent d'un pronom de rappel associé à un mot de liaison :

Cicero multas orationes scripsit. **Quas** (= **Et eas, Eas autem**) nunc legere possumus.

Cicéron a écrit beaucoup de discours.
Et/or/du reste, nous pouvons les lire aujourd'hui.

3 L'adjectif verbal épithète

L'adjectif verbal est formé avec le suffixe **-ndus, a, um**.
Exemples :

ama**ndus, a, um** – dele**ndus** – lege**ndus** – cupie**ndus** – audie**ndus** – imita**ndus** – vere**ndus** – ute**ndus** – experie**ndus** – patie**ndus**.

En fonction d'épithète, aux cas du gérondif, il forme avec le nom un groupe nominal qui équivaut à un gérondif accompagné d'un COD :

ad libros **legendos** (= ad libros legendum)
pour lire des livres

librorum **legendorum** cupidus
désireux de lire des livres

Libris **legendis** discimus.
Nous apprenons en lisant des livres.

EXERCICES

1 Qualité garantie

a. Complétez les phrases avec l'adjectif approprié.

• eloquens – celer – peritus – audax – magnus – gravis – utilis – fidelis – diligens – antiquus.

1. Is vere ... est qui periculum videt, nec fugit. – **2.** Plebs aeris alieni ... pondere premebatur. – **3.** Si ... ducem haberemus, nonnumquam victoriam ferre possemus. – **4.** ... minister curat ne vinum convivis desit. – **5.** Hostes frustra ... legatis divitias proposuerunt. – **6.** In media Urbe etiamnunc ... amphitheatrum videre poteris, quod Coliseum nominatur. – **7.** Numquam tam ... oratorem audivimus quam Cicero. – **8.** Tua bibliotheca ... copiam librorum habet. – **9.** Ex ... equis pugnant Parthi. – **10.** Graece loqui ... erit, si Athenas proficisceris.

b. Mettez ces adjectifs au comparatif et au superlatif.

2 Le gérondif et l'adjectif verbal

Traduisez.

1. Caesar belli gerendi cupidissimus erat. – **2.** Ad pacem faciendam legati missi sunt. – **3.** Sunt nonnulli acuendis puerorum ingeniis non inutiles lusus. – **4.** E terrae cavernis ferrum elicimus, rem ad colendos agros necessariam. – **5.** Aves quaedam ad imitandum humanae vocis sonum dociles sunt. – **6.** Equorum terga ad onus accipiendum figurata sunt. – **7.** Nocte ad observandos siderum motus domo egredi solet. – **8.** Plus in rebus gerendis acta quam verba prosunt. – **9.** Perseverantia in omni genere militiae, maxime tamen in obsidendis urbibus necessaria est. – **10.** Philosophi in his ipsis libris, quos scribunt de contemnenda gloria, sua nomina inscribunt.

3 Le relatif de liaison

Traduisez.

1. Pompeius cum piratis difficile bellum gessit. Quo confecto, Romae triumphavit. – **2.** Dixit se uno die duos libros legere. Quod mihi fieri posse non videtur. – **3.** Hostes dubitabant utrum procederent an recederent. Quod cum vidit, statim impetus faciendi signum dedit imperator. – **4.** Caesar pontem fecit, castra posuit, contionem habuit apud milites. Quibus rebus confectis, somno se dedit. – **5.** Papirii mater cupidissima erat audiendi quae in senatu Patres dixissent. Quod cum sensit, Papirius consilium cepit lepidi mendacii. – **6.** Discipulis grammaticam discere minime gratum est. Quae tamen ad linguam latinam recte intellegendam maxime necessaria est. – **7.** Poetae ad puellarum animos captandos multos versus scribunt. Qui raro ab illis leguntur. – **8.** « Obsecro vos, Quirites ! delenda est Carthago ! ». Quae cum a Catone dicta sunt, Patres silentium obtinuerunt.

VERSION

César l'infatigable

Un bon chef donne l'exemple, et César ne ménageait pas ses efforts pour stimuler l'ardeur de ses soldats...

Armorum et equitandi peritissimus, laboris ultra fidem patiens erat. In agmine nonnumquam equo, saepius pedibus anteibat, capite detecto, seu sol, seu imber esset. Longissimas vias incredibili celeritate confecit [...] Si flumina morarentur, nando trajiciebat vel innixus inflatis utribus [...] A Brundisio Dyrrachium[1] inter oppositas classes hieme transmisit[2]. Cessantibus copiis quas subsequi jusserat, [...] novissime ipse clam noctu parvulum navigium solus, obvoluto capite, conscendit ; neque quis esset ante detexit aut gubernatorem cedere adversae tempestati passus est quam paene obrutus fluctibus (est).

Suétone, *Vies des douze Césars*.

1. Cet épisode se situe pendant la Guerre Civile. *Brundisium* (Brindisi) est sur la côte italienne, *Dyrrachium* (Dürres) sur la côte de Croatie.
2. *transmittere* : faire la traversée

Buste de Jules César, *Rome, musée de la Civilisation romaine.*

VOCABULAIRE

À l'armée

1 La troupe

- **acies, ei**, *f.* : armée en ligne de bataille.
- **agmen, inis**, *n.* : armée en marche, colonne de troupes.
- **auxilia, orum**, *n. pl.* : troupes auxiliaires.
- **centurio, onis**, *m.* : centurion.
- **dux, ducis**, *m.* : commandant, général, chef.
- **eques, itis**, *m.* : cavalier.
  ▸ **equitatus, us**, *m.* : cavalerie.
- **exercitus, us**, *m.* : armée.
- **imperator, oris**, *m.* : général en chef.
- **legatus, i**, *m.* : légat, lieutenant.
- **legio, onis**, *f.* : légion.
- **manus, us**, *f.* : troupe.
- **pedes, itis**, *m.* : fantassin.
- **tribunus, i**, *m.* : tribun militaire.

2 Le matériel

- **agger, eris**, *m.* : levée de terre, remblai.
- **aquila, ae**, *f.* : aigle (enseigne de la légion).
- **aries, etis**, *m.* : bélier.
- **arma, orum**, *n. pl.* : armes.
- **castra, orum**, *n. pl.* : camp.
- **clipeus, i**, *m.* : bouclier rond.
- **galea, ae**, *f.* : casque.
- **gladius, ii**, *m.* : épée, glaive.
- **hasta, ae**, *f.* : lance.
- **impedimenta, orum**, *n. pl.* : bagages, matériel de l'armée.
- **lorica, ae**, *f.* : cuirasse.
- **moenia, orum**, *n. pl.* : remparts.
- **munitio, onis**, *f.* : fortification.
- **pilum, i**, *n.* : javelot.
- **sarcinae, arum**, *f. pl.* : bagages personnels du soldat.
- **scutum, i**, *n.* : bouclier long.
- **signum, i**, *n.* : drapeau.
- **telum, i**, *n.* : arme de jet.
- **testudo, inis**, *f.* : tortue (formation d'attaque).
- **tormentum, i**, *n.* : catapulte.
- **vallum, i**, *n.* : retranchement, palissade.
- **vexillum, i**, *n.* : étendard de la cavalerie.

3 Les actions

- **bellum, i**, *n.* : guerre.
  ▸ **bellum indicere** : déclarer la guerre.
  ▸ **bellum inferre** (+ D) : faire la guerre à.
- **certo, as, are, avi, atum** : lutter, combattre.
  ▸ **certamen, inis**, *n.* : bataille, conflit.
- **clades, is**, *f.* : défaite.
- **contio, onis**, *f.* : discours aux soldats.
- **deditio, onis**, *f.* : capitulation.
- **delectus, us** (ou **dilectus**), *m.* : levée de troupe.
  ▸ **delectum habere** : recruter.
- **impetus, us**, *m.* : assaut.
- **iter, itineris**, *n.* : trajet, route, journée de marche.
- **obsidio, onis**, *f.* : siège d'une ville.
  ▸ **obsidere** : assiéger.
- **praeda, ae**, *f.* : butin.
- **praesidium, ii**, *n.* : garnison.
- **proelium, ii**, *n.* : combat.
  ▸ **proelium committere** : engager le combat.
- **pugna, ae**, *f.* : bataille.
  ▸ **expugnatio, onis**, *f.* : prise d'assaut.
  ▸ **oppugnare** : attaquer, assiéger.
  ▸ **oppugnatio, onis**, *f.* : attaque.
- **spolia, orum**, *n. pl.* : dépouille.
- **triumphus, i**, *m.* : triomphe.
  ▸ **triumphum agere, triumphare** : recevoir les honneurs du triomphe.
- **vinco, is, ere, vici, victum** : vaincre.
  ▸ **victor, oris**, *m.* : vainqueur.
- **vigilia, ae**, *f.* : veille, garde de nuit.

4 Quelques préfixes

Préfixe	Sens	Exemples
dis- (**di-**, **dif-**)	– séparation – dispersion	– **diligere** : distinguer (< **legere** : choisir) – **diffundere** : éparpiller (< **fundere** : répandre)
ob- (**oc-**, **of-**, **o-**, **op-**)	– devant – obstacle	– **objicere** : jeter devant (< **jacere** : jeter) – **opponere** : opposer (< **ponere** : poser)
pro-	– en avant – pour	– **procedere** : progresser (< **cedere** : avancer) – **propugnare** : combattre pour (< **pugnare** : combattre)
se-	– à part, en s'écartant de	– **seducere** : tirer à l'écart (< **ducere** : conduire) – **secedere** : s'écarter (< **cedere** : avancer)

En latin dans le texte

Si vis pacem, para bellum.

Veni, vidi, vici. Qui a prononcé cette formule passée à la postérité ?

Manu militari. Que signifie cette expression ?

Servir sous les armes

L'armée constitue l'outil essentiel de l'expansion romaine. Jusqu'à la fin du IIe siècle av. J.-C., tout citoyen romain est d'emblée un soldat qui, de 17 à 60 ans, est redevable d'un service militaire pouvant aller jusqu'à seize campagnes (militia, ae, *f.*). *Dans les périodes les plus guerrières de l'histoire romaine, un citoyen pouvait donc être sous les armes un tiers de sa vie active.*

Cavalier ou simple soldat ?

◆ Seuls les plus pauvres (***proletarii***) sont exempts de servir dans l'armée, puisque chaque soldat doit fournir son équipement à ses frais. La charge militaire repose donc essentiellement sur les riches et les possédants.

◆ Le **recrutement de l'armée régulière** (***delectus***) affecte les dix-huit premières centuries de la première classe dans la **cavalerie** ; les autres servent comme fantassins. L'équipement complet du soldat comprend un **casque**, une **cuirasse**, un **bouclier** et des **jambières**. Les citoyens des classes inférieures sont armés plus légèrement (ce sont les ***velites***) et sont protégés par un bouclier long. Tous portent un glaive (***gladius***). Il existe aussi deux centuries d'**ouvriers** (***fabri***) et deux de **musiciens** (***tibicines***).

◆ En cas de crise grave, on procède à une **levée en masse** (***tumultus***) de tous les hommes disponibles. On peut si besoin faire appel aussi à des troupes auxiliaires, par exemple d'**archers** (***sagittarii***) ou de **frondeurs** (***funditores***).

◆ La **réforme de Marius** (fin du IIe siècle av. J.-C.), en élargissant le recrutement aux prolétaires, désormais tous équipés de la même façon aux frais de l'État, aboutit à la **création d'une armée professionnelle**. Les engagements volontaires (***conquisitiones***) se multiplient et les soldats, qui s'engagent pour vingt ans, prêtent serment (***sacramentum***) une fois pour toutes.

Une hiérarchie sans faille

◆ L'armée est dirigée par un ***dux*** (le consul sous la République et l'empereur lui-même ou ses généraux sous l'empire), qui possède l'***imperium*** et porte le ***paludamentum*** (manteau pourpre). Il est assisté de légats, nommés par lui ou désignés par le Sénat.

◆ En temps normal, **une armée est composée de deux légions**, dotées chacune d'un numéro et d'un **aigle** (*aquila*).
À partir de la réforme de Marius, la légion, dirigée par six tribuns militaires, compte théoriquement **6000 hommes**, en fait de 4200 à 4800 hommes, répartis en **dix cohortes**. Chaque cohorte est divisée en **trois manipules** : l'un composé de ***hastati*** (soldats les plus jeunes, armés de la lance, ***hasta***), un autre de ***principes*** (hommes d'âge mûr, ainsi nommés parce qu'ils étaient d'abord au premier rang) et le dernier de ***triarii*** (soldats de troisième rang, des vétérans). Chaque manipule compte **deux centuries**, dirigées chacune par un **centurion**, sous-officier sorti du rang, qui a donc sous ses ordres une centaine d'hommes.

La carotte et le bâton…

◆ La **discipline** est très dure et les **sanctions multiples**, des coups infligés par les licteurs à la privation de solde, en passant par la peine de mort que peut décider le général en vertu de son ***imperium***. Le montant de la solde (***stipendium***), instaurée par Camille au IVe siècle av. J.-C., est faible et varie selon le rang du légionnaire.

◆ Mais les **récompenses** viennent, quand il le faut, remercier les braves, qu'il s'agisse d'éloges, de décorations (des médailles appelées phalères, des colliers, des bracelets ou des couronnes) ou d'une partie du butin de guerre.

◆ Les plus hautes récompenses reviennent au **général vainqueur,** proclamé ***imperator*** sur le champ de bataille. Il peut recevoir des ***supplicationes***, remerciements rituels destinés à l'origine à une divinité :

Centurie	Manipule	Cohorte	Légion
100 hommes	= 2 centuries 200 hommes	= 3 manipules = 6 centuries 600 hommes	= 10 cohortes = 30 manipules = 60 centuries 6000 hommes

Coupe de Boscoreale : le triomphe de Tibère, *musée du Louvre.*

au cours de la cérémonie, on embrasse les mains, les genoux ou les pieds du vainqueur. On peut aussi lui réserver une ***ovatio***, entrée solennelle à Rome où il pénètre revêtu de la toge prétexte et couronné de myrte. Mais la récompense suprême est le ***triomphus*** : sur un char tiré par quatre chevaux blancs, l'***imperator*** monte jusqu'au Capitole, accompagné en cortège par son armée victorieuse et précédé des principaux prisonniers et du butin de guerre. Il porte pour la circonstance le costume de Jupiter Capitolin, avec une tunique décorée, une toge de pourpre brodée d'or (***toga picta***), un sceptre d'ivoire, une couronne de laurier.

◆ Le triomphe devint, à la fin de la République, une véritable consécration politique. Les ***imperatores***, forts de la fidélité de leurs légions, sont adulés.

ARRÊT SUR IMAGE

1. Histoire de l'art

Les Romains, dès le IIe siècle avant J.-C., apprécient les somptueuses vaisselles d'or ou d'argent sculpté mises à la mode par les Grecs. La villa de Boscoreale, près de Pompéi, a livré un trésor qui donne une idée assez complète de l'argenterie d'une riche maison romaine du Ier siècle après J.-C. Comment appelle-t-on la technique d'orfèvrerie utilisée pour décorer cette coupe en relief ?

2. Art et histoire

Le trésor de Boscoreale a peut-être appartenu à un membre d'une des familles impériales, comme semble l'indiquer ce gobelet présentant le triomphe de Tibère. La glorification des empereurs passe souvent par la diffusion d'images de leurs hauts faits ou de leurs triomphes. À quels indices reconnaît-on qu'il s'agit ici d'un cortège triomphal ?

3. Techniques et effets

Montrez par quels procédés l'artiste a rendu la scène vivante (attitude des personnages, traitement de l'espace, narrativisation de l'épisode, jeux de reliefs). Étudiez la composition du groupe central : comparez la posture de Tibère et celle des autres personnages (gestes, occupation de l'espace, taille) : qu'en concluez-vous ?

CHAPITRE

7 Ex aequo

L'affaire aurait pu mal se terminer car les deux centurions rivaux vont se trouver tour à tour en mauvaise posture.
Mais quel spectacle palpitant pour leurs camarades et leur général !
(*Suite de* Compétition de centurions, *p.* 44)

Transfigitur scutum Pulloni et verutum in balteo[1] defigitur. Avertit hic casus vaginam, et gladium educere conanti dextram moratur manum ; impeditum hostes circumsistunt.

Succurrit inimicus illi Vorenus et laboranti subvenit. Ad hunc se confestim a Pullone omnis multitudo convertit ; illum veruto transfixum arbitrantur. Illic vero occursat ocius gladio[2] comminusque[3] rem gerit Vorenus atque uno interfecto, reliquos paulum propellit. Dum cupidius instat[4], in locum inferiorem dejectus concidit. Huic rursus circumvento fert subsidium Pullo, atque ambo incolumes, compluribus interfectis, summa cum laude sese intra munitiones recipiunt.

Sic fortuna in contentione et certamine utrumque versavit[5], ut alter alteri inimicus auxilio salutique esset, neque dijudicari posset uter utri virtute anteferendus videretur.

César, *Guerre des Gaules*, V, 44.

1. Le ***verutum*** est un javelot muni d'une pointe très affutée. Le ***balteus*** (baudrier) retient le fourreau (*vagina*) d'où Pullo veut tirer son glaive.
2. ***occursare gladio*** : attaquer glaive à la main.
3. ***comminus*** (*adv.*) : au corps à corps.
4. En mettant trop d'ardeur à sa poursuite (***dum cupidius instat***), Vorenus se jette dans un creux du terrain (***in locum inferiorem dejectus***).
5. ***versare*** : malmener.

ÉTUDE

1. Relevez les verbes exprimant un mouvement. Quelles précisions apportent les préverbes **trans-**, **de-**, **e(x)-**, **circum-**, **re-** ?

2. Relevez les noms et pronoms au datif dans le texte, et classez les emplois de ce cas.
Dans l'expression **alter alteri auxilio salutique esset**, distinguez les deux emplois du datif (exprimant le destinataire et exprimant la destination).

3. Quelle est la fonction de l'adjectif verbal **anteferendus** ?
Traduisez : **delenda est Carthago**.
Quelle nuance de sens implique cet emploi de l'adjectif verbal ?

Un combat mouvementé

4. Montrez que César fait un récit très technique du combat.
En quoi ce caractère du récit est-il susceptible d'intéresser le lecteur ?

5. Détaillez l'enchaînement dramatique des situations de Pullo et Vorenus.

6. Quelle peut être la « morale » de cette anecdote ?

Soldats romains construisant des camps retranchés, colonne Trajane, IIe s. ap. J.-C., *Bucarest, musée national d'Histoire.*

GRAMMAIRE

1 Les emplois du datif

■ Le **complément d'objet** de certains verbes est au **datif** :
nocere (nuire à) – **favere** (favoriser, être bienveillant à l'égard de) – **studere** (s'appliquer à, étudier) – **invidere** (envier, jalouser) – **parere** (obéir à) – **parcere** (épargner) – **ignoscere** (pardonner à), etc.

Milites **imperatori parent**.
Les soldats obéissent au général.

■ Les **verbes composés** (notamment les composés de ***sum***) ont souvent un complément au datif :

Miles **centurioni subvenit**.
Le soldat vient au secours du centurion.

■ Le datif indique le **destinataire**, la personne qui profite de l'action ou qui en est victime :

Tibi praemium petivi.
J'ai demandé pour toi une récompense.
Romani **Gallis** bellum indixerunt.
Les Romains déclarèrent la guerre aux Gaulois.

Le complément au datif est particulièrement nécessaire aux verbes signifiant « donner » ou « enlever ».

■ Un verbe peut être accompagné de **deux compléments au datif**, l'un désignant le **destinataire**, l'autre la **destination** de l'action.

Ce tour, souvent délicat à traduire en français, se rencontre surtout :
– avec les verbes signifiant « envoyer », « adresser », etc.

Senatus copias **auxilio imperatori** misit.
Le Sénat envoya au général (*destinataire*) des troupes en renfort (*destination*).

– avec le verbe **esse**.

Tua valetudo **mihi curae** est.
Ta santé est pour moi un souci/une cause de souci.

2 L'adjectif verbal attribut

■ En fonction d'**attribut du sujet** (nominatif) ou du **COD** (accusatif), l'adjectif verbal exprime l'**obligation** ; un **complément au datif** précise, éventuellement, à qui incombe l'obligation :

Hic liber **legendus** est.
Ce livre doit être lu, il faut lire ce livre.
Mihi hic liber **legendus** est.
J'ai à lire ce livre, je dois lire ce livre.
Caesar pontem **faciendum** curavit.
César s'occupe de faire construire un pont.

■ À ces deux cas, employé seul au neutre singulier, il forme une **locution impersonnelle** :

Saepe **ridendum** est.
Il faut rire souvent.

EXERCICES

1 Scènes de la vie militaire

Traduisez.

1. Ad bellum gerendum Romani ingentes delectus habuerunt. – **2.** Milites armati in castris contionem ducis audire solebant. – **3.** In agmine primum equites, deinde pedites, postremo impedimenta ferentes progrediuntur. – **4.** In castris ponendis summa opus est disciplina, in itineribus faciendis summa celeritate. – **5.** Urbis obsessae portas ariete frangere primum conantur milites. – **6.** Cum proelii committendi tempus adesse existimat, dux impetus faciendi signum dat. – **7.** Dum pugnant, milites summam operam dant ne aquila ab hostibus capiatur. – **8.** Sub aquila inscribitur legionis nomen. – **9.** Victoria parta, milites hostium spolia ad ducem deferunt. – **10.** Armatos non licebat Urbem intrare, nisi cum imperator triumphum agebat. – **11.** Dux triumphans curru albis equis tracto vehitur, laurea corona et picta toga ornatus. – **12.** Milites « Io triumphe ! » conclamant et jocosis verbis triumphantem imperatorem increpare solent ; qui mos « convicium » nominatur.

2 L'adjectif verbal

Traduisez.

1. Cum hostis urgeret, proelium statim committandum fuit. – **2.** In historiis legere possumus quae imitanda, quae vitanda sint. – **3.** Proelium aut bellum suscipiendum esse negabat Augustus, nisi cum major emolumenti spes quam damni metus ostenderetur. – **4.** Aliquis vir bonus nobis eligendus est, atque semper habendus, ut sic tamquam illo spectante vivamus, et omnia tamquam illo vidente faciamus. – **5.** Cicero existimat nullum vitae discrimen bono consuli pro rei publicae salute fugiendum esse. – **6.** Pietati summa tribuenda laus est. – **7.** Etiam in secundissimis rebus maxime est utendum consilio amicorum. – **8.** Ex factis, non ex dictis amici pensandi sunt.

3 Agere, facere, gerere

Traduisez.

1. Ex omnibus Gallis fortissimi sunt Belgae, quod proximi sunt Germanis, quibuscum continenter bellum gerunt. – **2.** Crassus tantas divitias congessit ut ipse Dives vocatus sit. – **3.** Rutulis subactis Aeneas in Latio regnavit. – **4.** Etsi manet voluntas, saepe vires deficiunt. – **5.** Ornate dicendi facultas paucis hominibus data est. – **6.** Romani ad Alliam flumen victi ab hoste jugum subire coacti sunt. Quod iterum numquam accidit. – **7.** Aestate boves e stabulis exigunt agricolae. – **8.** Ipse opus incipiam, tu conficies. – **9.** Rerum gestarum scriptores egregiorum virorum praeclara facinora memoriae tradunt. – **10.** Libros Caesaris legite. Quo facto, judicare poteritis quanta illi fuerit artis militaris scientia. – **11.** Bello confecto, tempus est pacis faciendae. – **12.** Qui ruri aetatem agunt melius quiescere optimaque valetudine frui dicuntur. – **13.** Quid hodie in senatu agitur ? – **14.** Apud Romanos unus actor duas vel tres partes fere agebat. – **15.** Philosophi monent ut die peracto, quae recte, quae prave feceris reputes. – **16.** Male se res habet, cum, quod virtute effici debet, id temptatur pecunia.

Insignes militaires (une *aquila* et un *vexillum*), *Rome, musée du Capitole.*

VERSION

Quel régime choisir ?

Les philosophes de l'Antiquité se sont longuement demandé quelle était la meilleure forme de gouvernement. Cicéron distingue trois types de régime : la monarchie, l'aristocratie et la démocratie.

Omnis populus, omnis respublica consilio quodam regenda est, ut diuturna sit. [...] Aut uni tribuendum est < imperium >, aut delectis quibusdam, aut suscipiendum est multitudini et omnibus. Quare cum penes[1] unum est omnium summa rerum, regem illum unum vocamus regnumque ejus reipublicae statum. Cum autem est penes delectos, tum illa civitas optimatium[2] arbitrio regi dicitur. Illa autem est civitas popularis in qua in populo sunt omnia.

Cicéron, De republica.

1. *penes* (+ Acc.) : entre les mains de
2. *optimates* : les aristocrates

Faire, d'un verbe à l'autre

1 Agere, gerere, facere et leurs composés

	Ago, is, ere, egi, actum : faire, agir, pousser	**Gero, is, ere, gessi, gestum** : faire, porter	**Facio, is, ere, feci, factum** : faire, réaliser
Expressions	**partes agere** : jouer un rôle **fabulam agere** : jouer une pièce **tempus (aetatem) agere** : passer son temps	**bellum gerere** : faire la guerre **rem gerere** : agir, accomplir un exploit ▶ **res gestae** : les exploits accomplis à la guerre, l'Histoire	**orationem facere** : écrire un discours **iter facere** : faire route **pecuniam facere** : amasser de l'argent
Verbes composés	**cogere** (< co-agere) : mener ensemble, contraindre ▶ **cogitare** : agiter des pensées **exigere** : chasser **peragere** : mener à terme **subigere** : conduire sous, soumettre	**adgerere** (aggerere) : amonceler **congerere** : entasser, accumuler **digerere** : distribuer, digérer **suggerere** (< sub-gerere) : apporter sous, procurer	**conficere** : achever **deficere** : faire défaut **efficere** : effectuer **interficere** : détruire, tuer **perficere** : achever **sufficere** : suffire
Noms dérivés	**actio, onis**, *f.* : action judiciaire **agmen, inis**, *n.* : troupe en marche **actor, oris**, *m.* : celui qui intente un procès, acteur	**digestio, onis**, *f.* : distribution, digestion **gestus, us**, *m.* : attitude, geste **agger, eris**, *m.* : levée de terre, tas	**facultas, atis**, *f.* : faculté **factum, i**, *n.* : fait, action **facinus, oris**, *n.* : action remarquable (en bien ou en mal)

? Qu'est-ce qu'une chanson de **geste** ? Qu'est-ce qu'une **exaction**, une **suggestion**, une **congestion**, une **défection**, une **congère** ?

2 Quelques préfixes

Préfixe	Sens	Exemples
Ex- (**e-** devant certaines consonnes, **ef-** par assimilation)	– en sortant de – achèvement (depuis le début)	– **exigere** : faire sortir de – **efficere** : accomplir
In- (**im-** devant m ou p, **il-** ou **ir-** par assimilation)	– dans, sur – vers, en entrant – contre, à l'encontre de	– **ingerere** : entasser – **inire** : entrer – **immittere** : lancer contre
Per-	– à travers – achèvement (sur toute l'étendue) – intensité	– **pervenire** : parvenir – **perficere** : achever – **perterrere** : épouvanter
Sub- (**subs-**, **sus-**, ou par assimilation : **suc-**, **suf-**, **sug-**, etc.)	– sous – de bas en haut – en dessous, secrètement	– **subigere** : soumettre – **suscipere** : regarder en haut – **subducere** : enlever en secret

3 La formation des mots : le suffixe verbal *-tare/-itare*

Le suffixe verbal ***-tare/-itare*** sert à indiquer une **répétition** ou un **renforcement** de l'action verbale (verbes fréquentatifs ou intensifs) :

Agere : faire
- ▶ **agitare** : pousser vivement, agiter

Clamare : crier
- ▶ **clamitare** : crier fort ou souvent

Dicere : dire
- ▶ **dictitare** : dire plusieurs fois, répéter

Facere : faire
- ▶ **factitare** : faire souvent

Gerere : mener
- ▶ **gestare** : porter souvent

Jacere : jeter
- ▶ **jactare** : jeter sans cesse, vanter

? Expliquez par leur étymologie les mots **jactance**, **agitation**, **gestion** et **gestation.**

En latin dans le texte

▶ Que voulait dire Auguste en prononçant ses dernières paroles : « **Acta est fabula** » ?

Age quod agis ! : Sois à ce que tu fais !

À la guerre

Une campagne militaire, qui dure en principe de mars à octobre, débute et s'achève par des cérémonies religieuses accomplies en grande pompe sur le Champ de Mars : une purification des hommes et des chevaux pour ouvrir la campagne et une purification des armes (armilustrium) *pour l'achever.*

Une marche en bon ordre

◆ En terre ennemie, l'armée romaine adopte un **ordre de marche** (***ordo agminis***) immuable : de petites **troupes d'éclaireurs** (***exploratores***) vont repérer les lieux et, dès qu'elle se sent menacée, l'armée se regroupe **en carré** pour avancer (***agmen quadratum***). Le ***signifer*** (porte-enseigne) marche en tête et c'est à lui que sont transmis les ordres :

– **signa inferre** : faire avancer les enseignes = avancer.
– **signa constituere** : planter les enseignes en terre = faire halte.
– **signa convellere** : arracher les enseignes de terre = se mettre en marche.
– **signa convertere** : tourner les enseignes = changer de direction.

◆ Le sac du légionnaire est lourd : il contient 40 kg de vivres, d'effets personnels, d'ustensiles divers et d'outils pour le camp. À la fin d'une étape (environ 20 km), on installe le camp.

L'heure du bivouac

◆ Qu'il soit provisoire ou définitif, **le camp militaire est toujours construit avec ordre et rigueur** sur le modèle d'une ville. D'abord, on en délimite les contours par une **enceinte carrée ou rectangulaire**, sur une longueur de 600 m environ. L'enceinte est percée de **quatre portes** : à l'est, c'est la **porte prétorienne**, par laquelle on sort pour aller au combat, et, à l'ouest, se trouve la **porte décumane**, réservée aux soldats condamnés au supplice.

◆ À l'intérieur du camp, **on trace des rues**, comme dans une ville. Le camp est divisé en quatre quartiers délimités par l'intersection du ***cardo maximus*** correspondant à la **rue principale** (axe nord-sud) et du ***decimanus maximus***, ou **rue prétorienne** (axe est-ouest). Chaque unité a une place assignée, toujours la même. Les **tentes** (***tabernacula***) des soldats sont groupées en rectangles allongés (***strigae***). Au centre du camp, sur le forum, se trouve le ***praetorium*** (tente du général) ; en face sont installés l'**autel**, le ***tribunal*** (la tribune aux harangues) et la tente du ***quaestor*** (intendance et trésorerie).

◆ La protection des camps provisoires est assurée par une **palissade** (***vallum***) renforcée par un **talus de terre** (***agger***) et précédée d'un **fossé** (***fossa***). Dans les territoires conquis, on bâtit des camps permanents en bois ou en pierre autour desquels se développent des bourgs. Ils ont donné naissance à de nombreuses villes comme *Vindobona* (Vienne), *Lugdunum* (Lyon) ou *Argentoratus* (Strasbourg).

À l'attaque !

◆ Pour livrer bataille, les légionnaires sont **rangés au coude à coude**, flanqués des **troupes auxiliaires** et précédés des **vélites**. Disposée en **deux ailes** (***cornua***), la cavalerie encadre les fantassins. Chaque **légion** en ordre de bataille (***acies***) est répartie en **manipules** qui s'alignent sur trois rangs (***triples acies***), décalés en quinconce (***quincunx***). Dès que le signal est donné, on s'avance tout près des ennemis et on lance les javelots (***pilum***), avant d'entamer le corps à corps.

◆ Les Romains excellent dans la **science des sièges** et leur technique est imparable : face à la ville assiégée, on forme une **levée de terre** ; on y construit des **tours**, plus hautes que les remparts ennemis, sur lesquelles on installe des **catapultes** qui bombardent la ville de projectiles (traits ou pierres). Au moment de l'attaque (***impetus***), les soldats disposent de béliers (***arietes***) et forment, pour donner l'assaut, un groupe compact, protégé par les boucliers qui sont arrangés de façon à former une sorte de carapace qu'on appelle la **tortue** (***testudo***).

Cas extrêmes

◆ À l'époque républicaine, les hasards de la guerre ont pu conduire aux plus beaux sacrifices et aux pires humiliations.

◆ Par la ***devotio***, un chef s'offre en sacrifice aux Dieux infernaux pour assurer la victoire. Ce geste héroïque trouve son origine dans l'histoire d'un certain **Marcus Curtius**. On raconte qu'en 362 avant J.-C., un gouffre s'étant ouvert au cœur du forum, les haruspices consultés déclarèrent qu'il ne se refermerait

Légionnaires romains à l'assaut d'une ville, Bas-relief de la colonne de Marc Aurèle, *Rome, musée de la Civilisation romaine.*

que si Rome y précipitait ce qui fait sa force. Comprenant que la force de Rome réside en sa jeunesse prête à se sacrifier pour elle, un jeune Romain issu de la noblesse, Marcus Curtius, revêt alors son armure complète et se jette avec son cheval dans le gouffre qui aussitôt se referme.

◆ Un peu plus tard, lors des guerres Samnites (340 av. J.-C.), le consul Publius Decius Mus, ayant appris en songe que la victoire reviendrait à l'armée qui aurait la première été privée d'un de ses chefs, choisit de se sacrifier en se précipitant tout seul au milieu des ennemis. C'est le début d'une tradition de « kamikazes » prêts à donner leur vie pour la gloire de la patrie : le fils puis le petit-fils de Publius Decius suivirent son courageux exemple quelques années plus tard.

◆ Le rituel du ***jugum*** reproduit l'humiliation infligée par les Samnites aux Romains en 321 avant J.-C., lors de l'épisode des **Fourches Caudines**. C'est un cérémonial au cours duquel on oblige les guerriers vaincus à défiler sous un joug, symbolisé par deux lances fichées en terre et surmontées perpendiculairement d'une troisième : contraints de baisser la tête en signe de soumission pour passer sous le *jugum*, les vaincus doivent subir les insultes et parfois même les coups des vainqueurs. Ainsi sont frappés de déshonneur ceux qui ont perdu le combat.

ARRÊT SUR IMAGE

1. Histoire de l'art

La colonne de Marc Aurèle est sculptée de scènes empruntées à l'histoire de l'empereur, disposées en une longue frise narrative circulaire, comme un grand ruban historié. Comment appelle-t-on le type de sculpture utilisé ici ? Dans quel sens doit-on lire cette scène ? Qu'est-ce qui vous l'indique ?

2. Art et histoire

Les monuments édifiés par les empereurs pour commémorer leurs victoires sont nombreux. Trouvez-en quelques exemples. Cette colonne fut élevée sur le Champ de Mars sous le règne de Commode (180-192) pour célébrer la campagne de son père sur le Danube (168-174). Les épisodes représentés offrent des renseignements très utiles sur l'armée et les techniques militaires. Ici, la technique de la tortue est particulièrement bien illustrée : décrivez-la.

3. Techniques et effets

Comment le sculpteur suggère-t-il la victoire des Romains : étudiez en particulier la composition de la scène, les effets de contraste dans les lignes, le traitement de l'espace. Quels visages sont représentés ? Comment sont-ils traités ? Pourquoi ?

CHAPITRE

8 Caprices d'artiste

À Rome comme ailleurs, les artistes étaient souvent des excentriques, qui devaient beaucoup de leur popularité à leurs caprices. Le portrait que fait Horace *du chanteur* Tigellius, *vedette à l'époque d'*Auguste *(ici appelé* Caesar, *comme son père adoptif,* Jules César*), ne manque pas de piquant...*

Omnibus hoc vitium est cantoribus, inter amicos
ut nunquam inducant animum[1] cantare rogati[2],
injussi nunquam desistant. Sardus habebat
ille Tigellius hoc. Caesar, qui cogere posset,
si peteret per amicitiam patris atque suam, non
quicquam[3] proficeret; si collibuisset, ab ovo
usque ad mala[4] citaret : « Io Bacchae ! » [...]
Rien de constant, chez cet homme : tantôt il courait
comme on fuit l'ennemi, tantôt il marchait
comme s'il portait les saints sacrements de Vénus.
Souvent, il avait deux cents esclaves,
souvent, dix seulement. Tantôt il ne parlait
que de rois et de princes ou d'autres folles grandeurs ;
tantôt il prétendait : « Sit mihi mensa tripes et
concha salis puri et toga quae defendere frigus
quamuis crassa[5] queat ! » Deciens centena[6] dedisses[7]
huic parco, paucis contento, quinque diebus
nil[8] erat in loculis. Noctes uigilabat ad ipsum
mane, diem totum stertebat.

Horace, *Satires*, I, 3.

1. ***inducere animum*** : se décider à.
2. ***rogati*** : quand on le leur demande.
3. ***non quicquam*** = *nihil*.
4. On mangeait des œufs en hors-d'œuvre et des pommes au dessert.
5. ***quamvis crassa*** : aussi grossière fût-elle.
6. ***deciens centena*** (*sestertium*) : un million de sesterces.
7. ***dedisses*** = *si dedisses*.
8. ***nil*** = *nihil*.

ÉTUDE

1. Relevez deux propositions relatives au subjonctif dans le texte.

2. Rappelez comment s'exprime en français un ordre ou un souhait. L'impératif existe-t-il en latin à toutes les personnes ? Quel verbe du texte exprime un souhait ?

3. Quelle nuance de l'expression d'une hypothèse est exprimée par le temps des verbes au subjonctif **peteret/proficeret** ?
Quelle différence marque le plus-que-parfait (**collibuisset, (si) dedisses**) ?

Une star insupportable

4. Montrez que tous les comportements évoqués illustrent un seul et même défaut de Tigellius. Lequel ?

5. Relevez les détails du texte qui donnent un tour très concret à ce portrait.

6. Qu'est-ce qu'une satire ? S'agit-il ici de se moquer des artistes ? Dans la suite du texte, Horace écrit : « Maintenant, on pourrait me dire : " Et toi ? Tu n'as pas de défauts ? " – Oui, mais d'autres défauts, et sans doute moins graves... »
Quel est le thème de cette satire ?

La Joueuse de cithare, fresque de Stabia, *Naples, Musée archéologique*.

GRAMMAIRE

1 L'ordre, la défense, le souhait

■ À la **2e personne**, l'**ordre** s'exprime à l'**impératif**, et la **défense** à l'aide du tour ***noli/nolite*** + infinitif.

Lege ! Lis !

Noli legere ! Ne lis pas !

■ L'**impératif passif** (ou des verbes déponents) se forme avec les désinences ***-re*** (au singulier) et ***-mini*** (au pluriel).

Ama**re** ! Sois aimé(e) !

Ama**mini** ! Soyez aimé(e)s !

■ À toutes les personnes, un **ordre** ou un **souhait** peut être exprimé par le **subjonctif présent** (négation ***ne***).

Felix **sis** ! Sois heureux !

Dives **sim** ! Puissé-je être riche !

Magistrum **audiamus !** Écoutons le maître !

Ne hanc epistulam **legat** !
Qu'il ne lise pas/Puisse-t-il ne pas lire cette lettre !

■ À la **2e personne**, on rencontre souvent le subjonctif parfait après ***ne***.

Ne riseris ! Ne ris pas !

■ Un souhait peut être souligné par l'adverbe ***utinam***.

Utinam illa puella me **amet** !
Puisse cette jeune fille m'aimer !

2 L'expression de l'hypothèse

■ ***Si/nisi* + indicatif** : l'hypothèse est considérée comme **certaine et réalisée**.
La principale est aussi à l'indicatif :

Si vis, canto. Si tu le veux, je chante.

■ ***Si/nisi* + futur** (ou **futur antérieur** dans la subordonnée seulement) : l'hypothèse est **relative à l'avenir**.

Si venies (veneris), gaudebo
Si tu viens, je serai content.

■ ***Si/nisi* + subjonctif présent** : l'hypothèse est considérée comme **pouvant se réaliser** (potentiel).

Si dives **sim**, domum emam.
Si j'étais riche, j'achèterais une maison.

■ ***Si/nisi* + subjonctif imparfait** : l'hypothèse est **démentie par la réalité** (irréel du présent).
Nunc (« mais en réalité… ») sert souvent à indiquer cette réalité.

Si dives **essem**, domum emerem.
(**Nunc** nullam pecuniam habeo.)
Si j'étais riche, j'achèterais une maison.
(Mais en réalité je n'ai pas d'argent.)

■ ***Si/nisi* + subjonctif plus-que-parfait** : hypothèse **relative au passé** (conditionnel passé), qui ne s'est pas réalisée (irréel du passé).

Si dives **fuissem**, domum emissem.
Si j'avais été riche, j'aurais acheté une maison.

EXERCICES

1 L'art pour l'art

Traduisez.

1. Tiberius et Caius Gracchus, in bonis artibus a matre educati, rem publicam malis legibus ferendis everserunt. – **2.** Ars bene dicendi haud minus consuli profuit quam ars militaris. – **3.** In Pompeiorum domibus imagines summa arte pictas videre potui. – **4.** Malis artibus Catilina rem publicam capessere (*faire une carrière politique*) voluit. – **5.** Si vis artem pingendi recte discere, non solum manum, sed etiam oculos exerce. – **6.** Imperium facile eis artibus retinetur, quibus initio partum est. – **7.** Cicero non solum orationes permultas, sed etiam artem rhetoricam scripsit. – **8.** Ille fictor Dianae marmoream statuam finxisse dicitur quae spirare videbatur.

2 Hypothèses

Traduisez.

1. Si quid contra patriam paravisti, pessimum suscepisti scelus. – **2.** Si grammaticus barbare loquatur, ridiculus videatur. – **3.** Cicero, si Antonio favisset, illius jussu non interfectus esset. – **4.** Praestantes viri numquam tam difficilia conati essent, nisi memoria digni fieri voluissent. – **5.** Paulum civitati prosunt arma foris, nisi domi sunt bonae leges. – **6.** Ille felix juvenis sine dubio consulatum aliquando geret, si perseveraverit. – **7.** Si possent homines facere sibi sortem nascendi, nemo esset humilis, nemo pauper ; nunc natura nos regit. – **8.** Donec (*aussi longtemps que*) eris felix, multos numerabis amicos ; tempora si fuerint nubila, solus eris. – **9.** Si vis pacem, para pacem ; si vis bellum, arma para. – **10.** Nisi auxilia nostris subvenissent, hostes victoriam tulissent. – **11.** Hectora (*Acc.*) quis nosset, felix si Troja fuisset ?

3 Ordre, défense, souhait

Traduisez.

1. Noli hanc statuam tangere ! – **2.** Utinam perpetuus sit hominibus pacis amor et cura concordiae ! – **3.** Tu, qui absurdissime canas (absurde canere : *chanter faux*), ne quid cecineris ! – **4.** Statim Romam proficiscimini ! – **5.** In adversis rebus amicorum consiliis utere ! – **6.** Nolite putare magistrum domi libros latinos legere ! – **7.** Dei nos juvent ! – **8.** Utinam ne hiems frigidior sit ! – **9.** Jam acta est fabula : plaudite omnes ! – **10.** Ne istum consulem eligamus !

Masque tragique de vieillard, fresque de Pompéi, *musée archéologique de Naples*.

VERSION

La tragédie d'un tragédien

La vie d'artiste n'est pas toujours aussi gaie que celle de Tigellius : du temps de Périclès, à Athènes, un grand acteur joua un drôle de drame.

Histrio in terra Graeca fuit fama celebri, qui gestus et vocis claritudine et venustate ceteris antestabat. [...]. Is Polus unice amatum filium morte amisit. Eo tempore Athenis *Electram* Sophoclis acturus gestare urnam quasi cum Oresti ossibus debebat. Ita compositum fabulae argumentum est, ut veluti fratris reliquias ferens Electra comploret commisereaturque interitum ejus [...]. Igitur Polus, lugubri habitu Electrae indutus, ossa atque urnam e sepulcro tulit filii, et quasi Oresti amplexus[1], opplevit omnia non simulacris [...], sed luctu atque lamentis veris. Itaque cum agi fabula videretur, dolor actus est.

Aulu-Gelle, *Nuits attiques*.

1. *Quasi... amplexus* : comme s'il tenait dans ses bras les restes d'Oreste

VOCABULAIRE

Arts et techniques

1 Ars, artis, f. : art, habileté acquise, savoir-faire

≠ **natura, ae**, *f.* : nature ≠ **ingenium, i**, *n.* : génie, qualité innée, talent

Manière d'agir (bonne ou mauvaise) habileté admirable / artifice, ruse		Activité dans laquelle se manifestent ces qualités : métier, technique	
Bonae artes : – habileté manuelle – qualités morales – bons principes, procédés honnêtes	**Malae artes :** – manque d'habileté, défauts – vices – procédés malhonnêtes	**Ars** (*sg*) **:** théorie, traité technique ▶ **ars militaris** : traité militaire ▶ **ars rhetorica** : traité de rhétorique ▶ **ars pingendi** (< **pingere**) : peinture ▶ **ars fingendi** (< **fingere**) : sculpture ▶ **ars dicendi** (< **dicere**) : l'art de bien parler	**Artes** (*pl.*) : les productions de l'art ▶ **artes honestae, ingenuae** : la culture d'un homme libre, les beaux-arts ▶ **artes liberales** : les connaissances dignes d'un homme libre

2 Arts plastiques

	Technique	Action	Artiste	Matériaux	Œuvre
Sculpture	**sculptura, ae**, *f.*	**fingo, is, ere, finxi, fictum** : façonner	**fictor, oris**, *m.* : sculpteur	**marmor, oris**, *n.* : marbre **ebur, oris**, *n.* : ivoire **aes, aeris**, *n.* : bronze	**signum, i**, *n.* : statue **simulacrum, i**, *n.* : statue **imago, inis**, *f.* : portrait
Peinture	**pictura, ae**, *f.*	**pingo, is, ere, pinxi, pictum** : peindre	**pictor, oris**, *m.* : peintre	**color, oris**, *m.* : couleur	**tabula (ae) picta (ae)**, *f.* : tableau

En latin dans le texte

Ars longa, vita brevis. (Maxime du médecin grec Hippocrate, citée par Sénèque)

Ars similis casus : L'art ressemble au hasard. (Ovide)

▶ Comment comprenez-vous ces maximes ?

3 La dérivation en *-fex, icis* et *-ficium, i* (< *facere*)

■ Le suffixe **-fex** sert à former des noms d'agents.

– **artifex, icis**, *m.* : artisan ou artiste (< **ars facere** : celui qui fait un travail habile)

– **pontifex, icis**, *m.* : le prêtre (< **pons, ntis**, *m.* : le pont ; à l'origine, les prêtres, à Rome, faisaient construire les ponts, surveillaient les poids et mesures, etc.)

– **opifex, icis**, *m.* : l'ouvrier (< **opus, eris**, *n.* : le travail)

■ Avec le suffixe **-ficium**, on forme des noms d'ouvrages :

– **beneficium, ii**, *n.* : bon ouvrage, bienfait

– **maleficium, ii**, *n.* : mauvais ouvrage, méfait

– **aedificium, ii**, *n.* : l'édifice (< **aedes, is**, *f.* : le temple)

– **artificium, ii**, *n.* : ouvrage d'artisan

▶ artifice (péj., artificiel/naturel)

? Quand Néron, selon Suétone, s'écrie au moment de sa mort : « **Qualis artifex pereo !** », revendique-t-il la qualité d'artiste ou d'artisan ?

4 La formation des mots : le suffixe *-tor*

Le suffixe **-tor** (féminin **-trix**) sert à former des noms d'agent (occupations habituelles ou professionnelles) à partir de verbes.

– **actor** : acteur, instigateur < **agere** (faire)

– **dictator** : dictateur < **dictare** (ordonner)

– **pictor** : peintre < **pingere** (peindre)

? De quels verbes viennent les noms **imperator, auctor, conditor, orator, amator** ? Quel suffixe emploie-t-on en francais pour les traduire ?

La vie en musique

De la cena *au théâtre, du champ de bataille au temple, la musique rythme la vie quotidienne des Romains. Amateurs ou professionnels, musiciens et chanteurs sont partout, et un empereur comme Néron fait de sa vie un concert perpétuel.*

En avant la musique !

◆ Le bon **professeur de musique** est, en principe, un artiste virtuose, grec le plus souvent. Il a pour élèves les enfants des meilleures familles, soucieux de s'initier à la musique, et… les courtisanes.

◆ Depuis le IIe siècle av. J.-C., il existe, en effet, à Rome des **écoles de musique réservées aux courtisanes**, qui sont d'autant plus prisées des jeunes gens de bonne famille qu'elles ont une solide éducation musicale : les comédies de Plaute ou de Térence montrent ces femmes qui louent, outre leur corps, leur talent musical pour animer les banquets des particuliers ou les cabarets de Rome.

◆ On apprend la musique **à l'oreille**, sans passer par une notation musicale qui est trop complexe.

◆ La **lyre** ou la **cithare** sont les instruments les plus en faveur auprès des amateurs de musique : elles se jouent soit avec les doigts, soit avec un plectre dont on frappe les cordes. Ces instruments accompagnent notamment la **poésie chantée** (***odae***) ou les **chansons** (***cantiones***).

◆ Les instruments à vent nécessitent eux aussi un long apprentissage. Pour jouer de la ***tibia***, qui ressemble à une flûte et qui est souvent double, il faut posséder un souffle hors du commun, ce qui explique que l'on représente souvent le ***tibicen***, joueur de *tibia*, comme un gaillard trapu, large de poitrine. S'il joue dans un ensemble, le *tibicen* marque le tempo en actionnant un ***scabellum***, double semelle en bois très épaisse, qui épouse la forme du pied auquel il est attaché par une lanière de cuir.

Scène de cirque (danseuse et musicien avec *scabellum* et *tibia*), *Rome, musée du Vatican.*

Musique militaire et musique religieuse

◆ La **fanfare militaire** est composée de plusieurs types de musiciens : les ***tubicines*** rythment les événements de la vie militaire par des sonneries de leur **tuba** (sorte de clairon en bronze de 1,30 m environ, de forme cylindrique, s'évasant en entonnoir) ; ce sont eux en particulier qui sonnent la charge et la retraite. Les ***bucinatores*** accompagnent la cavalerie de leur **bucina** (sorte de cornet), et les ***cornicines***, joueurs de **cornu** (sorte de cor en bronze très recourbé, un peu à la façon des cors de chasse), forment une garde d'honneur autour des porte-enseignes.

◆ La musique vient aussi ponctuer tous les événements religieux. **Sacrifices** et **libations** sont toujours accomplis au son de la ***tibia***. Les cortèges funèbres sont souvent précédés de ***tibicines***, parfois accompagnés de joueurs de cor. La mode de ces **concerts funèbres** est telle que dans son *Apocolocyntosis*, Sénèque imagine un concert donné à l'occasion de l'enterrement parodique de l'empereur Claude, qui réunit tant de cors, de trompettes et d'instruments à vent que l'Empereur manque d'en être… réveillé.

Musique de scène

◆ « Au cirque, les courses à pied, le pugilat, la lutte, les courses de char. Au théâtre, le chant, les lyres, les *tibiae* » écrit Cicéron. La musique règne, en effet, sur la scène théâtrale.

Musiciens ambulants, mosaïque de la villa de Cicéron, Ier s. ap. J.-C., *musée archéologique de Naples.*

◆ Dans la comédie, les personnages sont enfermés dans un rôle codé symbolisé non seulement par leur maquillage, leur costume et leur gestuelle, mais aussi par un certain type de musique qui accompagne les passages appelés ***cantica***, morceaux lyriques entièrement chantés. Ainsi, lors de l'entrée en scène d'un personnage, un chanteur, interprétant un texte au son de la ***tibia***, installe le **thème musical** qui lui correspond. Pendant les entractes, on joue aussi des **interludes musicaux**.

◆ Dans la **pantomime**, qui se développe à l'époque d'Auguste, la musique joue un rôle essentiel : il s'agit de **spectacles chorégraphiques** exécutés sur des sujets mythologiques par des acteurs accompagnés d'un **chœur** et d'un **orchestre**. Le chœur chante des ***soli***, accompagné par un véritable orchestre mené par le *tibicen*. La musique permet en outre de régler les pas et les gestes de l'acteur au rythme du *scabellum*.

ARRÊT SUR IMAGE

1. Histoire de l'art

Cette mosaïque, trouvée dans la villa de Cicéron à Pompéi, est d'un format de 43 x 41 cm. Elle relève d'une technique particulière, celle des « emblemata », nom grec qui désigne les « tableaux en mosaïque » réalisés en atelier et montés sur une plaque de marbre ou d'ardoise pour pouvoir être enchâssés là où leur acquéreur le désirait. Cette technique, grâce à la taille minuscule des tessères, permet de rivaliser avec les couleurs chatoyantes des peintures tout en ayant l'avantage de la durée. En quoi peut-on parler de réalisme à propos de cette œuvre ?

2. Art et histoire

Les Romains dès l'époque républicaine furent d'ardents collectionneurs d'œuvres d'art, en particulier grecques. Cette mosaïque datée de la fin du IIe siècle avant J.-C. porte en haut à gauche la signature du peintre Dioskouridès de Samos. Il s'agit d'une copie d'une peinture grecque du IIIe siècle sans doute célèbre puisqu'elle a inspiré d'autres œuvres artistiques (notamment une peinture de Stabies). On y voit un groupe de musiciens ambulants, arrêtés devant la porte d'une maison. Identifiez les instruments dont ils jouent. D'après leurs visages, qui sont-ils ?

3. Techniques et effets

Comment l'artiste donne-t-il de la profondeur et de l'animation à la scène (disposition des personnages, jeux d'ombre et de lumière, etc.) ? Étudiez l'utilisation des couleurs pour suggérer les modulations de la lumière du soleil sur les vêtements.

Lire les textes poétiques

En latin, les vers sont organisés d'une autre façon qu'en français.
Les vers latins n'ont pas de rimes et le nombre des syllabes n'est pas fixe :
ils sont rythmés ***musicalement*** *par une alternance de syllabes tantôt* ***longues*** *(–),*
tantôt ***brèves*** *(◡), qui s'organisent en mesures appelées* ***mètres*** *ou* ***pieds****.*

Éléments de métrique

1 Les principaux mètres

■ Les principaux mètres ou pieds que vous rencontrerez dans les poèmes étudiés sont :

– le **dactyle** : –́ ◡ ◡ (1 longue suivie de 2 brèves < *dactylos*, mot grec signifiant « le doigt », composé de trois phalanges, une longue et deux plus courtes) ;

– le **spondée** : –́ – (2 longues) ;

– le **trochée** : –́ ◡ (1 longue + 1 brève) ;

– l'**iambe** : ◡ –́ (1 brève + 1 longue) ;

– l'**anapeste** : ◡ ◡ –́ (2 brèves + 1 longue).

Le dactyle et le spondée sont substituables (une longue équivaut à deux brèves).

■ Chaque mètre comporte un **temps accentué** (ʹ), prononcé sur un ton plus aigu.

■ Un vers latin se scande : **scander** un vers consiste à déterminer la longueur des syllabes (ce qu'on appelle leur **quantité**) et à les regrouper en pieds dans le vers.

2 La quantité des syllabes

Les syllabes sont longues ou brèves selon la **nature** ou la **position** des voyelles qui les composent.

■ **Une syllabe est brève**

▶ par **nature**, quand elle contient une **voyelle brève** :
– le ***a*** final est bref au nominatif féminin singulier (*ros**ă***) et aux nominatif, vocatif, accusatif pluriels neutres (*templ**ă***) ;
– le ***e*** final est bref à la troisième déclinaison aux nominatif, vocatif, accusatif neutres singuliers (*mar**ĕ***) et à l'ablatif singulier (*consul**ĕ***).

▶ par **position** quand elle contient une voyelle suivie d'un *h* ou d'une autre voyelle (sauf si ces deux voyelles forment une diphtongue comme *oe*, *ae*, *au*, *eu*) : *tr**ă**ho*, *fil**ĭ**us*.

■ **Une syllabe peut être longue**

▶ par **nature** lorsqu'elle contient une **voyelle longue** ou une **diphtongue** (*ae*, *oe*, *au*, *eu*), par exemple :
– le ***a*** final est long à l'ablatif singulier (*ros-**ā***) ;
– le ***i*** final est long au datif/ablatif singulier (*fort-**ī***) ;
– une voyelle provenant d'une diphtongue est longue (le *i* de *occido* est long car il remplace la diphtongue *ae* < *caedo*) ;
– une voyelle résultant d'une **contraction** est longue (le premier *o* de *c**ō**go* est long car il résulte de la contraction de **co-**a**go*).

▶ par **position**, lorsqu'elle contient une voyelle suivie d'un *j*, d'un *x* ou d'un *z* (*Tr**ō**ja*, *sen**ē**x*) ou de **deux consonnes** (y compris quand la deuxième consonne se situe au début du mot suivant), par exemple, dans ***ēt pr**oelia*, le ***e*** de *et* est long.

■ **Hiatus et élision**

▶ Devant un mot commençant par une voyelle ou un *h*, la voyelle ou la diphtongue finale d'un mot **s'élide** (elle n'est pas prononcée) pour éviter l'hiatus (= rencontre entre deux voyelles) : *ipsa ego* se prononce et se scande *ips'ego*.

▶ Il en est de même si la voyelle finale est suivie d'un *m* : *multum ille* se prononce et se scande *mult'ille*.

▶ La forme *est* perd son *e* après un mot terminé par une voyelle, une diphtongue ou un *m* : *certum est* se prononce et se scande *certumst*.

3 Les principaux vers latins

Les principaux vers sont l'**hexamètre dactylique** (= six mètres ou pieds dactyliques), le **pentamètre** (= cinq mètres ou pieds) et le **sénaire iambique** (= six mètres ou pieds iambiques).
Dans chaque vers, une **coupe** permet de mettre en relief certains mots.

L'hexamètre dactylique

C'est le vers de l'**épopée** ou des **satires**.
Il est formé de **six mesures** qui peuvent être soit des dactyles, soit des spondées, à l'exception de la 5e mesure qui est toujours un dactyle et de la 6e qui est indifféremment un spondée ou un trochée :

– ⏑⏑ | – ⏑⏑ | – // ⏑⏑ | – ⏑⏑ | – ⏑⏑ | – ⏓
– – | – – | – // – | – – |

Dans l'hexamètre, la coupe principale (ou **césure**, notée //) est placée après le 5e demi-pied (d'où son nom de coupe « penthémimère » : du grec *pente* = cinq, *hémi* = moitié et *meros* = partie) :

Arma vi|rumque ca|no, // Tro|jae qui|primus ab|oris
Itali|am fa|to // profugus Lavi|niaque|venit
Litora|multum il|le et // ter|ris jac|tatus et|alto

(Virgile, *Énéide*, I)

Quelques conseils pour scander un hexamètre :

► Notez les élisions pour ne pas les oublier.

► Commencez par la fin du vers car le 5e pied est toujours un dactyle et le dernier un spondée ou un trochée, soit la suite métrique : – ⏑⏑ | – ⏓

► Notez la quantité des voyelles faciles à identifier (certains dictionnaires indiquent la longueur des voyelles de chaque mot).

► Indiquez la coupe principale afin de corriger une erreur éventuelle (une coupe tombe toujours entre deux mots !).

Le pentamètre

C'est un vers composé de **cinq mesures** réparties en deux éléments de deux mesures et demie séparés par une coupe.

Seuls les deux premiers mètres sont variables (dactyles ou spondées) :

– ⏑⏑ | – ⏑⏑ | – | – ⏑⏑ | – ⏑⏑ | –
– – | – – | – |

En associant un hexamètre dactylique à un pentamètre, on forme un groupe de deux vers nommé **distique élégiaque** :

Quam juvat|immi|tes ven|tos au|dire cu|bantem
et domi|nam tene|ro // continu|isse si|nu

(Tibulle, *Élégies*, I)

Le sénaire iambique

C'est le vers des scènes parlées de la **comédie**.
Il est formé en principe de **six iambes**, mais l'iambe peut être remplacé par un autre pied (spondée, dactyle) aux cinq premières mesures.

⏑ – | ⏑ – | ⏑ – | ⏑ – | ⏑ – | ⏑ –

Decet me amare et te bubulcitarier

(Plaute, *Mostellaria*, I, 1)

Ce vers comporte deux élisions ; lisez :

Decet|m'amar|'et te|bubu|cita|rier

4 Une aide à la traduction

► La scansion peut aider à traduire, car elle permet de distinguer certains cas, comme les finales en *a* long (*causā* = ablatif singulier) et les finales en *a* bref (*causă* = nominatif ou vocatif singulier) :

arma sub|adver|sa posuit radi|antia|quercu

(Virgile, *Énéide*, VIII)

Il faut relier *armă… radiantiă* (accusatif neutre pluriel à finale brève) et *sub adversā quercū* (ablatif singulier à finale longue).

► De même, scander permet de différencier certains mots :

– *vĕnit* (e bref) au présent/*vēnit* (e long) au parfait ;
– *lĕvis* (e bref) = léger/*lēvis* (e long) = lisse.

Éléments de stylistique

1 L'ordre des mots

Dans le vers latin, la place des mots est beaucoup plus libre que dans la prose, d'où la nécessité parfois de scander pour reconstituer les groupes de mots. La place des mots peut varier en fonction des **contraintes métriques** (quantité des syllabes) ou pour des **raisons stylistiques**.

Les **disjonctions**

On trouve fréquemment dissociés des mots qui syntaxiquement vont ensemble.

▶ L'**adjectif** est souvent séparé du nom qu'il détermine :

Vi superum **saevae memorem** Junonis ob iram

(Virgile, *Énéide*, I)

Il faut relier les deux accusatifs *iram* et *memorem* de même que les deux génitifs *saevae* et *Junonis*.

▶ Le **mot subordonnant** peut être placé à l'intérieur de la proposition qu'il introduit :

Arma virumque cano, Trojae **qui** primus ab oris.

(Virgile, *Énéide*, I)

Il faut lire : *qui primus ab oris Trojae*.

▶ La **préposition** peut être postposée ou intégrée au groupe nominal :

has **inter** voces media **inter** talia verba

(Virgile, *Énéide*, XII)

Il faut lire : *inter has voces, inter talia media verba*.

La mise en relief

Dans un vers, les mots peuvent être mis en relief.

▶ **par certaines positions**

– **en début de vers** :

Italiam fato profugus... (Virgile, *Énéide*, I)

La place du complément de lieu *Italiam* en début de vers signale que l'Italie est l'enjeu du récit des aventures d'Énée pour gagner sa nouvelle patrie.

– **en fin de vers** :

vi superum saevae //memorem Junonis ob **iram**

(Virgile, *Énéide*, I)

Le mot *ira* (la colère), mis en relief à la fin du vers, rappelle le motif essentiel des errances d'Énée, poursuivi par la colère de Junon.

– **à la césure** : dans l'exemple précédent, l'adjectif *saevae* (cruelle), placé à la césure, renforce l'idée de la vengeance de Junon.

▶ par un **enjambement** (un mot nécessaire au sens d'un vers est rejeté dans le vers suivant) :

...tot adire labores

impulerit. (Virgile, *Énéide*, I)

Le rejet du verbe *impulerit* (pousser, contraindre) met l'accent sur la volonté de Junon d'accabler Énée d'épreuves (*tot adire labores*).

▶ par une **anaphore** (reprise en début de vers ou à une place symétrique dans le vers, d'un même mot ou d'une même expression) :

Hic Venus indigno nati concussa dolore

[...]

Hic Venus obscuro faciem circumdata nimbo

(Virgile, *Énéide*, XII)

L'anaphore (« Lors Vénus... ») souligne le rôle joué par la déesse dans cet épisode.

quidve dolens regina deum **tot** volvere casus

insignem pietate virum, **tot** adire labores

L'anaphore de *tot* (« tant de malheurs »/« tant d'épreuves ») accentue le poids des épreuves imposées à Énée.

2 Les sonorités

Les mots peuvent être groupés pour leurs sonorités, afin de produire certains effets.

L'**allitération** est la répétition d'une même consonne ou de consonnes de sonorités proches pour souligner une idée :

Colla**ps**am a**sp**iciunt comites, en**s**emque cruore

spumantem **sp**arsa**s**que manus (Virgile, *Énéide*, IV)

L'**assonance** est la répétition d'une voyelle (ou de voyelles proches) :

h**ui** **uni** forsan pot**ui** s**u**cc**u**mbere c**u**lpae

(Virgile, *Énéide*, IV)

L'assonance accentue le caractère singulier d'Énée.

3 Particularités de la langue poétique

■ Les **adjectifs composés** : *fatiferus* est composé du suffixe verbal *-ferus* (porteur) et du mot *fatum* (le destin), ou *odoriferus*.

■ Les **mots rares** ou **archaïques** : *Mavors, Mavortis* est employé pour désigner le dieu Mars.

■ Les **périphrases** : *Mavortia moenia* (= les murailles de Mars) est employé pour désigner Rome.

■ Les **mots poétiques** : *mortales* (au lieu de *homines*) désigne les humains, *tellus* (au lieu de *terra*) désigne la terre.

■ Les **mots employés au pluriel** au lieu du singulier (pluriel dit « poétique ») : *litora* (au lieu de *litus*) pour désigner le rivage ou *campi* (au lieu de *campus*) pour désigner le champ de bataillle.

■ Les **formes syncopées** ou **archaïques** : *deum* pour *deorum*, *superum* pour *superorum*.

■ Les **compléments de lieu sans préposition** : *Italiam venit* pour *in Italiam venit*.

4 Figures poétiques

■ L'**asyndète** : absence de liaison inhabituelle entre deux termes ou deux propositions.

non haec humanis opibus, **non** arte magistra
proveniunt… (*Énéide*, XII)

non, ces effets ne proviennent pas de pouvoirs humains ni d'un art magistral

L'absence de la coordination *nec* souligne l'étonnement du locuteur.

■ Le **chiasme** : entrecroisement inversé des éléments de deux groupes.

major agit deus atque opera ad majora remittit
1 2 2 1

un dieu plus grand agit et te libère pour de plus grands exploits (*Énéide*, XII)

Le chiasme qui met en valeur la répétition *major/majora* souligne le caractère exceptionnel de la tâche à accomplir.

■ L'**hypallage** : accord grammatical d'un adjectif avec un mot autre que celui auquel il s'accorde logiquement.

Ibant obscuri sola sub nocte (*Énéide*, VI)

Ils allaient sombres, sous la nuit solitaire

(on attendrait *ibant soli sub obscura nocte*).

L'hypallage renforce ici le mystère du tableau infernal.

■ La **comparaison**

En poésie, elle est souvent introduite par *qualis*.

… **qualis** cum caerula nubes
solis inardescit radiis

… comme lorsqu'un nuage d'un bleu sombre s'enflamme sous l'effet des rayons du soleil

■ La **métaphore**

La comparaison est sous-entendue.

terribilem cristis galeam **flammasque vomentem**

le casque à l'aigrette effrayante qui vomissait des flammes (*Énéide*, VIII)

La métaphore accentue l'éclat inhabituel du casque.

■ La **métonymie** : remplacement du mot propre par un mot qui le suggère grâce à un rapport logique implicite.

Ferrum est employé pour désigner une épée.
Mars est employé pour désigner la guerre.

■ La **redondance** : renforcement d'une idée par l'utilisation de deux termes de sens proches.

fixum immotumque (*Énéide*, IV)

fixe et immobile

La redondance a pour effet de figer l'élément de manière absolue.

Cicéron dénonce Catilina (1889),
Cesare Maccari, *Rome*, *Palazzo Madama*.

Un grand orateur : Cicéron 2

Marcus Tullius Cicero

(106-43 av. J.-C.)

Buste de Cicéron
provenant de Sabbioneta,
Rome, musée de la Civilisation romaine.

L'ascension d'un chevalier Cicéron est né à Arpinum, petite ville située à une centaine de kilomètres de Rome, dans une famille de riches notables voués à occuper des magistratures locales. Sa fortune lui conférait le rang de « chevalier », ***eques***. Aucun de ses ancêtres n'a été ni consul ni magistrat supérieur à Rome : c'est un ***homo novus***. Formé dès l'adolescence à l'éloquence, Cicéron se perfectionne en Grèce, où il étudie également la philosophie. Il s'engage dans le ***cursus honorum*** avec l'ambition de parvenir jusqu'au consulat. Faute d'appartenir à la noblesse (*nobilitas*), Cicéron compte sur son talent oratoire pour s'imposer.

Éloquence et politique Être bon orateur est à Rome un atout considérable dans la vie publique. Le métier d'avocat, au sens moderne, n'existe pas (les ***causidici*** n'interviennent que dans des affaires mineures), mais tout « patron » (***patronus***) défend ses « clients » (***clientes***) devant les tribunaux, et cette assistance juridique est échangée contre des services (*officia*) : les *clientes* aident leur « patron », notamment lors des campagnes électorales. Un bon plaideur se fait vite une réputation, car pour les Romains, grands amateurs d'éloquence, **un beau discours est un spectacle** de choix. En outre, en plaidant pour des amis ou des personnalités haut placées, il s'assure des soutiens. Enfin, sous la République, la vie politique romaine a pour instrument essentiel la parole : on exprime son avis dans les assemblées, on fait des discours devant le peuple, mais on intervient aussi dans les procès politiques, qui se multiplient à cette époque.

L'orateur idéal Cicéron surpassa sans doute tous les orateurs de son temps. Du reste, il est le seul dont la tradition ait conservé un grand nombre de plaidoiries et de discours. Le talent de Cicéron repose sur une maîtrise remarquable de l'**argumentation**, mais aussi sur un **style** que les Anciens ont été les premiers à admirer : capable de **varier le ton de l'humour à l'émotion**, soucieux de **clarté** mais ornant ses discours de **figures de**

rhétorique propres à amplifier les effets oratoires, ce brillant technicien de la parole est un grand artiste. Notre orateur « interprétait » ses discours avec autant de finesse et de puissance qu'il les composait, et ses adversaires le redoutaient.

De l'orateur à l'écrivain Cicéron donne l'exemple d'un progrès décisif de l'éloquence romaine grâce à une **solide culture** et une **réflexion nourrie par la philosophie**. Sa pensée politique, fondée sur la recherche d'un consensus, ne parvint pas à s'imposer, et Cicéron, relégué après son consulat au second plan de la vie politique romaine, périt **victime de son engagement personnel en faveur d'Octave** (Antoine le fit assassiner). Mais dans son repos (*otium*) souvent forcé, Cicéron fit une œuvre remarquable d'écrivain, consacrée à la théorie de l'éloquence et surtout aux débats philosophiques de son temps. À ce titre, cet **« intellectuel égaré en politique »**, comme on put le lui reprocher, fut un grand penseur qui incarne (y compris dans ses contradictions) la conscience romaine au Ier siècle avant J.-C.

LES MOTS DE L'ÉLOQUENCE

- **orator**, **oris**, *m.* : orateur (de **orare**, au sens de « parler en public »).
- **oratio**, **onis**, *f.* : discours (prononcé dans une assemblée qui doit prendre une décision).
- **contio**, **onis**, *f.* : discours (prononcé dans une assemblée qui ne vote pas, par exemple une assemblée populaire, ou par un général devant ses troupes).
- **actio**, **onis**, *f.* (de **agere**, au sens de « plaider ») : plaidoirie (prononcée devant un tribunal).
- **causa**, **ae**, *f.* : cause (juridique), l'affaire du procès.
- **res**, **rei**, *f.* : affaire, ce sur quoi porte le procès.
- **eloquentia, ae**, *f.* : éloquence (qualité de celui qui prononce un discours).
- **ars**, **artis** (*f.*) **dicendi** : rhétorique (technique du discours).

- **orationem habere** : prononcer un discours.
- **sententiam dicere** : énoncer son avis, intervenir dans une assemblée.

- **causam agere** ou simplement **agere** : plaider une affaire.
- **dico**, **is**, **ere**, **dixi**, **dictum** (sans complément) : prendre la parole, faire un discours.
- **accuso**, **as**, **are** : prononcer un réquisitoire, être l'avocat de l'accusation (**in aliquem** : contre quelqu'un).
- **defendo**, **is**, **ere**, **fendi**, **fensum** : défendre, plaider la défense (**pro aliquo** : pour la défense de quelqu'un).

- **exordium**, **ii**, *n.* : exorde (début d'un discours).
- **narratio**, **onis**, *f.* : narration (rappel des faits en cause).
- **peroratio**, **onis**, *f.* : péroraison (fin, conclusion d'un discours).

- **judex**, **icis**, *m.* : juge (dans une plaidoirie).
- **patres**, **um**, *m. pl.* : Sénateurs (dans un discours au Sénat).
- **Quirites**, **ium** ou **um**, *m. pl.* : Quirites, citoyens romains (dans un discours au peuple).

CHAPITRE

9

« J'accuse ! » : le scandale Verrès

Grandeur et décadence

Au Ier siècle avant J.-C., **la République est en crise**. Les vertus républicaines appartiennent à un passé mythique et le régime s'achemine vers sa fin, de scandale en scandale, de coups de force en guerres civiles. Peu d'hommes politiques de l'époque sont à l'abri de tout soupçon : corruption, affaires, fraude électorale, entretien de bandes armées, les chefs d'accusation sont aussi graves que variés. Tout semble matière à procès : **plaider, c'est faire de la politique, et vice versa**. Dans un tel contexte, la justice peut difficilement être impartiale.

L'impérialisme romain

Les **provinces romaines**, une dizaine à l'époque, sont placées sous le gouvernement d'hommes désignés par le Sénat, principalement des magistrats sortant de charge, les **proconsuls** et les **propréteurs**. L'administration d'une province est, en principe, une fonction gratuite qui ne donne lieu qu'à des indemnités. Mais les gouverneurs résistent mal à la tentation de s'enrichir aux dépens de leurs administrés : en détournant une part de l'impôt qu'ils font collecter, en rendant une justice vénale, en acceptant les cadeaux plus ou moins volontaires des cités ou des particuliers... On se dispute donc âprement les provinces dont il est permis d'espérer un bon revenu, nécessaire à une carrière politique.

Le règne de Verrès en Sicile

Caius Licinius Verres appartient à une vieille famille, désormais désargentée, de la noblesse romaine. Pendant sa préture, Verrès est chargé de l'administration de Rome et se livre déjà à quelques malversations. En 73, il reçoit la propréture de Sicile, la plus ancienne des provinces et une des plus riches. Celui qui doit lui succéder en 72 meurt avant de prendre sa charge ; reconduit dans ses fonctions, Verrès parvient à faire proroger son mandat jusqu'en 70 ; en trois ans, il amasse une énorme fortune en commettant une **multitude d'abus**.

Premières escarmouches

À son départ, **les Siciliens demandent justice**. Cicéron, qui avait été questeur à Lilybée, en Sicile, et qui s'était montré particulièrement honnête et bienveillant envers ses administrés, se charge, sur leur demande, de l'accusation. C'est pour lui l'occasion de frapper un grand coup ; élu édile, il veut se faire admettre aux premiers rangs de la vie politique romaine. Il lui faut d'abord se faire désigner comme accusateur, en lieu et place de Caecilius Niger, un « homme de paille » que les amis de Verrès veulent imposer pour fausser le procès. Par un discours de procédure, Cicéron obtient gain de cause et prend en charge le dossier.

Un K.-O. trop rapide

Pendant cinquante jours, **Cicéron enquête en Sicile**, recueille des témoignages, et instruit contre Verrès un énorme dossier. Le 5 août 70, le procès s'ouvre. Cicéron attaque vigoureusement et fait entendre ses témoins. Dès le troisième jour, Verrès n'ose plus assister aux débats et se retire chez lui, prétextant une maladie. Quelques jours plus tard, **il s'exile** volontairement. Le tribunal confirme cet exil. Cicéron triomphe, mais trop facilement. La **fuite du coupable** lui dérobe le succès public qu'il escomptait, et les beaux discours qu'il a préparés ne seront pas prononcés. Pour montrer son talent d'avocat et son engagement pour une République « propre », l'orateur les fait publier.

Les *Verrines*

Le recueil des *Verrines* commence par la Première Plaidoirie (***Actio prima***) qui, conformément à la procédure, expose l'acte d'accusation. Les griefs sont développés dans les cinq discours de la Seconde Plaidoirie (***Actio secunda***) : ***De praetura urbana*** (délits commis pendant la préture à Rome), ***De praetura Siciliensi*** (malversations administratives et judiciaires en Sicile), ***De frumento*** (illégalités dans la collecte et la livraison du blé sicilien), ***De signis*** (vols d'œuvres d'art), ***De suppliciis*** (actes de cruauté). Tout au long de ce réquisitoire en cinq actes, Cicéron feint d'interpeller l'accusé et les juges comme dans un vrai procès – mais le rideau était déjà tombé sur l'affaire Verrès…

Un grand classique

Dans l'ensemble des *Verrines*, on retrouve ce que Cicéron, dans le *De oratore*, appellera les « trois devoirs » de l'orateur : **démontrer** (***docere***), **émouvoir** (***movere***), **charmer** l'auditoire (***delectare***). La démonstration repose sur une exposition précise de tous les éléments du dossier, par un **récit** (***narratio***) détaillé et vivant des faits incriminés. Pour jouer sur les émotions des auditeurs, Cicéron comptait aussi bien sur l'humour que sur le pathétique : tantôt il ridiculise Verrès pour sa bêtise et son incompétence, tantôt il pousse les juges à s'indigner de sa cruauté, de ses injustices et de son cynisme.

TEXTE

Un procès exemplaire

Les provinces sont mécontentes : la Sicile n'est pas la seule à se plaindre des exactions des gouverneurs désignés par le Sénat ; or le Sénat détient le pouvoir judiciaire, qui lui a été confié par Sylla. Les tribunaux sont donc plus qu'indulgents pour les magistrats profiteurs. Cicéron met ici les juges devant leurs responsabilités.

Hoc est judicium in quo vos de reo[1], populus Romanus de vobis judicabit ; in hoc homine[2] statuetur possitne, senatoribus judicantibus, homo nocentissimus pecuniosissimusque damnari. Deinde est ejus modi reus in quo homine nihil sit praeter[3] summa peccata maximamque pecuniam [...]

Ego causam sic agam, judices, res ita notas, ita testatas, ita magnas, ita manifestas proferam, ut nemo a vobis ut istum[4] absolvatis per gratiam[5] conetur contendere. Habeo autem certam viam atque rationem qua omnes illorum[6] conatus investigare et consequi possim ; ita res a me agetur ut in eorum consiliis omnibus non modo aures omnium, sed etiam oculi populi Romani interesse videantur. Vos aliquot jam per annos conceptam huic ordini[7] turpitudinem atque infamiam delere ac tollere potestis.

Cicéron, *Actio prima in Verrem*, 47.

1. ***de reo*** (*judicabitis*).
2. ***in hoc homine*** : s'agissant de cet homme.
3. = ***reus est ejusmodi homo in quo nihil sit praeter...***
4. ***istum*** : le pronom *iste* désigne l'accusé dans un procès.
5. ***gratia, ae*** (*f.*) : l'influence.
6. ***illorum*** (et, plus bas, ***eorum***) : les amis de Verrès, qui font pression sur les juges.
7. ***huic ordini*** : cet ordre, c'est-à-dire le Sénat.

Procession d'un magistrat, relief provenant d'Aquileia, IIe s. ap. J.-C., *Rome, musée de la Civilisation romaine.*

ÉTUDE

1. Relevez dans le texte les propositions subordonnées de conséquence.

2. Relevez les anaphores et expliquez leur effet.

3. Selon Cicéron, quels atouts aurait Verrès pour obtenir la clémence des juges ? Dans ce cas, en quoi consiste la **suspicio** dont les juges sont menacés ? Pourquoi Cicéron reste-t-il allusif ?

4. Étudiez la situation d'énonciation et montrez comment l'orateur s'implique lui-même dans cet enjeu du procès.

Embrouille au temple de Castor

***Verrès**, préteur urbain, veut vérifier si les réparations prévues pour le temple de Castor, au pied du Palatin, ont été correctement faites. Il a évidemment dans l'idée de faire payer cher son approbation du chantier au responsable, un certain **Habonius**.*

Verrès se rend en personne au temple de Castor, il considère le sanctuaire. Il voit que partout le plafond a été recouvert de lambris superbes ; tout le reste est à l'état de neuf. L'un de ses chiens de garde [...] lui dit : « Pour toi, Verrès, il n'y a rien ici à embrouiller, à moins que tu ne veuilles vérifier si les colonnes sont perpendiculaires au plancher ! » Cet homme d'une incompétence absolue en tout demande ce que signifie « perpendiculaires ». On lui explique que pratiquement aucune colonne ne peut être perpendiculaire au plancher. « Eh bien, par Hercule, dit-il, voilà ce que nous allons faire : vérifions si les colonnes sont perpendiculaires ! » Habonius connaissait bien le cahier des charges ; dans ce cahier des charges, seul le nombre des colonnes était mentionné, sans la moindre indication stipulant qu'elles devaient être perpendiculaires... Il déclare donc que cette vérification est indue et qu'on ne saurait l'exiger. Verrès lui dit de se calmer, et, en même temps, il lui laisse voir qu'il y a quelque espoir d'associer leurs intérêts. Habonius, homme modéré, incapable de résistance obstinée, se laisse facilement ligoter, et Verrès confirme qu'il va faire vérifier les colonnes.

Après bien des tractations, Habonius obtient des entrepreneurs une « fausse facture » de 200 000 sesterces pour ces « travaux ». Verrès juge cela insuffisant et met sur pied une nouvelle adjudication. Finalement, au terme de manœuvres très compliquées, il passe un contrat public pour 560 000 sesterces de travaux que l'entrepreneur, au départ, se déclarait prêt à faire pour 40 000...

En quoi consistaient-ils, en fait, ces travaux ? Vous l'avez vu : toutes ces colonnes, que vous voyez blanchies à neuf, ont été, sans dépense de matériaux, démontées en posant une machine contre elles, puis remises en place en utilisant les mêmes pierres. Voilà le chantier que tu as attribué au prix de cinq cent soixante mille sesterces. Et, parmi ces fameuses colonnes, j'affirme qu'il y en a que ton entrepreneur n'a même pas remuées, j'affirme qu'il y en a une dont on a simplement fait tomber le vieil enduit pour en appliquer un nouveau. Quant à moi, si j'avais pensé que blanchir des colonnes coûtait tant d'argent, jamais je n'aurais été candidat à l'édilité !

Cicéron, *Actio secunda in Verrem, De praetura urbana*, 130-145.

La Sicile, joyau de l'Empire

La Sicile, île longuement disputée à Carthage, plaque tournante de l'hellénisme, première province romaine, constituait un puissant symbole : en la maltraitant, Verrès a commis un crime politique.

Une île grecque

◆ Dès le VIIIe siècle avant J.-C., les Grecs s'installent en Italie du Sud et en Sicile : au centre de la Méditerranée, cette île est le point de rencontre inévitable entre l'Est et l'Ouest, au **croisement des routes commerciales maritimes**. De nombreux comptoirs et colonies sont implantés sur la côte par les différentes cités grecques, tandis que les populations autochtones (les Sicules) sont refoulées à l'intérieur des terres.

◆ Rapidement, **Syracuse** devient la ville la plus importante d'une île morcelée en de nombreuses cités. Les **« tyrans »** de Syracuse exercent un pouvoir monarchique sans être « tyrannique » au sens moderne du mot : garants de la prospérité de la cité, ils s'entourent d'une **cour brillante**, riche en artistes et en intellectuels.

Une île très disputée

◆ La Sicile est évidemment **exposée aux convoitises** : momentanément, les Athéniens s'emparent d'elle, puis les Carthaginois, grâce à plusieurs expéditions, contrôlent plusieurs cités importantes. Par la diplomatie ou par la guerre, les tyrans de Syracuse s'efforcent, de leur côté, de garder l'île entière sous leur domination.

◆ En 278 avant J.-C., ils s'allient avec Pyrrhus, roi d'Épire, allié des cités grecques du sud de l'Italie, pour repousser les Carthaginois. L'intervention militaire des Romains force Pyrrhus à quitter la Sicile et l'Italie. Désormais, l'influence romaine se heurte directement à celle des Carthaginois, et la défense de Messine, qui avait sollicité l'alliance de Rome, provoque la **première guerre Punique** (264-241).

Une île enfin conquise

◆ Cette guerre eut essentiellement pour cadre la Sicile, et contraignit les Romains à se convertir à la **guerre navale**, spécialité des Carthaginois. Après bien des difficultés, le consul C. Lutatius Catulus remporta une victoire navale décisive aux îles Égates (241), et les Carthaginois signèrent la paix.

◆ Les Romains n'intégrèrent pas la Sicile à leur territoire : théoriquement composée de cités alliées à Rome, l'île fut soumise à un **commandement militaire, juridique et administratif**, confié par le Sénat à des magistrats romains en « mission » (c'est le sens premier du mot *provincia*), et devint la **première province de Rome**.

◆ Mais au cours de la deuxième guerre Punique, **Syracuse s'allia avec Carthage** : malgré les ingénieuses machines de guerre inventées par Archimède pour sa défense, elle fut prise par M. Claudius Marcellus, et mise à sac (211). Dès lors, la Sicile fut **définitivement sous le pouvoir de Rome**, et une forte communauté de citoyens romains s'y installèrent.

Récolte des chaumes, mosaïque, IIe-IIIe s. ap. J.-C., *Saint-Germain-en-Laye, musée des Antiquités.*

Temple de Ségeste en Sicile, Ve s. av. J.-C.

L'île aux trésors

◆ Cette histoire mouvementée n'avait pas affecté la **richesse** de l'île : les villes étaient superbes, les Grecs avaient bâti des **temples magnifiques** et les riches demeures abondaient en **objets d'art** – qui excitèrent la convoitise de Verrès.

◆ Les campagnes, exploitées en grands domaines, produisaient de l'**huile d'olive** et surtout du **blé** en quantité. Une des charges des administrateurs romains était d'organiser le marché de ces denrées exportées vers Rome, tout en surveillant l'ordre public (les très nombreux esclaves des domaines se révoltaient parfois).

◆ On continua à parler grec en Sicile, le latin étant surtout la « langue administrative ». Les raffinements de la Sicile contribuèrent beaucoup à adoucir les mœurs de l'aristocratie romaine et à faire son éducation artistique.

ARRÊT SUR IMAGE

1. Histoire de l'art

Élevé au Ve siècle avant J.-C., cet édifice majestueux est un temple périptère (il est entouré de colonnes) d'ordre dorique : les colonnes n'ont pas de base mais sont érigées directement sur un soubassement appelé stylobate, de 23 m de large x 58 m de long. Combien comptez-vous de colonnes en façade et sur les côtés ? Les chapiteaux sont droits. Une frise alternant métopes et triglyphes en décore le pourtour : les métopes sont-elles sculptées ? Quels sont les autres ordres architecturaux existants et quelles en sont les caractéristiques ?

2. Art et histoire

La Sicile, habitée par les Grecs dès le VIIIe siècle avant J.-C., constituait, avec l'Italie du Sud, la Grande Grèce. Elle abrite de nombreux temples comme celui de Ségeste, dédiés par les Grecs à leurs dieux. Trouvez-en d'autres exemples. Dans l'*Énéide*, Virgile imagine que la fondation de Ségeste est due à Énée, qui lui donna le nom d'Acesta en l'honneur de son hôte, le roi Aceste.

3. Techniques et effets

En quoi le site choisi pour édifier ce temple contribue-t-il à sa majesté ? Étudiez en particulier les contrastes entre les lignes géométriques de l'édifice et le paysage qui l'entoure, et entre la couleur de la pierre du temple et celle de son environnement.

LECTURE

Un amateur d'art vorace

Tout un discours des Verrines, *le* **De signis**, *est consacré aux exactions que commit Verrès afin d'assouvir sa passion* (studium) *pour les œuvres d'art* (signa). *C'est un excellent sujet : d'une part, la mentalité romaine étant peu portée à apprécier les beaux-arts, cette passion de Verrès apparaît comme une excentricité ; d'autre part, Cicéron a recueilli de nombreuses plaintes, qui concernent des personnes privées, des cités et des sanctuaires ; enfin, chaque vol étant, en soi, une aventure, Cicéron peut multiplier des récits amusants ou révoltants.*

J'en viens maintenant, Messieurs les Juges, à ce qu'il appelle sa passion, mais que ses amis appellent sa maladie ou sa folie, et que les Siciliens appellent son brigandage. Comment, moi, vais-je l'appeler ? Je n'en sais rien. Je vais vous exposer l'affaire : vous, appréciez-la d'après son propre poids, et non d'après le poids du nom qu'on lui donne. Apprenez, Messieurs les Juges, de quoi il s'agit : après, vous n'aurez peut-être pas grand mal à chercher le nom qu'il faut, selon vous, donner à tout cela.

J'affirme qu'il n'y a pas dans toute la Sicile – une province si opulente, si ancienne, avec tant de bourgs, tant de familles si riches – un seul vase d'argent, un seul vase de Corinthe ou de Délos, une seule pierre précieuse, une seule perle, pas un seul objet d'or ou d'ivoire, pas une seule statue de bronze, de marbre, d'ivoire, pas un seul tableau peint sur bois ou sur toile, que Verrès n'ait déniché, qu'il n'ait examiné, qu'il n'ait volé. J'ai l'air de dire une énormité : écoutez ce que je vais dire. Car lorsque je fais ainsi la somme de ses méfaits, ce n'est pas pour gonfler le dossier des délits, ni mes effets oratoires : sachez bien que j'appelle un chat un chat, et que je n'exagère pas comme le ferait un procureur. Je vais être encore plus clair : il n'y a rien dans aucun bâtiment, fût-il celui d'un hôte, rien dans aucun édifice public, fût-il un sanctuaire, rien chez aucun Sicilien, rien chez aucun citoyen romain, bref, rien qui lui soit tombé sous les yeux ou dont il ait appris l'existence, rien, bien privé ou bien public, profane ou sacré, rien qu'il ait laissé derrière lui dans toute la Sicile.

Cicéron, *Actio secunda in Verrem*, *De signis*, 1.

VERSION

Le grenier à blé de Rome

Si Verrès a pillé la Sicile, les Romains l'ont exploitée sans ménagement. Le blé vaut de l'or…

Itaque ad omnes res sic illa provincia semper usi sumus ut, quicquid[1] ex sese posset efferre, id non apud nos nasci, sed domi nostrae conditum[2] jam putaremus. Quando illa frumentum quod deberet non ad diem dedit ? quando id quod opus esse putaret non ultro pollicita est ? quando id quod imperaretur recusavit ? Itaque ille M. Cato sapiens cellam penariam rei publicae nostrae, nutricem plebis Romanae Siciliam nominabat.

Cicéron, *Actio secunda in Verrem*, *De praetura Siciliensi*, 2-5.

1. ***quicquid*** : tout ce qui.
2. ***conditum*** : mis en réserve.

TEXTE

Travaux d'Hercule

Il y avait à Agrigente, une des plus belles cités siciliennes, un **temple d'Hercule** *renfermant une statue du dieu, œuvre d'art remarquable, objet de la vénération des fidèles. Verrès, qui ne craint pas le sacrilège, veut faire dérober nuitamment la statue par sa garde rapprochée très « spéciale ». Mais Hercule fait de la résistance…*

Clamor a vigilibus fanique custodibus tollitur. Qui primo cum obsistere ac defendere conarentur, male mulcati clavis ac fustibus repelluntur. Postea […] demoliri[1] signum ac vectibus labefactare conantur. Interea ex clamore fama tota urbe[2] percrebuit expugnari deos patrios non hostium adventu necopinato, neque repentino praedonum impetu, sed ex domo atque ex cohorte praetoria[3] manum fugitivorum instructam armatamque venisse.

Nemo Agrigenti neque aetate tam adfecta neque viribus tam infirmis fuit qui non illa nocte, eo nuntio excitatus, surrexerit telumque […] arripuerit. Itaque brevi tempore ad fanum ex urbe tota concurritur. Horam amplius jam[4] in demoliendo signo permulti homines moliebantur. Illud interea nulla lababat ex parte[5], cum alii, vectibus subjectis, conarentur commovere, alii deligatum[6] omnibus membris rapere ad se funibus ; ac repente Agrigentini concurrunt. Fit magna lapidatio ; dant sese in fugam[7] istius praeclari imperatoris nocturni milites. Duo tamen sigilla perparvula tollunt, ne omnino inanes[8] ad istum praedonem religionum[9] revertantur.

Cicéron, *Actio secunda in Verrem*, *De signis*, 94.

1. ***demoliri*** : il s'agit d'ôter la statue (***signum***) de son socle.
2. ***tota urbe*** : quand le complément de lieu, à la question *ubi*, comporte l'adjectif *totus*, il n'est pas précédé de *in*.
3. ***ex cohorte praetoria*** : la cohorte prétorienne constituait la garde personnelle du préteur.
4. ***horam amplius jam*** : depuis plus d'une heure.
5. ***nulla ex parte*** : d'aucun côté.
6. ***deligatum*** (*signum*).
7. ***se dare in fugam*** : s'enfuir.
8. ***inanes*** : les mains vides.
9. ***religiones*** : les objets du culte.

ÉTUDE

1. À quel verbe appartient la forme **fit** ? Révisez, en vous reportant au mémento (p. 222), la conjugaison de ce verbe.
- À quel verbe très courant sert-il de passif ?
- Trouvez, dans le texte, un verbe au passif impersonnel (*cf.* Grammaire, p. 17).

2. À quel cas est le nom **Agrigenti** ?

3. Est-il normal de trouver des **fugitivi (servi)** dans l'escorte d'un préteur ?
- Que suggère Cicéron en donnant cette indication ?

4. Cicéron cherche-t-il, dans ce récit, à dramatiser l'événement ?
- Quel éclairage préfère-t-il donner à l'épisode ?
- Relevez les éléments comiques : parodie, burlesque, ironie.

5. Comment sont soulignés l'attachement des Agrigentins à leur statue et l'héroïsme de leur défense ?
- Que démontre, en fin de compte, l'issue des événements ?

TEXTE

À voleur, voleur et demi

Pour ratisser aussi méthodiquement la Sicile, **Verrès** *se faisait aider par des « experts »,* **Tlépolème** *et* **Hiéron***, deux frères natifs de Cibyre, que Cicéron appelle ses « chiens de chasse »* (canes venatici)*. En fait, nous dit-il, Verrès ne connaît rien aux objets d'art, et ces deux lascars, artistes de métier (l'un est peintre, l'autre sculpteur) mais escrocs par vocation, profitent parfois de son ignorance pour faire leurs petits profits…*

Je me souviens du récit que me fit mon ami et mon hôte Pamphile, de Lilybée, un homme de haut rang. Il me raconta que, Verrès lui ayant volé, par abus de pouvoir, une hydrie signée Boethus, d'un travail remarquable et d'un grand poids de métal, il s'en revint chez lui tout triste et bouleversé par le vol de ce vase, hérité de son père et de ses ancêtres, et dont il se servait les jours de fête ou pour accueillir un hôte. « Cum sederem, inquit, domi tristis, accurrit Venerius[1], jubet me scyphos sigillatos[2] ad praetorem statim adferre. Permotus sum, inquit ; binos habebam ; jubeo promi utrosque, ne quid plus mali nasceretur[3], et mecum ad praetoris domum ferri. Eo cum venio, praetor quiescebat ; fratres illi Cibyratae inambulabant. Qui ubi me viderunt : " Ubi sunt, Pamphile, inquiunt, scyphi ? " Ostendo tristis ; laudant ; incipio queri me nihil habiturum quod alicujus esset pretii, si etiam scyphi essent ablati. Tum illi, ubi me conturbatum vident : " Quid vis nobis dare ut isti abs te ne[4] auferantur ? " Ne multa[5], mille sestertios me poposcerunt. Dixi me daturum. »
Vocat interea praetor ; poscit scyphos. Tum illos coepisse[6] praetori dicere putasse se, id quod audissent, alicujus pretii scyphos esse Pamphili ; luteum negotium[7] esse, non dignum quod in suo argento Verres haberet. Ait ille idem sibi videri. Ita Pamphilus scyphos optimos aufert…

Cicéron, *Actio secunda in Verrem, De signis*, 32.

1. Venerius : esclave du temple de Vénus.

2. Les ***scyphi*** sont de grandes coupes très évasées pour servir le vin. Celles que possède Pamphile sont ***sigillati***, c'est-à-dire ornées de ciselures en relief.

3. *ne quid plus mali nasceretur* : pour éviter un plus grand malheur. *Plus* est un adverbe.

4. *ut… ne* = *ne* : pour éviter que. ***Abs te*** : devant un t initial, *abs* = *ab*.

5. *ne multa* (*dicam*) : pour ne pas parler longuement, en bref.

6. < ***Pamphilus narravit*** > ***illos coepisse…***

7. *luteum negotium* : « un travail fait d'argile », c'est-à-dire du bas de gamme.

ÉTUDE

1. Relevez les propositions infinitives du texte, en précisant, pour chacune, de quel verbe elle dépend, et à quel temps est son verbe.

2. **Jubeo** et **incipio** sont des présents de narration.
▶ Comment se fait, dans les phrases où ils figurent, la concordance des temps ?

3. Découpez l'histoire de Pamphile en actes de comédie.
▶ Quelles qualités du récit permettent de transformer une sombre histoire en farce ?

4. Quel effet produit l'alternance du discours direct et du discours indirect ?

5. Pourquoi la longue phrase « **Tum illos coepisse…** » est-elle aussi compliquée ?

6. Quel aspect de la personnalité de Verrès Cicéron met-il en relief dans cet épisode ?
▶ En quoi cela sert-il l'accusation ?

Banquet dans un amphithéâtre, mosaïque provenant d'El Djem, IIᵉ s. ap. J.-C., *Tunis, musée du Bardo*.

GRAMMAIRE

uterque – singuli, bini

■ **Les pronoms-adjectifs uterque, utraque, utrumque** (G **utriusque**, D **utrique**), « l'un et l'autre, tous les deux », et **neuter**, **neutra**, **neutrum**, « ni l'un ni l'autre, aucun des deux », s'emploient habituellement au singulier (là où le français utilise le pluriel) :

Uterque consul bonus dux est, **neuter** bonus orator.

Les deux consuls sont de bons généraux, aucun des deux n'est un bon orateur.

■ Ils se rencontrent au pluriel lorsqu'ils qualifient un nom qui est toujours au pluriel ou des objets qui vont par paire :

Utraque castra cepimus.

Nous avons pris les deux camps.

Utrosque scyphos attulit Pamphilus.

Pamphile apporta ses deux coupes.

■ L'adjectif **singuli**, **ae**, **a**, « un par un, chacun pris séparément », est toujours au pluriel.

Imperator **singulos** milites audavit.

Le général fit l'éloge de chaque soldat (en particulier, séparément).

■ L'adjectif numéral **bini**, **ae**, **a**, « deux par deux, deux… », s'emploie pour compter les objets qui vont par paire, et avec les noms qui sont toujours au pluriel :

Pamphilus **binos** scyphos habebat.

Pamphile avait une paire de coupes.

Bina castra Caesar poni jussit.

César fit installer deux camps.

TEXTE SUIVI

Un prince dépouillé

*Le jeune roi de Syrie, **Antiochus**, s'était rendu à Rome pour dédier à Jupiter, dont le temple était en restauration, un superbe candélabre, en gage d'amitié avec le peuple romain. Les travaux ayant pris du retard, le prince attend deux ans à Rome, puis décide de rentrer chez lui. Il fait escale à Syracuse, et Verrès l'invite en son palais.*

1. Une invitation imprudente

Vocat ad cenam deinde ipse[1] praetorem ; exponit suas copias omnes, multum argentum, non pauca etiam pocula ex auro, quae, ut mos est regius et maxime in Syria, gemmis erant distincta clarissimis. [...] Iste unumquodque vas in manus sumere, laudare, mirari. Rex gaudere praetori populi Romani satis jucundum et gratum illud esse convivium. Posteaquam inde discessum est[2], cogitare nihil iste aliud, quod ipsa res declaravit, nisi quemadmodum regem ex provincia spoliatum expilatumque dimitteret. Mittit rogatum[3] vasa ea quae pulcherrima apud eum viderat ; ait se suis caelatoribus velle ostendere. Rex, qui illum non nosset, sine ulla suspicione libentissime dedit. Mittit etiam trullam gemmeam rogatum ; velle[4] se eam diligentius considerare. Ea quoque ei mittitur.

1. ***ipse*** : Antiochus.

2. ***discessum est*** : passif impersonnel (*cf.* Grammaire, p. 17).

3. ***rogatum*** : supin (*cf.* Grammaire, p. 117).

4. ***velle*** : sous-entendu *ait* Verrès.

GRAMMAIRE

L'emploi des temps dans la proposition infinitive

Dans une proposition infinitive, par rapport au verbe introducteur :

- L'**infinitif présent** exprime la **simultanéité** :

Pamphilus dixit se binos scyphos habere.
(= Pamphilus dixit : « Binos scyphos habeo. »)

Pamphile dit qu'il avait deux coupes.

- L'**infinitif parfait** exprime l'**antériorité** :

Pamphilus dixit se domum revertisse.
(= Pamphilus dixit : « Domum reverti. »)

Pamphile dit qu'il était rentré chez lui.

- L'**infinitif futur** exprime la **postériorité** :

Pamphilus dixit se pecuniam daturum esse.
(= Pamphilus dixit : « Pecuniam dabo. »)

Pamphile dit qu'il donnerait l'argent.

En raison de leur sens, les verbes comme **sperare** (espérer) et **polliceri** (promettre) sont généralement suivis d'une proposition infinitive au futur.

Rappels

- Le **participe futur** (suffixe ***urus***, ***a***, ***um***) exprime l'intention ou le futur immédiat.

Profecturus sum in Asiam.

J'ai l'intention de partir en Asie.
Je suis sur le point de / je vais partir en Asie.

- L'infinitif futur actif est formé à l'aide du **participe futur** accordé à l'accusatif et du verbe **esse** :
do, **as**, **are**, **dedi**, **datum**
▶ **daturum**, **am**, **um**/**daturos**, **as**, **a esse**

- Le tour **supin** + ***iri*** (infinitif passif impersonnel de *ire*) équivaut à un infinitif futur passif.

Spero me delectum iri.

J'espère que je serai choisi.

- L'infinitif futur de **sum** est **fore** ou **futurum**, **am**, **um esse**.

- **Posse**, l'infinitif présent de **possum**, s'emploie également comme infinitif futur.

2. Chef-d'œuvre en péril

Verrès apprend qu'Antiochus tient caché son candélabre…

Iste petit a rege et eum pluribus verbis[1] rogat ut id ad se mittat ; cupere se dicit inspicere neque se aliis videndi potestatem esse facturum. Antiochus, qui animo et puerili esset et regio, nihil de istius improbitate suspicatus est. Imperat suis ut id in praetorium involutum quam occultissime[2] deferrent. Quo[3] posteaquam attulerunt involucrisque rejectis constituerunt, clamare iste coepit dignam rem esse regno Syriae, dignam regio munere, dignam Capitolio. Etenim erat eo splendore qui ex clarissimis et pulcherrimis gemmis esse debebat, ea varietate operum ut ars certare videretur cum copia, ea magnitudine ut intellegi posset non ad hominum adparatum, sed ad amplissimi templi ornatum esse factum. Cum satis jam perspexisse videretur, tollere incipiunt ut referrent. Iste ait se velle illud etiam atque etiam considerare ; nequaquam se esse satiatum. Jubet illos discedere et candelabrum relinquere. Sic illi tum inanes ad Antiochum revertuntur.

Cicéron, *Actio secunda in Verrem*, *De signis*, 65.

1. ***pluribus verbis*** : en insistant.
2. ***quam occultissime*** : le plus discrètement possible (*cf.* Grammaire, p. 23).
3. ***quo*** (adv. relatif de liaison) = *in praetorium*.

Casserole en argent du Trésor de Boscoreale, *musée du Louvre*.

ÉTUDE

1. Relevez les infinitifs et classez-les selon qu'ils sont les verbes d'une proposition infinitive ou des infinitifs de narration. Justifiez les subjonctifs **(qui eum non) nosset** et **(qui animo et puerili) esset (et regio)**.

2. Dans le second texte, classez les infinitifs des propositions infinitives selon leur temps.

3. Comment, en vantant la beauté du candélabre, Cicéron aggrave-t-il la faute commise par Verrès ?

4. Comment Cicéron justifie-t-il la confiance d'Antiochus ? Une telle attitude est-elle, de sa part, imprudente ? Qu'est-ce qui indique que Verrès agit selon un plan prémédité ? Comment met-il en œuvre ce plan ?

TEXTE SUIVI

3. Le culot de Verrès

1. ***mittit...*** : il envoie demander qu'il veuille bien (*si videatur*) le rendre.

2. ***os*** : l'effronterie, le culot.

3. ***quod*** : l'antécédent de ces relatifs est *id*.

4. ***religio*** (+ G.) : le devoir religieux envers...

5. ***hominum existimatione*** : le souci de l'opinion publique.

6. ***quod*** : étant donné que (*cf.* Grammaire, ci-contre).

Rex primo nihil metuere, nihil suspicari. Dies unus, alter, plures ; non referri. Tum mittit[1], si videatur, ut reddat. Jubet iste posterius ad se reverti. Mirum illi videri. Mittit iterum ; non redditur. Ipse hominem appellat ; rogat ut reddat. Os[2] hominis insignemque impudentiam cognoscite ! Quod[3] sciret, quod ex ipso rege audisset, in Capitolio esse ponendum, quod Jovi Optimo Maximo, quod populo Romano servari videret, id sibi ut donaret rogare et vehementissime petere coepit. Cum ille se et religione Jovis Capitolini[4] et hominum existimatione[5] impediri diceret, quod[6] multae nationes testes essent illius operis ac muneris, iste homini minari acerrime coepit. Ubi videt eum nihilo magis minis quam precibus permoveri, repente hominem de provincia jubet ante noctem decedere ; ait se comperisse ex ejus regno piratas ad Siciliam esse venturos.

4. Un scandale public

1. ***Syracusis*** (ablatif de lieu) : à Syracuse.

2. ***in crimine obscuro versari*** : s'attarder sur un chef d'accusation obscur.

3. ***suspicione hominum*** : sur de simples soupçons.

4. ***sua*** : bien que lui appartenant.

Rex maximo conventu Syracusis[1] in foro (ne quis forte me in crimine obscuro versari[2] atque affingere aliquid suspicione hominum[3] arbitretur !), in foro, inquam, Syracusis flens ac deos hominesque contestans clamare coepit candelabrum factum e gemmis, quod in Capitolium missurus esset, quod in templo clarissimo populo Romano monumentum suae societatis amicitiaeque esse voluisset, id sibi C. Verrem abstulisse ; de ceteris operibus ex auro et gemmis quae sua[4] penes illum essent, se non laborare ; hoc sibi eripi miserum esse et indignum. Id etsi antea jam mente et cogitatione sua fratrisque sui consecratum esset, tamen tum se in illo conventu civium Romanorum dare, donare, dicare, consecrare Jovi Optimo Maximo testemque ipsum Jovem suae voluntatis ac religionis adhibere.

Cicéron, *Actio secunda in Verrem*, *De signis*, 66 sq.

ÉTUDE

1. Relevez, dans les deux textes, les formes du pronom personnel **se** et du possessif **suus, a, um** : pour chacun d'eux, dites à quel personnage ils renvoient. Exemple : **(ad) se (reverti)** représente Verrès, sujet de **jubet**.

2. Toute la fin du second texte développe, au discours indirect, les plaintes d'Antiochus et les propositions dépendent de **clamare**.

▸ À quels modes sont les verbes de ce passage ?

▸ Réécrivez ces plaintes d'Antiochus au discours direct, sur le modèle : **Antiochus dixit se candelabrum habere ⟶ Antiochus dixit : « Candelabrum habeo. »**

3. Comment Cicéron suggère-t-il l'exaspération progressive d'Antiochus ?

▸ Quel semble être le calcul de Verrès ?

▸ Comment Cicéron souligne-t-il que ce calcul est invraisemblable ? Que pensez-vous du prétexte avancé par le préteur pour expulser le roi ?

4. Montrez que, dans le dernier texte, le ton de Cicéron change radicalement.

▸ Quels traits du caractère d'Antiochus sont mis en évidence ?

▸ Le crime de Verrès est gravissime pour deux raisons : lesquelles ?

Canthare (vase à boire) du Trésor de Boscoreale, décoré de feuilles de platane, *musée du Louvre.*

Skyphos (vase à boire) du Trésor de Boscoreale, décoré de branches d'olivier, *musée du Louvre.*

GRAMMAIRE

1 Le discours indirect

■ Le **discours direct** (ou style direct) rapporte les paroles ou les pensées d'une personne telles qu'elle les a exprimées :

Antiochus **dixit** : **« Sum rex Syriae. »**

Antiochus dit : « Je suis le roi de Syrie. »

■ Le **discours indirect** (style indirect) rapporte les paroles ou les pensées d'une personne en les faisant dépendre d'un verbe introducteur signifiant « dire » ou « penser » : la proposition **Sum rex Syriae** devient donc une proposition infinitive.

Antiochus **dixit se regem esse Syriae**.

Antiochus dit qu'il était le roi de Syrie.

■ Lorsque les paroles rapportées s'étendent sur plusieurs phrases, le verbe introducteur n'est pas répété, mais toutes les propositions infinitives dépendent de lui.

■ Au discours indirect,

– les propositions **principales** ou **indépendantes** du discours direct sont des **propositions infinitives à la troisième personne** ;

– le sujet du verbe introducteur est représenté par le pronom réfléchi **se** ou le possessif **suus** ;

– toutes les propositions **relatives** et **circonstancielles** qui font partie des paroles rapportées sont au subjonctif, et subissent la concordance des temps par rapport au verbe introducteur.

Rex dixit : « A praetore spoliatus sum cum Syracusis eram. » ► Rex dixit se a praetore spoliatum esse cum Syracusis esset.

2 Les propositions causales au subjonctif

Lorsqu'une proposition causale exprime la **cause rapportée**, **évoquée** ou **pensée** par une personne, elle est au subjonctif :

Rex laetus erat quod convivium praetori **gratum esset.**

Le roi était content parce que (pensait-il, disait-il) le banquet plaisait au préteur.

Praetor regem dimisit quod piratae **venturi essent**.

Le préteur renvoya le roi parce que/sous prétexte que (disait-il) des pirates allaient venir.

De l'art pour les amateurs

« D'autres forgeront avec plus de grâce des bronzes qui semblent respirer, ils tireront du marbre des visages vivants... », dit Anchise, le père d'Énée, à propos des Romains, dans l'Énéide de Virgile. La vocation de Rome, c'est la guerre et la conquête – mais les fils de Romulus, avec le temps, deviendront grands amateurs d'art !

Les Étrusques, pourtant...

◆ Dès les premiers temps de Rome, les **Étrusques**, influencés par de nombreux contacts avec les Grecs, procurent aux Romains de superbes **objets d'art** : statues et statuettes de bronze, miroirs ouvragés, bijoux et fresques murales. La fameuse louve en bronze qui allaite Romulus et Rémus, symbole de la Ville, témoigne encore aujourd'hui de cet art remarquable.

Boucles d'oreille en or provenant de la nécropole d'Émèse, Ier s. ap. J.-C., *musée national de Damas.*

◆ Mais les Romains affectent de ne pas accorder beaucoup d'importance à ces travaux d'artistes : le *mos majorum*, le code des valeurs morales hérité des ancêtres, considère que l'art est une **perte de temps**, d'efforts et... d'argent.

Un goût importé

◆ La conquête de l'Italie du Sud, puis de la Sicile et enfin de la Grèce va changer le statut de l'art à Rome. Le **butin de guerre** enrichit la Ville de pièces remarquables, et les généraux vainqueurs, lorsqu'ils mettent une ville à sac, prélèvent leur part pour orner leurs maisons (mais certains rustres font fondre les statues pour récupérer le métal...).

◆ Parmi les prisonniers, des artistes sont également **« importés » à Rome**, et ce sont eux qui, en copiant les originaux ou des copies hellénistiques, font se répandre les objets d'art dans l'aristocratie. D'abord réprouvé par la morale officielle comme une dépense inutile (*luxus*), le goût pour les beaux-arts devient une passion dès le IIe siècle avant J.-C.

Doryphore de Polyclète, copie romaine d'un bronze, provenant du palestre samnique de Pompéi, *musée archéologique de Naples.*

Le marché de l'art

◆ Dépourvus d'artistes « nationaux », les Romains s'approvisionnent en Grèce et en Orient. Ils font **copier** (souvent en réduction ou en changeant la matière) les statues de Polyclète, de Praxitèle, de Myron, et les exposent sous des portiques ou dans des jardins.

◆ Très soucieux d'exhiber leurs collections devant leurs invités, les riches Romains sont fous de **meubles** et surtout de **vaisselle** : les plus beaux vases en bronze viennent de Corinthe, l'argenterie richement ciselée est très recherchée, les formes des coupes, des cratères, des hydries en alliages précieux varient à l'infini.

◆ On peut ainsi dépenser des sommes folles, malgré de fréquentes **lois contre le luxe** : l'orateur Crassus paie deux coupes 100 000 sesterces, Hortensius, le grand rival de Cicéron, 144 000 sesterces pour un tableau de Cydas... et Cicéron lui-même, un million pour une table en thuya !

Verrès collectionneur

◆ Dans les *Verrines*, Cicéron, soucieux de paraître « vieux romain », répète qu'il ne connaît pas grand-chose en art, ce qui est loin d'être vrai. Mais les connaisseurs pouvaient apprécier la valeur de la razzia de Verrès : sa convoitise pour les Canéphores (« porteuses de corbeilles ») de Polyclète, la Diane du temple de Ségeste, le Mercure de Tyndaris et même sa collection de bagues montrent qu'il est un amateur insatiable, mais éclairé.

◆ Il entretient du reste un **atelier d'artisans** de première valeur pour restaurer, copier ou embellir les beaux objets qui le séduisent.

ARRÊT SUR IMAGE

1. Histoire de l'art

Le sculpteur Polyclète d'Argos marqua de son style l'art classique de la Grèce du Ve siècle avant J.-C. Il est un représentant éclatant de ce que l'on a appelé le style sévère, caractérisé par son élégance austère. Documentez-vous sur ce style et trouvez d'autres sculpteurs grecs qui l'ont illustré. Polyclète est l'inventeur du fameux « canon » (mot grec qui signifie « mesure »), un calcul mathématique des proportions du corps humain qui prend comme module de base la phalange de l'auriculaire pour créer une harmonie idéale.

2. Art et histoire

Grands amateurs d'art grec, les Romains ont conservé des copies en marbre de leurs statues les plus célèbres (dont les originaux étaient coulés en bronze), comme cette statue découverte à Pompéi. Identifiée grâce aux descriptions détaillées de Pline l'Ancien, cette copie romaine représente un jeune homme « portant une lance » (c'est le sens du mot grec qui la désigne, « Dory-phore »), et l'on pense que c'est elle que les Anciens surnommaient « le canon ».

3. Techniques et effets

Polyclète illustre dans ses œuvres le principe du « chiasme » (de la lettre grecque X, « Khi »), appelé aussi « contraposto » : une jambe s'avance, l'autre se maintient en arrière, et le déhanchement du corps ainsi produit est équilibré par le mouvement inverse des épaules dont la ligne se relève du côté où celle des jambes s'infléchit. Par quels détails cette statue aux proportions idéales échappe-t-elle à l'abstraction et reste-t-elle malgré tout celle d'un être humain ?

Une passion impériale

◆ Sous l'Empire, la simplicité des goûts d'Auguste ne fera pas école : la *Domus Aurea* de Néron est littéralement bourrée d'œuvres d'art, et Hadrien bâtit des villas immenses pour abriter ses collections. On décore les maisons et les hôtels particuliers de fresques et de statues (Pompéi en témoigne), et la Ville devient un gigantesque **musée en plein air** : sous Trajan, le promeneur peut admirer environ 4 000 statues...

TEXTE SUIVI

Les campagnes du général Verrès

Les défenseurs de Verrès affirmaient, pour atténuer les accusations portées contre leur client, que celui-ci avait montré ses talents de stratège en réprimant une révolte d'esclaves; ce mérite devait, selon eux, faire oublier ses méfaits. Cicéron répond magistralement à cet argument maladroit : à cette époque, il n'y a pas eu de guerre en Sicile! Mais l'on s'obstine à présenter Verrès comme un imperator*? Qu'à cela ne tienne! Cicéron va décrire la vie et les mœurs de ce valeureux guerrier...*

1. Quartiers d'hiver

Itinerum primum laborem, qui vel maximus est[1] in re militari, judices, et in Sicilia maxime necessarius, accipite quam facilem sibi iste et jucundum ratione consilioque reddiderit. Primum temporibus hibernis ad magnitudinem frigorum et tempestatum vim ac fluminum praeclarum hoc sibi remedium compararat : urbem Syracusas elegerat, cujus hic situs atque haec natura esse loci caelique dicitur ut[2] nullus umquam dies tam magna ac turbulenta tempestate fuerit quin[3] aliquo tempore ejus diei solem homines viderint. Hic ita vivebat iste bonus imperator hibernis mensibus ut eum non facile non modo extra tectum, sed ne extra lectum quidem quisquam viderit.

1. ***vel maximus*** : *vel* devant un superlatif signifie « peut-être, sans doute ».
2. ***hic... et haec... ut*** : corrélation exprimant la conséquence (= *is... et ea... ut*).
3. *cf.* Grammaire, p. 97.

2. Campagnes de printemps

Cum autem ver esse coeperat (cujus initium iste non a Favonio neque ab aliquo astro notabat, sed cum rosam viderat, tum incipere ver arbitrabatur), dabat se labori atque itineribus. In quibus eo usque se praebebat patientem atque impigrum, ut[1] eum nemo umquam in equo sedentem viderit. Nam, ut mos fuit Bithyniae regibus, lectica octophoro ferebatur, in qua pulvinus erat perlucidus Melitensis[2], rosa fartus. Ipse autem coronam habebat unam in capite, alteram in collo reticulumque ad nares sibi admovebat tenuissimo lino, minutis maculis, plenum rosae. Sic confecto itinere, cum ad aliquod oppidum venerat, eadem lectica usque in cubiculum deferebatur. Eo veniebant Siculorum magistratus, veniebant equites Romani, id quod ex multis juratis audistis. Controversiae secreto deferebantur, paulo post palam decreta[3] auferebantur. Deinde ubi paulisper in cubiculo pretio, non aequitate jura discripserat[4], Veneri jam et Libero[5] reliquum tempus deberi arbitrabatur.

1. ***eo usque... ut*** : à un tel degré, à tel point que.
2. ***Melitensis*** : en tissu de Malte, où l'on fabriquait les étoffes les plus délicates.
3. ***decreta*** : les arrêts du préteur, les sentences.
4. ***jura discribere*** : rendre la justice.
5. ***Venus et Liber*** (= *Bacchus*) sont les divinités du plaisir amoureux et de l'ivresse.

3. Farouches combats !

Erant autem convivia non illo silentio populi Romani praetorum atque imperatorum neque eo pudore qui in magistratuum conviviis versari soleat, sed cum maximo clamore atque convicio ; nonnumquam etiam res ad pugnam atque ad manus vocabatur[1]. Iste enim praetor severus ac diligens, qui populi Romani legibus numquam paruisset, illis legibus quae in poculis ponebantur[2] diligenter obtemperabat. Itaque erant exitus ejusmodi ut alius inter manus e convivio tamquam e proelio auferretur, alius tam quam occisus relinqueretur, plerique ut fusi sine mente ac sine ullo sensu jacerent, ut quivis cum aspexisset, non se praetoris convivium, sed Cannensem pugnam[3] nequitiae videre arbitraretur.

1. ***res vocabatur ad...*** : les choses tournaient à, en venaient à...
2. Ces « lois du banquet » fixaient le nombre de coupes à boire, et la proportion de vin servi mélangé à de l'eau.
3. ***Cannensem pugna*** : illustre désastre subi par les Romains face à Hannibal (212 av. J.-C.).

4. Camp d'été

Cum vero aestas summa esse coeperat, quod tempus[1] omnes Siciliae semper praetores in itineribus consumere consuerunt, propterea quod tum putant obeundam esse maxime provinciam cum in areis frumenta sunt, quod et familiae[2] congregantur et magnitudo servitii perspicitur et labor operis maxime offendit, frumenti copia commonet, tempus anni non impedit, tum, inquam, cum concursant ceteri praetores, iste novo quodam genere imperator pulcherrimo Syracusarum loco stativa sibi castra[3] faciebat. Nam in ipso aditu atque ore portus, ubi primum ex alto sinus[4] ab litore ad urbem inflectitur, tabernacula carbaseis intenta velis collocabat. Huc ex illa domo praetoria, quae regis Hieronis fuit, sic emigrabat ut eum per illos dies nemo extra illum locum videre posset. In eum autem ipsum locum aditus[5] erat nemini, nisi qui[6] aut socius aut minister libidinis esse posset. Huc omnes mulieres, quibuscum iste consuerat, conveniebant, quarum incredibile est quanta multitudo fuerit Syracusis ; huc homines digni istius amicitia, digni vita illa conviviisque veniebant.

Cicéron, *Actio secunda in Verrem*, *De suppliciis*, 25 sq.

1. ***quod tempus*** : époque de l'année que...
2. ***familiae*** : il s'agit des troupes d'esclaves employées aux moissons. Ce rassemblement est propice aux révoltes d'esclaves, et un « bon » préteur doit surveiller cela de près.
3. ***stativa castra*** : un camp fixe, des quartiers de résidence.
4. ***ex alto*** : depuis le large ; ***sinus*** : le golfe.
5. ***aditus*** : le droit d'entrer.
6. ***nisi (eis) qui...***

ÉTUDE

1. En quoi consiste la figure de rhétorique appelée antiphrase ?

▶ Relevez en plusieurs exemples dans ces textes.

2. Quels sont les traits principaux du portrait que Cicéron brosse de Verrès ?

▶ En quoi son comportement s'oppose-t-il à l'image d'un général valeureux ?

▶ En quoi le goût de Verrès pour les roses est-il révélateur de son caractère ?

▶ Que suggère la façon dont Cicéron décrit Verrès dans sa litière ?

3. Relevez les termes empruntés à la langue militaire, et étudiez l'effet qu'ils produisent dans le contexte.

4. Malgré son humour, ce passage s'insère parfaitement dans l'ensemble des graves accusations lancées contre le préteur : montrez la présence de ces accusations sous les descriptions ironiques de Cicéron.

TEXTE TRADUCTION

Un citoyen mis au supplice !

Les lois – la lex Porcia *et les* leges Semproniae, *dues à Caius Sempronius Gracchus – avaient interdit que, dans tout l'empire comme à* Rome, *un citoyen romain fût battu, supplicié ou mis à mort. Un certain* **Gavius**, *arrêté sans preuve pour espionnage par* **Verrès**, *s'évade et se réfugie à* Messine. *Là, repris en plein forum, il est livré au préteur qui, ivre de colère, ordonne qu'on le ligote à une croix (comme un esclave) et qu'on le fouette.*

Caedebatur virgis in medio foro Messanae civis Romanus, judices, cum interea nullus gemitus, nulla vox alia illius miseri inter dolorem crepitumque plagarum audiebatur nisi haec : « Civis Romanus sum ! » Hac se commemoratione civitatis omnia verbera depulsurum cruciatumque a corpore dejecturum arbitrabatur. Is non modo hoc non perfecit ut virgarum vim deprecaretur, sed cum imploraret saepius usurparetque nomen civitatis, crux, crux, inquam, infelici et aerumnoso, qui numquam istam pestem viderat, comparabatur. O nomen dulce libertatis ! O jus eximium nostrae civitatis ! O lex Porcia legesque Semproniae ! O graviter desiderata et aliquando reddita plebi Romanae tribunicia potestas ! Hucine tandem haec omnia reciderunt, ut civis Romanus in provincia populi Romani, in oppido foederatorum, ab eo qui beneficio populi Romani fasces et secures haberet, deligatus in foro virgis caederetur ? Quid ? cum ignes ardentesque laminae ceterique cruciatus admovebantur, si te illius acerba imploratio et vox miserabilis non inhibebat, ne civium quidem Romanorum qui tum aderant fletu et gemitu maximo commovebare ? In crucem tu agere ausus es quemquam qui se civem Romanum esse diceret ?

On tailladait à coups de fouet un citoyen romain, au beau milieu du forum de Messine, *Messieurs les* Juges, *et pendant ce temps, dans la souffrance et le claquement des coups, on n'entendait pas un seul gémissement, rien que ces mots que criait le malheureux : « Je suis citoyen romain ! »* Il *croyait qu'en rappelant ses droits de citoyen, il ferait arrêter les coups et le supplice ; non seulement il ne parvint pas à détourner la violence du fouet, mais encore, tandis qu'il multipliait ses appels implorants, tandis qu'il revendiquait son titre de citoyen, une croix, oui, une croix était préparée pour cet infortuné, écrasé de malheur, qui n'avait jamais vu ce fléau de* Verrès. *Ô doux nom de liberté ! Ô droit merveilleux propre à notre cité ! Ô loi* Porcia, *lois de* Sempronius *! Ô pouvoir des tribuns, que l'on a tant regretté, et enfin rendu au peuple romain ! Toutes ces lois sont-elles tombées si bas qu'un citoyen romain, dans une province du peuple romain, dans une ville d'alliés, pût être lié et tailladé à coups de fouet par l'homme qui devait au peuple romain ses haches et ses faisceaux !* Quoi ? *Lorsque les feux, les fers rougis et tous les autres instruments de torture étaient appliqués, si ses supplications douloureuses et sa voix pitoyable ne te retenaient pas, même les pleurs et les gémissements terribles des* Romains *alors présents ne parvenaient pas à t'émouvoir ?* Toi, *tu as osé mettre en croix un homme qui disait qu'il était un citoyen romain ?*

Cicéron, *Actio secunda in Verrem, De suppliciis*, 162.

ÉTUDE

1. Relevez les formes de verbes passifs et les formes de verbes déponents. Quelle particularité présente la forme **ausus es** ?

2. Quels mots latins expriment les souffrances de Gavius ?

3. À quels procédés stylistiques et oratoires Cicéron a-t-il recours pour émouvoir (**movere**) les juges ? Comment le caractère pathétique de la scène est-il rendu sensible ?

4. Est-ce, en soi, la cruauté du supplice qui suscite l'indignation de Cicéron ? Quelle aurait dû être la conduite du préteur ? Quelle « circonstance aggravante » rend le supplice de Gavius impardonnable ?

Esclaves crucifiés, image du film *Spartacus* (1960) de Stanley Kubrick.

VERSION

Si tout le monde fait comme Verrès…

Homines tenues, obscuro loco nati, navigant adeunt ad ea loca quae numquam ante viderunt, ubi neque noti esse iis quo venerunt[1], neque semper cum cognitoribus[2] esse possunt. Hac una tamen fiducia civitatis[3] non modo apud nostros magistratus, qui et legum et existimationis periculo continentur, neque apud cives solum Romanos, qui et sermonis et juris et multarum rerum societate juncti sunt, fore se tutos arbitrantur, sed quocumque venerint[4], hanc sibi rem praesidio sperant futurum.

Tolle hanc spem, tolle hoc praesidium civibus Romanis ; constitue nihil esse opis[5] in hac voce : « civis Romanus sum ! », posse impune praetorem aut alium quempiam supplicium quod velit in eum constituere qui se civem Romanum esse dicat, quod eum qui sit ignoret ; jam omnes provincias, jam omnia regna, jam omnes liberas civitates, jam omnem orbem terrarum, qui semper nostris hominibus maxime patuit, civibus Romanis ista defensione praecluseris.

Cicéron, *Actio secunda in Verrem*, *De suppliciis*, 167.

1. ***iis quo venerunt*** = *iis apud quos venerunt*.
2. Un ***cognitor*** est un « répondant » : il se porte garant de l'identité d'une personne parce qu'il la connaît.
3. ***hac fiducia civitatis*** : en se fiant à leur titre de citoyen romain.
4. ***quocumque venerint*** : partout où ils iront.
5. ***nihil opis*** : aucune ressource, aucun secours (ce nom est inusité au nominatif singulier).

CHAPITRE

10 Cicéron contre Catilina

Cicéron consul

En juin 64, Cicéron est élu **consul pour l'année 63**. Ce grand succès personnel doit beaucoup aux circonstances : faute d'un accord sur les deux candidats, le parti conservateur se résout à élire un ***homo novus***, Cicéron, et un aristocrate assez terne, M. Antonius Hybrida. Connu pour son talent d'orateur, Cicéron est assez isolé politiquement, et tout donne à penser qu'il sera un consul docile... Ce choix, en tout cas, a permis d'écarter un personnage inquiétant, **L. Sergius Catilina**.

Catilina l'insurgé

Catilina a depuis deux ans fait preuve d'un grand **activisme** pour se faire élire consul. De vieille noblesse, mais ruiné, il cherche l'appui des « réformateurs » du parti des *populares*, et notamment de César. La conquête, puis la guerre civile entre Marius et Sylla ont instauré à Rome une **société fondée sur l'argent**, qui compte beaucoup d'exclus, y compris parmi les membres de l'ancienne noblesse. Sur ce fond de crise, après son échec électoral, Catilina recrute des **conjurés** pour renverser les consuls et prendre le pouvoir.

Cicéron résiste

Personnellement **menacé** – il affirme avoir été victime d'une tentative d'assassinat –, le consul s'appuie sur tout un **réseau d'« informateurs »** qui le renseignent sur la conjuration. Selon lui, la prise et l'incendie de Rome par Catilina étaient prévus pour la nuit du 28 novembre 63 : il a paré au danger en faisant adopter par le Sénat la procédure du *senatus consultum ultimum*, qui confère aux consuls les pleins pouvoirs. Des troupes en rébellion se concentrent en Étrurie, la situation est gravissime...

Les *Catilinaires*

C'est du haut de la tribune que Cicéron va combattre Catilina, avec, pour arme principale, son éloquence : en **quatre discours** (***In Catilinam orationes***, désignées traditionnellement par le nom de ***Catilinaires***), il dévoile la conjuration, dénonce les conjurés, force Catilina à quitter Rome, et justifie une répression impitoyable. Arrêtés, **les complices de Catilina sont exécutés sans jugement** sur ordre du consul. Les maigres troupes des conjurés seront écrasées à Pistoia le 5 janvier 62 par l'armée du consul M. Antonius, et Catilina mourra courageusement dans la bataille.

Succès empoisonné

D'abord, Cicéron semble avoir remporté un **triomphe éclatant** : salué du titre de « Père de la Patrie », il a sauvé Rome et la République. Mais, assez vite, il se verra reprocher d'en avoir trop fait, et, notamment, d'avoir abusé de ses pouvoirs en faisant exécuter des citoyens romains, les complices de Catilina. La classe politique le trouve encombrant : les *populares* veulent se débarrasser de lui, les *optimates* ne le soutiennent guère… et tout cela finira, en 58, par un **exil**. Pendant toute la suite de sa vie politique, Cicéron recherchera des appuis qui se déroberont.

Le poids d'un orateur

Cicéron ne reniera jamais son consulat, au cours duquel il démontra qu'on pouvait, par des discours, gouverner Rome en pleine tempête. En publiant les *Catilinaires*, il entend faire front aux attaques de ses adversaires, mais aussi affirmer que, face au pouvoir militaire qui menace Rome, un civil (*togatus*) peut éviter la catastrophe d'une crise fatale. Néanmoins, c'est l'affrontement des *imperatores* César et Pompée qui décidera du sort de la République.

Une cité malade

L'entreprise de Catilina, qui peut sembler un acte de folie, n'aurait pas mis en péril l'ordre romain si elle ne s'était déployée sur un terrain favorable. L'historien Salluste (contemporain de Cicéron et César), qui a consacré un ouvrage à cette crise, en analyse les causes.

Cet égarement n'était pas le fait des seuls complices de la conjuration : la plèbe tout entière, par amour du changement, approuvait l'entreprise de Catilina. Certes, en cela, elle ne faisait que suivre son habitude. Car, toujours, dans un État, ceux qui n'ont rien envient les bons citoyens, portent aux nues les mauvais, haïssent le vieil état des choses, en souhaitent un nouveau […]. Mais la plèbe romaine, elle, avait bien des raisons de se lancer tête baissée dans l'aventure. D'abord, ceux qui, ici ou là, se distinguaient par leur turpitude ou leur insolence, et ceux qui avaient honteusement dissipé leur patrimoine, enfin tous ceux qu'un scandale ou un forfait avait chassés de chez eux, tous ces gens-là avaient reflué massivement à Rome comme en une sentine. Ensuite, beaucoup se souvenaient des victoires de Sylla, et, voyant de simples soldats devenus les uns sénateurs, d'autres si riches qu'ils vivaient dans un luxe royal, chacun espérait pour lui-même, en prenant les armes, recueillir de la victoire semblables récompenses. En outre, la jeunesse, qui avait enduré la misère en vivant à la campagne du travail de ses mains, attirée par les distributions publiques et privées, avait préféré vivre à Rome sans rien faire plutôt que ce labeur ingrat. Ceux-là et tous les autres se nourrissaient du malheur public. Et on ne saurait s'étonner que des hommes privés de tout, perdus de mœurs, emplis d'espoirs, aient fait aussi bon marché de la République que de leur propre personne.

Salluste, *La Conjuration de Catilina*, 36-37.

TEXTE

« Jusques à quand... »

Dans la nuit du 6 au 7 novembre 63, **Catilina** *a réuni ses complices chez un des conjurés, M. Porcius Laeca, pour les convaincre de lancer l'insurrection. Un mouchard a informé le consul. Le 8 novembre, Cicéron monte à la tribune du Sénat, bien décidé à arrêter net ces menées subversives. Son attaque est d'une extrême violence : il veut forcer Catilina à quitter Rome, acte qui fera de lui un ennemi public* (hostis) *contre lequel on pourra sévir sans retenue légale.*

Quousque tandem abutere[1], Catilina, patientia nostra ? Quamdiu etiam furor iste tuus nos eludet ? Quem ad finem sese effrenata jactabit audacia ? Nihilne[2] te nocturnum praesidium Palatii[3], nihil urbis vigiliae, nihil timor populi, nihil concursus bonorum omnium, nihil hic munitissimus habendi senatus locus[4], nihil horum ora vultusque moverunt ? Patere tua consilia non sentis ? Constrictam jam horum omnium scientia teneri conjurationem tuam non vides ? Quid proxima, quid superiore nocte[5] egeris, ubi fueris, quos convocaveris, quid consilii ceperis, quem nostrum[6] ignorare arbitraris ? O tempora ! O mores ! Senatus haec intellegit, consul videt : hic tamen vivit. Vivit ? Immo vero etiam in senatum venit, fit publici consilii particeps[7], notat et designat oculis ad caedem unumquemque nostrum. Nos autem, fortes viri, satis facere rei publicae videmur[8], si istius furorem et tela vitamus. Ad mortem te, Catilina, duci jussu consulis jam pridem oportebat[9], in te conferri pestem, quam tu in nos omnes jamdiu machinaris...

Cicéron, *In Catilinam oratio prima*, 1.

1. ***abutere*** = *abuteris*.
2. ***nihil*** : en rien, pas du tout.
3. Cicéron décrit tout ce que Catilina a pu voir avant de venir à la séance du Sénat : le mont Palatin est occupé par la troupe...
4. ***habendi senatus locus*** : lieu de réunion du Sénat.
5. ***proxima nocte*** : la nuit dernière ; ***superiore nocte*** : l'avant-dernière nuit.
6. ***nostrum*** : G. de *nos*, complément de *quem*.
7. : Il participe au Conseil de la République (le Sénat).
8. ***satis facere... videmur*** : nous croyons faire assez.
9. ***oportebat*** : il aurait fallu.

ÉTUDE

1. Relevez les ablatifs du texte et classez-les selon leurs emplois.

2. À quel temps et à quel mode sont **egeris, fueris, convocaveris, ceperis** ?
▶ Justifiez l'emploi de ce mode.

3. Ce texte est le tout début du discours.
▶ Que signifie l'expression **exordium ex abrupto** ?
▶ Pourquoi Cicéron a-t-il choisi de commencer ainsi son offensive contre Catilina ?

4. Quel avantage tactique l'orateur tire-t-il de la présence de Catilina dans l'auditoire ?
▶ Comment exploite-t-il cet avantage ?
▶ Pose-t-il de vraies questions ?

5. Quels procédés rhétoriques confèrent à cette « éloquence de combat » une redoutable violence ?

L'Arringatore, statue honorifique d'Aule Meteli dit l'orateur, Ier s. av. J.-C., *musée archéologique de Florence.*

GRAMMAIRE

Le pronom neutre accompagné d'un déterminant

Un pronom neutre peut être précisé :

- Par un **adjectif accordé** :

Quid insigne fecisti ? Nihil consule dignum !

Qu'as-tu fait de remarquable ? Rien de digne d'un consul !

- Par un **complément au génitif** :

– un **adjectif neutre** substantivé appartenant à la 1re classe et n'ayant pas lui-même de complément :

Nihil novi fit.

Il n'arrive rien de neuf.

– un **nom** :

Quid consilii cepisti ?

Qu'as-tu pris en fait de décision ? Quelle décision as-tu prise ?

(*Quid consilii* est à peu près l'équivalent de *quod consilium*.)

TEXTE TRADUCTION

Le consul sait tout !

Cicéron est en mesure de révéler au Sénat, dans les moindres détails, les secrets de la conjuration : c'est ce qui fait sa force.

O di immortales ! Ubinam gentium sumus ? Quam rem publicam habemus ? In qua urbe vivimus ? Hic, hic sunt, in nostro numero, patres conscripti, in hoc orbis terrae sanctissimo gravissimoque consilio, qui de nostro omnium interitu, qui de hujus urbis atque adeo de orbis terrarum exitio cogitent. Hos ego video consul et de re publica sententiam rogo, et quos ferro trucidari oportebat, eos nondum voce vulnero ! Fuisti igitur apud Laecam illa nocte, Catilina ; distribuisti partes Italiae ; statuisti quo quemque proficisci placeret ; delegisti quos Romae relinqueres, quos tecum adduceres ; discripsisti Urbis partes ad incendia ; confirmasti te ipsum jam esse exiturum ; dixisti paulum tibi esse etiamnunc morae, quod ego viverem. Reperti sunt duo equites Romani qui te ista cura liberarent et se illa ipsa nocte paulo ante lucem me in meo lecto interfecturos esse pollicerentur. Haec ego omnia, vixdum etiam coetu vestro dimisso, comperi ; domum meam majoribus praesidiis munivi atque firmavi ; exclusi eos quos tu ad me salutatum mane miseras, cum illi ipsi venissent, quos ego jam multis ac summis viris ad me id temporis venturos esse praedixeram.
Quae cum ita sint, Catilina, perge quo coepisti : egredere aliquando ex Urbe ! Patent portae ; proficiscere !

Dieux immortels ! Dans quel peuple sommes-nous ? Quelle République avons-nous ? Dans quelle ville vivons-nous ? Il y a ici, messieurs les sénateurs, ici parmi nous, dans ce conseil qui, au monde, est le plus sacré, le plus grave, il y a ici des hommes pour méditer notre mort à tous, pour méditer la ruine de notre Ville et même de tout l'univers ! Moi, le consul, je les vois de mes yeux et je les consulte sur les affaires publiques, et ces hommes qu'on aurait dû exécuter par le fer, je ne les blesse pas encore par mes paroles ! Donc, tu a été chez Laeca, cette nuit-là, Catilina ; tu as partagé l'Italie ; tu as décidé l'endroit où chacun devait partir ; tu as choisi ceux que tu laisserais à Rome, ceux que tu emmènerais avec toi hors de Rome ; tu as distribué les rôles pour incendier la Ville ; tu as confirmé que toi-même tu quitterais Rome ; tu as dit qu'il te fallait attendre encore un peu, parce que j'étais en vie. On a trouvé deux chevaliers romains pour te libérer de ce souci et pour s'engager à me tuer cette nuit même dans mon lit. Moi, tout cela, à peine votre réunion dissoute, je l'ai appris ; j'ai protégé et fortifié ma maison par une garde plus nombreuse ; j'ai laissé porte close à ceux que tu avais envoyés me faire leur salutation du matin, puisqu'ils étaient venus, ces hommes dont j'avais annoncé la venue, pour ce moment précis, à plusieurs personnalités de premier plan.
Puisqu'il en est ainsi, Catilina, continue dans le sens où tu as commencé ; sors une bonne fois de Rome ; les portes de la Ville sont grandes ouvertes ; va-t'en !

Cicéron, *In Catilinam oratio prima*, 9-10.

ÉTUDE

1. Relevez dans le texte latin les formes d'impératif et une forme de supin en **-um**.

2. Justifiez la traduction : « On a trouvé deux chevaliers romains pour te libérer de ce souci. »

3. Cicéron appuie-t-il ses accusations par des preuves ?
▶ Qu'est-ce qui fait la force de son attaque ?

4. Comment l'orateur exprime-t-il son indignation ?
▶ Quelles réactions veut-il susciter ?

5. Comment Cicéron s'implique-t-il lui-même dans le danger que court la République ?
▶ Dans quelle mesure confirme-t-il ainsi son autorité ?

VOCABULAIRE

Violences

- **caedes**, **is**, *f.* : meurtre, assassinat.
- **certamen, inis,** *n.* : affrontement, conflit.
- **clades**, **is**, *f.* : désastre, massacre.
- **ferrum**, **i**, *n.* : fer, épée.
- **injuria**, **ae**, *f.* : injustice, injure.
- **insidiae**, **arum,** *f. pl.* : embuscade, guet-apens.
- **proelium**, **ii**, *n.* : bataille.
- **pugna**, **ae**, *f.* : combat.
- **scelus**, **eris**, *n.* : crime.
- **supplicium**, **ii**, *n.* : supplice.
- **tormentum**, **i**, *n.* : torture.
- **vis**, (acc.) **vim**, (abl.) **vi** : violence, puissance, force.
- **vulnus**, **eris,** *n.* : blessure.
- **adgredior**, **eris**, **gredi**, **gressus sum** : marcher contre, attaquer.
- **caedo**, **is**, **ere**, **cecidi**, **caesum** : frapper, abattre.
- **incendo**, **is**, **ere**, **cendi**, **censum** : incendier.
- **interficio**, **is**, **ere**, **feci**, **fectum** : tuer.
- **neco**, **as**, **are** : mettre à mort, tuer.
- **trucido**, **as**, **are** : massacrer.
- **vulnero**, **as**, **are** : blesser.

Calliope, muse de l'éloquence, sarcophage des muses, IIe s. ap. J.-C., *musée du Louvre*.

VERSION

Pas de pitié pour les conjurés !

Dans son De viris illustribus Urbis Romae, *l'abbé Lhomond résume ainsi la conjuration de Catilina, en l'assortissant d'une anecdote édifiante…*

Cicero consul factus Sergii Catilinae conjurationem singulari virtute, constantia curaque compressit. Is nempe indignatus quod in petitione consulatus repulsam passus esset, et furore amens, cum pluribus viris nobilibus Ciceronem interficere, senatum trucidare, urbem incendere, ærarium diripere constituerat. Quae tam atrox conjuratio a Cicerone detecta est. Catilina metu consulis Roma ad exercitum, quem paraverat, profugit ; socii ejus comprehensi in carcere necati sunt. Senator quidam filium supplicio mortis ipse affecit. Juvenis scilicet ingenio, litteris et forma inter æquales conspicuus, pravo consilio amicitiam Catilinae secutus fuerat, et in castra ejus properabat : quem pater ex medio itinere retractum occidit, his eum verbis increpans : « Non ego te Catilinae adversus patriam, sed patriae adversus Catilinam genui. »

Lhomond, *De viris illustribus*.

TEXTE

Pourquoi laisser partir Catilina ?

Après avoir longuement montré que **Catilina** *ne saurait s'amender ni même se défendre contre ses accusations, Cicéron le pousse à quitter Rome et à rejoindre ses troupes, que commande un certain* **Manlius**. *Dangereuse tactique, qui mérite explication...*

1. ***quamquam*** (adv.) : pourtant.
2. ***ordo***, ici : les sénateurs, le Sénat.
3. ***animadverto*** (*in* + Acc.) : punir, sévir contre.
4. ***quin*** = *qui non, ut non* (*cf.* Grammaire, ci-contre).
5. **Quod *si*** : renforcement oratoire de *si* : que si, mais si, or si...
6. ***eodem*** : adverbe de lieu.
7. ***hoc*** est développé par l'infinitive qui suit.

Quamquam[1] nonnulli sunt in hoc ordine[2], qui aut ea quae imminent non videant, aut ea quae vident dissimulent ; qui spem Catilinae mollibus sententiis aluerunt conjurationemque nascentem non credendo corroboraverunt ; quorum auctoritate multi, non solum improbi, verum etiam imperiti, si in hunc animadvertissem[3], crudeliter et regie factum esse dicerent. Nunc intellego, si iste, quo intendit, in Manliana castra, pervenerit, neminem tam stultum fore quin[4] videat conjurationem esse factam, neminem tam improbum quin fateatur. Hoc autem uno interfecto, intellego hanc rei publicae pestem paulisper reprimi, non in perpetuum comprimi posse. Quod si[5] sese ejecerit secumque suos eduxerit, et eodem[6] ceteros undique collectos naufragos aggregarit, exstinguetur atque delebitur non modo haec tam adulta rei publicae pestis, verum etiam stirps ac semen malorum omnium. [...] Polliceor hoc[7] vobis, patres conscripti, tantam in nobis consulibus fore diligentiam, tantam in vobis auctoritatem, tantam in equitibus Romanis virtutem, tantam in omnibus bonis consensionem ut Catilinae profectione omnia patefacta, illustrata, oppressa, vindicata esse videatis.

Cicéron, *In Catilinam oratio prima*, 30.

ÉTUDE

1. Relevez, dans le texte, les propositions relatives au subjonctif et les relatifs de liaison.

2. Quelle métaphore est développée par les mots **adulta**, **stirps** et **semen**, pour décrire la conjuration de Catilina ?

3. Pourquoi Cicéron n'a-t-il pas fait arrêter Catilina et ses complices lors de cette séance dramatique du Sénat ?
▶ Que craignait-il ?

4. Expliquez l'expression **regie factum (esse)**.
▶ Quelle opinion les Romains de la République ont-ils du pouvoir royal ?

5. Ce discours, comme toutes les *Catilinaires*, a été « récrit » par Cicéron avant publication.
▶ Compte tenu de la suite des événements, quelles raisons peuvent donner à penser que ce passage est, sinon un ajout par rapport au discours prononcé, du moins une formulation soigneusement retouchée ?

TEXTE

Le triomphe du consul

Cicéron a gagné la partie : on l'acclame, et, tirant magistralement parti de la circonstance, il prononce son propre éloge.

Pro tantis rebus, Quirites, nullum ego a vobis praemium virtutis, nullum insigne honoris, nullum monumentum laudis postulo, praeterquam hujus diei memoriam sempiternam. In animis ego vestris omnes triumphos meos, omnia ornamenta honoris, monumenta gloriae, laudis insignia condi et collocari volo. [...] Memoria vestra Quirites, nostrae res[1] alentur, sermonibus crescent, litterarum monumentis[2] inveterascent et corroborabuntur eamdemque diem intellego, quam spero aeternam fore, propagatam esse[3] et ad salutem Urbis et ad memoriam consulatus mei, unoque tempore in hac re publica duos cives exstitisse, quorum alter fines[4] vestri imperii non terrae, sed caeli regionibus terminaret, alter ejusdem imperii domicilium sedesque servaret. [...]
Illud[5] perficiam profecto, Quirites, ut ea quae gessi in consulatu privatus tuear atque ornem[6], ut, si qua est invidia in conservanda re publica suscepta, laedat invidos, mihi valeat ad gloriam. [...] Vos, Quirites, quoniam jam nox est, venerati Jovem illum, custodem hujus urbis ac vestrum, in vestra tecta discedite, et ea, quamquam jam est periculum depulsum, aeque ac[7] priore nocte, custodiis vigiliisque defendite. Id ne vobis diutius faciendum sit atque ut in perpetua pace esse possitis, providebo, Quirites.

Cicéron, *In Catilinam oratio tertia*, péroraison.

1. ***nostrae res*** : les services que nous avons rendus (pluriel de majesté).

2. ***litterarum monumenta*** : les ouvrages d'histoire.

3. ***eamdem diem... propagatam esse*** : qu'une même durée a été fixée.

4. ***alter fines...*** : il s'agit de Pompée.

5. ***illud... ut***.

6. ***privatus tueri atque ornare*** : défendre et consolider, une fois redevenu simple particulier.

7. ***aeque ac*** : ainsi que, comme.

GRAMMAIRE

Quin

Toujours suivi du subjonctif, **quin** n'est employé que lorsque la proposition principale est interrogative ou négative.

■ **Quin** introduit une proposition complétive après des verbes comme :
– **dubitare**, **ignorare** (douter, ignorer, etc.)
– **impedire**, **recusare** (empêcher, refuser, etc.)

Non dubito **quin** veniat. Je ne doute pas qu'il vienne.

■ **Quin (= qui, quae, quod, quem, quam + non...)** introduit une proposition relative au subjonctif à **sens consécutif** :

Quis tam stultus est **quin** hoc intellegat ?
Qui est assez bête pour ne pas comprendre cela ?

ÉTUDE

1. Dans cette apologie personnelle, Cicéron semble se départir de toute modestie : relevez des expressions qui peuvent choquer un lecteur de notre temps.

2. Cette péroraison apaise-t-elle toute inquiétude ?

3. Sur son consulat, Cicéron écrivit un vers fameux : **Cedant arma togae, concedat laurea laudi**. Expliquez la leçon politique exprimée dans ce vers.

CHAPITRE

11 Le « Pro Archia » : un plaidoyer pour la culture

Le poète a-t-il ses papiers ?

En 62 avant J.-C. Cicéron assure la **défense du poète Archias**. Cet **artiste grec** né à Antioche, en Asie Mineure, était un enfant prodige : tout jeune, il pouvait improviser des vers avec une facilité déconcertante, et avait acquis pour cela une grande renommée. À l'âge de dix-sept ans, il vient à Rome et fréquente la meilleure société romaine. Il est même adopté par un des Licinius Lucullus, et son nom « romain » devient Aulus Licinius Archias. Mais un changement dans la législation permet à un certain **Grattius** de traîner notre poète devant le tribunal, en l'accusant de ne pas bénéficier du **« droit de cité »** et de jouir indûment des droits de citoyen romain. Archias risque d'être expulsé…

Le fond de l'affaire

Cicéron commence par faire la **biographie** d'Archias (***narratio***) et démontre que son client et ami a bien obtenu la citoyenneté romaine en 89 avant J.-C. Sa démonstration juridique semble irréfutable – Archias fut, semble-t-il, **acquitté sans difficulté**.

Mais ce procès fournit à l'orateur l'occasion d'une véritable **profession de foi** : devant un public de personnages influents (Archias est bien connu dans le « tout-Rome »), il peut non seulement montrer une autre face de son talent que cette éloquence combative qu'il avait mise en œuvre lors de son consulat, mais encore, maintenant qu'il n'est plus magistrat, « prendre de la hauteur ».

Cicéron et son idéal

La seconde partie du discours permet à Cicéron, en défendant un homme de culture et un artiste, de **défendre la culture** elle-même, donc de parler sans ambages de son propre attachement à la ***doctrina*** et aux ***studia***, c'est-à-dire à l'étude et à toutes les formes de travail intellectuel.

La culture, dit-il, a toujours été l'aliment de son talent et le délassement de son esprit. C'est elle qui lui a permis de se forger un idéal qu'il met en œuvre dans sa vie d'orateur comme dans sa vie d'homme politique. Il en attend légitimement une gloire immortelle, parce que ce désir d'immortalité est le vrai stimulant de l'engagement politique, qui est plein de risques…

◆ Un discours de circonstance

En fait, déjà attaqué pour l'élimination expéditive des complices de Catilina, Cicéron a besoin de « soigner son image ». Il compose son personnage d'orateur **au service de la République**, qui continue avec passion la tradition des grands ancêtres, notamment Scipion l'Africain, en lui ajoutant l'appoint d'une éloquence et d'une culture qui lui paraissent caractéristiques d'un homme politique « moderne ». En faisant ainsi, sous prétexte de défendre l'artiste Archias, **son propre éloge**, Cicéron exprime sans aucun doute ses convictions : homme de culture dans une Rome qui se méfie encore trop de la culture, il montrera, notamment par son œuvre philosophique, que ses talents d'intellectuel et d'écrivain complètent avec bonheur une carrière politique moins glorieuse.

Instrumentum scriptorium, fresque de Pompéi, Ier-IIIe s. ap. J.-C., *musée archéologique de Naples*.

Les étrangers à Rome

À la différence d'Athènes et des cités grecques, qui marquent une distance radicale entre le « citoyen autochtone » et l'« étranger installé », Rome s'est dès ses origines montrée **accueillante pour les non-Romains**, qui pouvaient recevoir la citoyenneté romaine soit par **décret de la cité**, soit par le biais de l'**adoption**.

Cette **politique d'intégration** est cohérente avec l'image première que les Romains se font d'eux-mêmes : les mythes de leurs origines les représentent comme des immigrés (ils sont les descendants d'Énée, chassé de Troie), et la cité romaine a grandi par des alliances de peuples (par exemple, avec les Sabins, après la guerre menée par Romulus contre ces voisins).

Un étranger séjournant à Rome (***peregrinus***) bénéficie d'une **protection juridique**, assurée par le **préteur pérégrin**, auprès de qui il peut défendre ses intérêts.

Tout au long de l'histoire romaine, de nombreuses communautés étrangères ont cohabité dans la Ville, en conservant leurs langues et leurs cultes. Mais pour des raisons culturelles et économiques, ce sont les **Grecs** qui, très tôt, ont été les mieux intégrés à la cité romaine – même si leur image n'est pas toujours flatteuse : par rapport aux Romains sérieux et terre à terre, on leur prête une réputation de futilité, et on leur reproche d'être des « intellectuels » bavards… et un peu trop malins.

Néanmoins, il y a toujours eu, à Rome, un **courant xénophobe** illustré, sous la République, par des lois réclamant l'expulsion (***exterminatio***) des étrangers. Cicéron les condamne, dans son traité *Des devoirs* : « Ils font une erreur, ceux qui interdisent nos villes aux étrangers (***peregrini***) et les en expulsent, tels Pennus (tribun en 126 av. J.-C.) du temps de nos aïeux et Papius récemment (tribun en 65, et auteur de la loi qui menace Archias). Car s'il est juste que celui qui n'est pas citoyen ne tienne pas la place d'un citoyen […], il est absolument inhumain d'interdire aux étrangers de séjourner dans nos villes. »

Sous l'Empire, la multiplication des étrangers à Rome fait pousser des hauts cris au poète satirique **Juvénal** : « L'Oronte (fleuve d'Asie) s'est déversé dans le Tibre ! » Mais la politique impériale reste, globalement, une politique d'intégration – en tout cas, lorsqu'il s'agit de notables, d'artistes ou de savants étrangers…

TEXTE TRADUCTION

La culture, un bon investissement

À l'hostilité de **Grattius** *envers* **Archias** *et ses talents de poète, qui lui semblent flatter une mode malsaine, Cicéron répond que, loin d'être incompatible avec les devoirs de la vie publique, l'amour de la littérature permet de joindre l'utile à l'agréable.*

Quaeres a nobis, Gratti, cur tanto opere hoc homine delectemur? quia suppeditat nobis, ubi et animus ex hoc forensi strepitu reficiatur et aures convicio defessae conquiescant. An tu existimas aut suppetere nobis posse, quod cotidie dicamus in tanta varietate rerum, nisi animos nostros doctrina excolamus, aut ferre animos tantam posse contentionem, nisi eos doctrina eadem relaxemus? Ego vero fateor me his studiis esse deditum. Ceteros pudeat, si qui ita se litteris abdiderunt ut nihil possint ex iis neque ad communem adferre fructum neque in aspectum lucemque proferre ; me autem quid pudeat, qui tot annos ita vivo, judices, ut a nullius umquam me tempore aut commodo aut otium meum abstraxerit aut voluptas avocarit aut denique somnus retardarit? Quare quis tandem me reprehendat aut quis mihi jure suscenseat, si, quantum ceteris ad suas res obeundas, quantum ad festos dies ludorum celebrandos, quantum ad alias voluptates et ad ipsam requiem animi et corporis conceditur temporum, quantum alii tribuunt tempestivis conviviis, quantum denique alveolo, quantum pilae, tantum mihi egomet ad haec studia recolenda sumpsero?

Tu vas me demander, Grattius, pourquoi cet homme me plaît tant? C'est qu'il me procure de quoi redonner des forces à mon esprit au sortir du vacarme du forum et aussi de quoi reposer mes oreilles fatiguées par les invectives. Imagines-tu, par hasard, que nous pourrions avoir en tête de quoi faire des discours quotidiens, alors que les affaires sont tellement variées, si nous n'enrichissions pas nos esprits par la culture, ou que notre esprit pourrait supporter une tension aussi soutenue, si par cette même culture nous ne lui procurions pas une détente? Moi, en tout cas, j'avoue que je me suis adonné à ces études. Honte aux autres, s'il y en a qui se plongent dans la littérature sans être capables d'en tirer rien qu'ils fassent servir à l'intérêt général ou qu'ils puissent exhiber à tous les regards, au grand jour. Mais pourquoi aurais-je honte, moi qui depuis tant d'années vis de telle façon, juges, que jamais je n'ai été ni détourné par mon repos, ni distrait par l'appel du plaisir, ni enfin retardé par le sommeil lorsqu'il s'est agi de tirer quelqu'un d'une situation difficile ou de défendre ses intérêts? Aussi qui donc enfin me blâmerait ou qui serait en droit de s'emporter contre moi, si, tout le temps que l'on concède aux autres pour s'occuper de leurs affaires, pour célébrer les jours de fête à l'occasion des jeux, pour d'autres plaisirs ou pour le simple délassement de l'âme et du corps, si tout le temps que d'autres réservent à des festins prolongés, bref, qu'ils réservent au jeu ou aux parties de balle, moi, tout ce temps, je le prends pour me remettre à ces études?

Cicéron, *Pro Archia*, 12 sqq.

ÉTUDE

1. Classez les subjonctifs du texte selon la nature de la proposition dans laquelle ils apparaissent.

2. Étudiez, dans le dictionnaire, le sens des mots **tempus**, **commodum**, **alveolus**, **pila** et justifiez la traduction des membres de phrases où ils apparaissent.

3. Cicéron est-il vraiment attaqué par l'accusateur Grattius?

▶ Comment appelle-t-on un discours qui, sous les apparences d'une défense, est en fait un éloge?

4. Quels reproches Cicéron fait-il aux « autres »?

▶ Quels mérites s'accorde-t-il à lui-même?

▶ Défend-il la culture pour elle-même, ou une certaine conception des rapports entre la culture et l'action?

Le poète grec Ménandre, fresque de Pompéi.

VOCABULAIRE

Doctrina

■ **Doctrina**, **ae** (*f.*) est formé sur la racine de **docere** : apprendre, enseigner.

? Vérifiez dans le dictionnaire la construction usuelle de ce verbe. Quelle est la différence de sens avec **discere** (apprendre, étudier) ?

■ **Doctrina** désigne un savoir acquis par une étude méthodique, dans les livres ou auprès de maîtres, et s'oppose souvent à **natura** (ce que l'on sait instinctivement) et à **usus** (ce que l'on apprend par la pratique).

■ Les traductions de **doctrina** sont multiples, selon le contexte :
– le fait d'instruire : « enseignement », « formation (théorique) », « étude » ;
– le contenu de cet enseignement : « doctrine », « théorie » ;
– le résultat de ce travail : « savoir », « culture ».

■ À la même racine se rattachent les adjectifs **docilis** et **doctus**, et les noms **doctor** et **documentum**.

? Étudiez le sens de ces mots et de leurs descendants français : **docile**, **docte**, **docteur**, **document**.

■ Au nombre des **doctrinae**, Cicéron place tout particulièrement les **litterae** : ce terme désigne les activités d'écriture et leurs produits (une lettre à un ami, un document écrit, la littérature, la culture littéraire, etc.).

? Expliquez cette évolution sémantique à partir du singulier **littera, ae** (= une lettre de l'alphabet). Que signifient, en français, les expressions : « avoir des lettres », « faire des études de lettres », « les belles-lettres » ?

TEXTE

Modèles de vertu

Une des fonctions essentielles de la littérature est de conserver la mémoire des grands hommes et de leurs hauts faits, qui deviennent ainsi des modèles (exempla) *pour l'homme d'action.*

1. *in ea persequenda* : *in* + Acc. (*ea* reprend *laudem* et *honestatem*).

2. *parvi ducere* : faire peu de cas de, tenir pour négligeable.

3. *imagines... fortissimorum hominum expressas* : des portraits hauts en relief des hommes les plus valeureux.

Nam, nisi multorum praeceptis multisque litteris mihi ab adulescentia suasissem nihil esse in vita magno opere expetendum nisi laudem atque honestatem, in ea autem persequenda[1] omnes cruciatus corporis, omnia pericula mortis atque exsilia parvi esse ducenda[2], numquam me pro salute vestra in tot ac tantas dimicationes atque in hos profligatorum hominum cotidianos impetus objecissem. Sed pleni omnes sunt libri, plenae sapientium voces, plena exemplorum uetustas : quae jacerent in tenebris omnia, nisi litterarum lumen accederet. Quam multas nobis imagines non solum ad intuendum, verum etiam ad imitandum fortissimorum virorum expressas[3] scriptores et Graeci et Latini reliquerunt ! Quas ego mihi semper in administranda republica proponens animum et mentem meam ipsa cogitatione hominum excellentium conformabam.

Cicéron, *Pro Archia*, 14.

Scipion l'Africain, *Rome, musée Capitolin.*

ÉTUDE

1. Révisez l'adjectif verbal épithète et attribut (*cf.* Grammaire, p. 45 et 51) et classez les différents emplois de cette tournure dans le texte.

2. Quelles nuances de l'expression de l'hypothèse (*cf.* Grammaire, p. 57) expriment les phrases **nisi... suasissem, ... objecissem** et **quae jacerent..., nisi... accederet** ?

3. Quelle différence de sens y a-t-il entre **tot** et **tantas (dimicationes)** ?

▶ À quels événements Cicéron fait-il allusion ?

▶ Montrez que, dans ce texte, Cicéron esquisse, après coup, une justification de son action politique.

TEXTE

L'étude et le talent

Dans la tradition romaine, la culture est loin d'être considérée comme le mérite essentiel des grands hommes : la vertu est un instinct, un talent naturel, elle ne s'apprend pas dans les livres. Est-ce à dire que la culture ne sert à rien ?

Quaeret quispiam : quid ? illi ipsi summi viri, quorum virtutes litteris proditae sunt, istane doctrina, quam tu effers laudibus, eruditi fuerunt ? Difficile est hoc de omnibus confirmare, sed tamen est certum quod respondeam. Ego multos homines excellenti animo ac virtute fuisse et sine doctrina[1], naturae ipsius habitu prope divino, per se ipsos et moderatos et graves exstitisse[2] fateor ; etiam illud adjungo, saepius ad laudem atque virtutem naturam sine doctrina quam sine natura valuisse doctrinam[3]. Atque idem ego hoc contendo, cum ad naturam eximiam et illustrem accesserit ratio quaedam conformatioque doctrinae[4], tum illud nescio quid[5] praeclarum ac singulare solere exsistere.

Cicéron, *Pro Archia*, 15.

1. ***et sine doctrina*** = *etiam sine doctrina*.
2. ***exstitisse*** < *exsisto* : se révéler.
3. Cette proposition infinitive développe ***illud***.
4. ***ratio quaedam conformatioque doctrinae*** : une certaine méthode et une formation que procure l'étude.
5. ***illud nescio quid*** : ce je ne sais quoi.

ÉTUDE

1. Justifiez le subjonctif **respondeam**.

2. Comparez l'ordre des mots dans les expressions **naturam sine doctrina** et **sine natura doctrinam**.

▶ Comment appelle-t-on cette figure de rhétorique ?

▶ Quel effet souligne-t-elle ici ?

3. Quelles thèses Cicéron cherche-t-il à concilier ?

▶ Dans quelle mesure pourrait-il, lui-même, servir d'exemple à l'appui de son raisonnement ?

VERSION

Grands hommes et littérature

Ex hoc esse hunc numero[1], quem patres nostri viderunt, divinum hominem Africanum, ex hoc C. Laelium, L. Furium[2], moderatissimos homines et continentissimos, ex hoc fortissimum virum et illis temporibus doctissimum, Catonem illum senem[3] ; qui profecto si nihil ad percipiendam colendamque virtutem litteris adjuvarentur, numquam se ad earum studium contulissent. Quod si[4] non hic tantus fructus ostenderetur et si ex his studiis delectatio sola peteretur, tamen, ut opinor, hanc animadversionem humanissimam ac liberalissimam judicaretis.

Cicéron, *Pro Archia*, 16.

1. ***Ex hoc numero*** : au nombre des grands hommes qui ont accordé beaucoup de prix à la culture.
2. C. Lélius et L. Furius Philus, amis de Scipion l'Africain et liés au « cercle des Scipions », où l'on appréciait la culture grecque.
3. M. Porcius Cato, dit Caton l'Ancien, qui vécut très vieux.
4. ***Quod si...*** : Or si...

CHAPITRE

12 L'affaire Milon : un bel échec de Cicéron

La violence politique à Rome

Au Ier siècle avant J.-C., les **luttes politiques** à Rome prennent un tour d'une **violence spectaculaire**. Malgré l'allure bien huilée de la République romaine, il y avait des précédents : les revendications de la plèbe, au IVe siècle, s'appuyaient sur des manifestations de rue et des séditions.

Entre 133 et 121, les réformes des Gracques suscitent des troubles, et les deux tribuns finissent assassinés. Par la suite, l'affrontement entre Sylla et Marius provoque la première guerre civile que connut Rome. À tour de rôle, chacun des deux partis, lorsqu'il avait le dessus, fit exécuter beaucoup de ses adversaires, en dressant des listes nommées « proscriptions ». Péniblement rétabli, l'ordre n'allait pas résister aux ambitions de **César** et **Pompée**.

La violence politique se manifeste également par des **procès continuels** que les deux clans intentent à leurs adversaires pour les éliminer. Dans les tribunaux comme au Sénat, les **violences verbales** sont extrêmes : ragots, insultes, calomnies volent bas. Cicéron n'hésite pas à comparer son adversaire d'un jour, Vatinius, à un « serpent qui sort de son trou » et à se moquer de ses varices !

Temps troublés

Le premier triumvirat (61 av. J.-C.), qui associait **César**, **Pompée** et **Crassus**, ébranle la légalité. Les partisans de César, les **réformateurs** (***populares***) et ceux de Pompée, les **conservateurs** (***optimates***) s'affrontent de plus en plus violemment. Les deux leaders affectent de rester dans la légalité, mais agissent indirectement. Ils noyautent la classe politique, disposent d'agents qui manipulent l'opinion, et n'hésitent pas à commanditer des **agressions physiques**. Les **bandes armées** de Clodius et Milon firent ainsi régner la terreur à Rome. Alors que la République est en crise, Cicéron est la cible d'attaques directes de la part de **Clodius**, un homme de main de César, qui le fait condamner à l'exil en 58. Un an plus tard, Cicéron obtient son rappel d'exil, mais se trouve relégué au second plan de la vie politique.

Clodius et Milon

Milon (T. Annius Milo) était un notable originaire de Lanuvium qui, lors de son Tribunat, avait aidé Cicéron à revenir d'exil. Homme à poigne, il recrute un véritable **escadron de gladiateurs** pour affronter les esclaves que, de son côté, Clodius tient à sa solde pour semer le trouble. On assiste à de véritables **batailles rangées** sur le Champ de Mars entre ces deux « milices ». En janvier 52, les deux adversaires se retrouvent face à face : Milon brigue le consulat, avec le soutien des conservateurs, et Clodius la préture, avec le soutien de César...

Le choc fatal

Le 20 janvier 52, les deux chefs de bande se rencontrent sur la via Appia, non loin d'une propriété appartenant à Clodius. Une violente bagarre éclate. **Clodius est blessé**, et, sans doute sur l'ordre de Milon, achevé dans une auberge proche. Son cadavre est ramené à Rome. **Le meurtre suscite une émeute**, les élections sont reportées et **Pompée reçoit les pleins pouvoirs**. Il traduit Milon devant un tribunal d'exception, alors que la ville est en ébullition.

Un procès bâclé...

Cicéron tient à défendre Milon, qui l'a jadis aidé. Le 8 avril 52, il doit plaider dans les vociférations de la foule menaçante, mal contenue par les forces militaires que Pompée a disposées sur le forum. Effrayé, Cicéron oublie toute son éloquence, bredouille une défense peu convaincante et **Milon est condamné**. Il s'exile à Marseille, d'où il fait savoir à Cicéron qu'il vit heureux en dégustant des rougets...

... mais un habile discours

Écrit et publié par Cicéron faute d'avoir été prononcé, le ***Pro Milone*** deviendra paradoxalement le modèle même des maîtres d'éloquence. Quintilien y voit un chef-d'œuvre : la *narratio*, en particulier, est portée aux nues pour sa rapidité, sa clarté et son habileté. L'argumentation – Cicéron soutient que Milon était en état de « légitime défense » – est parfaite. Bref, si l'avocat ne s'était pas défilé, l'accusé aurait peut-être été acquitté...

Poignards, *Rome, musée de la Civilisation romaine.*

TEXTE SUIVI

Un guet-apens

Tout est dans la manière de raconter les faits : pour établir que son client a agi en situation de « légitime défense », Cicéron reconstitue méticuleusement la manière dont – selon lui – **Milon** *a été entraîné dans un piège par son ennemi juré.*

1. Un projet avoué

Res[1] erat minime obscura. Etenim palam dictitabat consulatum Miloni eripi non posse, vitam posse. Significavit hoc saepe in senatu, dixit in contione ; quin etiam[2] M. Favonio, fortissimo viro, quaerenti ex eo qua spe fureret Milone vivo, respondit triduo illum aut summum quadriduo esse periturum ; quam vocem ejus ad hunc M. Catonem statim Favonius detulit.

2. Les calculs de Clodius

Interim cum sciret Clodius (neque enim erat difficile scire) iter solemne[3], legitimum[4], necessarium ante diem XIII Kalendas Februarias[5] Miloni esse Lanuvium[6], [...] Roma subito ipse profectus pridie est, ut ante suum fundum, quod re intellectum est[7], Miloni insidias collocaret, atque ita profectus est, ut contionem turbulentam, in qua ejus furor desideratus est[8], quae illo ipso die habita est, relinqueret ; quam, nisi obire facinoris locum tempusque voluisset, nunquam reliquisset.

1. ***res*** = les intentions de Clodius.
2. ***quin*** (adv.) ***etiam*** : bien plus, il y a mieux.
3. ***solemne*** : annuel.
4. ***legitimum*** : officiel.
5. = le treizième jour avant les Calendes de février, soit le 18 janvier.
6. ***Lanuvium*** : accusatif désignant la destination du voyage (*iter*). Milon préside un collège de prêtres de cette cité.
7. = comme cela a été rendu compréhensible par la suite des événements.
8. = où l'on déplora l'absence de ses fureurs. Antiphrase : Clodius n'avait pas son pareil pour enflammer les assemblées du peuple (*contiones*).

Gladiateurs, mosaïque provenant de Torrenuova, IVe s. ap. J.-C., *Rome, galerie Borghese.*

9. ***id temporis, cum...*** : à une heure où...

10. ***numquam fere*** < *facere solebat*>.

11. ***hic insidiator*** : désigne, par antiphrase, Milon.

3. Milon pris au piège

Milo autem cum in senatu fuisset eo die quoad senatus est dimissus, domum venit ; calceos et vestimenta mutavit ; paulisper, dum se uxor, ut fit, comparat, commoratus est ; dein profectus id temporis, cum[9] jam Clodius, si quidem eo die Romam venturus erat, redire potuisset. Obviam fit ei Clodius expeditus, in equo, nulla raeda, nullis impedimentis, nullis Graecis comitibus, ut solebat, sine uxore, quod nunquam fere[10], cum hic insidiator[11], qui iter illud ad caedem faciendam apparasset, cum uxore veheretur in raeda, paenulatus, magno et impedito et muliebri ac delicato ancillarum puerorumque comitatu.

12. ***adversi*** : en attaquant de face.

13. ***pugnari*** : passif impersonnel (*cf.* Grammaire, p. 17) : on se battait.

14. ***re vera*** : vraiment.

4. La bataille tourne mal

Fit obviam Clodio ante fundum ejus hora fere undecima aut non multo secus. Statim complures cum telis in hunc faciunt de loco superiore impetum, adversi[12] raedarium occidunt. Cum autem hic de raeda, rejecta paenula, desiluisset seque acri animo defenderet, illi, qui erant cum Clodio, gladiis eductis, partim recurrere ad raedam, ut a tergo Milonem adorirentur, partim, quod hunc jam interfectum putarent, caedere incipiunt ejus servos, qui post erant ; ex quibus qui animo fideli in dominum et praesenti fuerunt, partim occisi sunt, partim, cum ad raedam pugnari[13] viderent, domino succurrere prohiberentur, Milonem occisum et ex ipso Clodio audirent et re vera[14] putarent, fecerunt id servi Milonis (dicam enim aperte, non derivandi criminis causa, sed ut factum est), nec imperante nec sciente nec praesente domino, quod suos quisque servos in tali re facere voluisset.

Cicéron, *Pro Milone*, 24-29.

ÉTUDE

1. Qu'implique le choix du démonstratif **hic** pour désigner, au début, Caton, et, dans le reste du texte, Milon ?

2. Détaillez soigneusement, en faisant un schéma, la construction de la dernière (et longue !) phrase.

3. La **narratio** (exposé des faits) du ***Pro Milone*** est un chef-d'œuvre tactique, qu'il faut analyser sans perdre de vue la continuité du texte.

▶ Pourquoi, avant le récit de l'incident, Cicéron rappelle-t-il un étrange aveu de Clodius ?

▶ Quelles indications rendent vraisemblable la préméditation de Clodius ?

▶ Quel présupposé permet de présenter son absence à la **contio** comme un indice ? En quoi le comportement de Milon tend-il à l'innocenter ?

▶ Relevez les éléments qui soulignent, de sa part, l'invraisemblance d'une préméditation d'attentat.

▶ Pourquoi Cicéron oppose-t-il la façon dont Milon et Clodius voyagent sur la via Appia ?

▶ Dans quelle intention Cicéron fait-il allusion aux habitudes de Clodius et utilise-t-il l'antiphrase **hic insidiator** pour évoquer Milon ?

▶ Milon est-il sorti de Rome absolument sans protection ?

4. Dans le récit de la bataille, quels détails rapportés par Cicéron établissent que Clodius a choisi le lieu de l'attentat ?

▶ Quels verbes indiquent que les hommes de Clodius agissent, et que Milon et ses hommes subissent ?

▶ Quel acte recouvre l'euphémisme **fecerunt id servi Milonis** ?

▶ Cicéron peut-il se prévaloir d'**aperte loqui** ?

▶ Montrez qu'au-delà de la légitime défense, l'avocat plaide l'innocence totale de Milon.

▶ Quel argument prépare la dernière phrase ?

5. Cette version des faits vous semble-t-elle convaincante ? N'aurait-il pas été possible de présenter l'affaire de façon plus vraisemblable ?

Voies romaines

*Un **bon réseau routier** est indispensable pour le **commerce**, et pour que les **armées** puissent se déplacer facilement et rapidement. En Grèce, où les cités furent longtemps minuscules, les routes étaient seulement aplanies, ce qui ne convient qu'à de courtes distances. Mais dès la conquête de l'Italie, les Romains surent qu'il leur faudrait circuler sur de vastes espaces…*

Circulez !

◆ La **Ville**, dès l'époque républicaine, est le centre incontournable du pouvoir : c'est pourquoi **tous les chemins mènent à Rome**, et, d'abord, en partent. La première voie romaine construite par décision de l'État fut la **via Appia**, tracée en 312 avant J.-C. par **Appius Claudius**. Elle mène **de Rome au sud de l'Italie**, en passant par Terracine et Capoue. Puis vint la **via Flaminia**, qui traverse l'Apennin vers l'Italie du Nord, et se prolonge par la **via Aemilia** à travers la région d'Italie encore appelée aujourd'hui Émilie. La **via Aurelia** (IIe s. av. J.-C.) conduisait jusqu'à Gênes. La **via Cassia**, vers la Toscane, fut prolongée jusqu'à Bologne.

◆ Ainsi furent rendues accessibles l'**Italie**, la **Gaule cisalpine**, puis la **Gaule transalpine** : la **via Domitia** traverse la Gaule narbonnaise, des itinéraires franchissent les Alpes, **Lugdunum** (Lyon) est le grand carrefour des routes de Gaule.

◆ Par la suite, le réseau s'étendra jusqu'aux confins de l'Empire, atteignant la mer du Nord en traversant la Gaule, le Danube à l'est, la mer Rouge et l'Euphrate en Orient…

La voie idéale

◆ Pour les Romains, la route idéale est absolument rectiligne. On ne suit les vallées que lorsque le relief est trop accidenté, et tout est fait pour aplanir les pentes.

◆ La **chaussée** principale n'est large que de 2, 5 m à 5 m, mais elle est souvent **doublée d'une « piste »** latérale. Après nivellement, on fait une levée de **terre tassée** (***agger***), sur laquelle sont posées plusieurs couches de **graviers** et de **béton**, puis une couverture de **grandes dalles**. La ***via strata*** (**chaussée dallée** : *cf. strada* en italien, *Strasse* en allemand, *street* en anglais) ainsi bâtie est bordée par des fossés, et équipées de ***bornes*** (bornes milliaires) tous les milles qui indiquent souvent le nom du magistrat constructeur et la distance avec les villes proches.

◆ Les **routes « secondaires »** sont simplement **empierrées**. Pour franchir rivières et vallons, on lance de nombreux **ponts** et **viaducs** si solides qu'on peut en voir encore aujourd'hui ou même rouler dessus.

Un chariot, mosaïque d'Ostie.

Au bord des routes

◆ Sur les voies circulent surtout des **chariots** (***raedae***). Les voyageurs n'utilisent la ***litière*** (***lectica***) que pour de courtes distances. Ils peuvent descendre dans des **auberges** (***cauponae, deversoria***) qui ne sont pas toujours bien famées, et rarement confortables.

◆ Si les accidents de la circulation sont rares, il n'est pas impossible de tomber sur des brigands, et aux portes de Rome ou des grandes villes, les « bouchons » ne manquent pas, surtout si la route est étroite.

Vue de la via Appia.

◆ Des **relais de poste** (***mansiones***) procurent des chevaux frais. Auguste crée des **« commissaires aux grand-routes »** (***curatores viarum***) et un système de ***relais*** (***cursus publicus***) pour la poste impériale confiée aux ***tabellarii***, puis élargie à certains plis privés. Ces courriers parcouraient en moyenne 80 km par jour, mais la vitesse ordinaire de voyage n'excédait guère cinq ou six kilomètres à l'heure.

◆ Dans presque toutes les régions de France, on trouve aujourd'hui encore des tronçons de voies romaines, qui ont souvent été utilisés jusqu'à l'époque moderne, ou sont désormais recouverts par des routes plus récentes.

ARRÊT SUR IMAGE

1. Histoire de l'art

La via Appia, comme toutes les routes romaines, est pavée de grosses dalles de pierre de basalte bien visibles encore aujourd'hui. Elle est bordée de trottoirs en terre battue sur lesquels sont élevés des monuments : temples, villas, édifices funéraires. On a retrouvé en particulier le tombeau de Caecilia Metella qui fut érigé à la fin du Ier siècle avant J.-C. Sa forme en tambour, semblable à celle du mausolée d'Auguste, témoigne de l'influence des modèles hellénistiques sur l'architecture funéraire des Romains. Quels monuments peut-on imaginer sur le côté droit de la route ?

2. Art et histoire

Première voie romaine, tracée en 312 avant J.-C. par Appius Claudius qui lui donne son nom, cette route qui menait de Rome à Capoue fut ensuite prolongée jusqu'à Brindisi : la « reine des routes » parcourt une distance de 495 km, au milieu des cyprès, des pins et des oliviers : quels arbres pouvez-vous reconnaître ici ?

3. Techniques et effets

Selon une antique tradition, les Romains ensevelissaient leurs morts hors du *Pomoerium*, enceinte sacrée de la cité, dans des endroits fréquentés, pour rappeler aux passants leur nature mortelle. Sur les seize premiers kilomètres de la via Appia, on a recensé au XIXe siècle des tombeaux de formes et d'époques les plus variées : ronds, en pyramide ou en forme de temple…

Masque d'acteur comique provenant de la villa Adriana, *Rome, musées Capitolins*.

Rire à Rome 3

Rire au théâtre

Du théâtre… sans théâtres Les spectacles, à Rome, n'avaient pas grand-chose à voir avec les représentations théâtrales dont nous avons l'habitude. Ils n'avaient pas lieu en soirée (comment les aurait-on éclairés ?), mais **dans la journée**, et **en plein air**. Pendant longtemps, en effet, les pièces ont été jouées sur une simple **estrade, dressée sur une place publique** et démontée après le spectacle, tandis que les spectateurs s'asseyaient sur des **gradins en bois.**

C'est seulement en 145 avant J.-C., plus de cinquante ans après les débuts du théâtre à Rome, qu'on y édifia un théâtre permanent, imité de ceux des Grecs, mais toujours construit en bois. Et il fallut attendre l'**année 55** pour y voir enfin construire un **théâtre en pierre**, que deux autres allaient suivre, mais pas davantage ; ces édifices allaient en revanche se multiplier dans tout l'Empire, et aujourd'hui encore nous pouvons admirer beaucoup d'entre eux, tels ceux d'Orange, Lyon, Autun ou Saintes en France.

Des spectateurs… sans billets Les représentations théâtrales s'inséraient dans un **programme officiel de « jeux »** (*ludi*), **offerts au peuple par un magistrat** (préteur, édile, etc.), à l'occasion d'une des multiples **fêtes religieuses** qui scandaient la vie des Romains. On n'avait donc pas à payer sa place, et le public de ces **spectacles gratuits** était volontiers bruyant et pas-

LA LANGUE DES COMIQUES

◆ Dans les textes de cette partie, on rencontrera les **particularités** suivantes (signalées par un astérisque*) :

– quand la forme verbale *es* ou *est* suit un mot se terminant par ***-us***, il y a « crase », c'est-à-dire disparition du *s* final et du *e* initial (*fortunatus es* devient ***fortunatu's***) ;

– quand elle suit un mot se terminant par ***-um***, il y a maintien du *m*, mais disparition du *e* (*certum est* devient ***certumst***) ;

– dans la déclinaison du pronom-adjectif *hic* (qui vient de *hi-ce*), la particule *-ce* est souvent maintenue (***hosce*** = *hos*, ***hisce*** = *his*) ; on trouve également ***istunc*** pour *istum*, ***istoc*** pour *isto*, etc.

– le pronom *ipse* se trouve parfois, au nominatif, sous la forme ***ipsus*** ;

– au subjonctif présent du verbe *sum*, ***siem***, ***sies***, ***siet*** = *sim*, *sis*, *sit* ;

– l'infinitif présent passif ou déponent se termine parfois en *-ier* au lieu de *-ri* (***imitarier*** = *imitari*) ;

– les pronoms personnels et les adjectifs possessifs peuvent être renforcés par l'une des deux particules *-met* et *-pte* (*ego**met*** = *ego ipse* ; *meo**pte*** = *meo ipso*) ;

– fréquemment, ***mi*** = *mihi*, ***nil*** = *nihil* ;

– la particule interrogative *-ne* est parfois réduite à sa consonne (***satin*** = *satisne*) ;

– les propositions subordonnées interrogatives indirectes sont indifféremment à l'indicatif ou au subjonctif.

◆ Les personnages emploient volontiers les **jurons** ordinaires des Romains : *edepol*, *pol* : (« par Pollux »), *ecastor* (« par Castor », juron réservé aux femmes), *hercle*, *hercule* (« par Hercule »).

sablement chahuteur. C'était le magistrat lui-même qui finançait ces spectacles, sur sa fortune personnelle – cela faisait partie de ses obligations.
Il s'adressait à un directeur de troupe (***dux*** ou ***dominus gregis***) ou, parfois, lançait un appel d'offre à plusieurs d'entre eux, qu'il mettait en concurrence. Le directeur retenu achetait alors à un auteur la pièce (tragédie ou comédie) qu'il souhaitait représenter, et il en assurait la mise en scène, avec l'aide d'un spécialiste, le « régisseur » (***choragus***), chargé des costumes et des décors (le plus souvent réduits aux façades de deux maisons, peintes sur des toiles tendues devant le mur du fond du théâtre).

Et des comédiens… sans comédiennes

Les acteurs de théâtre étaient pour la plupart des **esclaves**, propriété du directeur de troupe. Jusque vers la fin du Ier siècle avant J.-C., ils se présentaient sur scène le **visage maquillé** et la tête coiffée d'une **perruque**, qui permettait au public de reconnaître chaque « rôle » au premier coup d'œil : elle était blanche pour les hommes âgés, blonde pour les jeunes gens, brune pour les adultes, rousse pour les esclaves.
Le **costume** était un autre élément d'identification immédiate : celui des vieux était blanc, celui des jeunes de couleur vive, et les esclaves portaient une tunique très courte, qui leur permettait de courir et de se démener sur la scène. Quant aux personnages féminins, leur robe était blanche s'il s'agissait d'une femme mariée, mais celle des femmes « de petite vertu » (type fréquent de la comédie) était très voyante, de couleur jaune safran.
Comme en Grèce, **les rôles féminins étaient tenus par des hommes**, dont le visage et les mains étaient simplement blanchis à la chaux, la peau blanche étant pour les Anciens l'apanage des dames. Quant au **masque**, qui symbolise pour nous le théâtre antique, c'était un accessoire grec, qui ne fut adopté à Rome que vers la fin de la République.

Préparatifs d'une représentation théâtrale, mosaïque de Pompéi, Ier s. av. J.-C., *musée archéologique de Naples*.

CHAPITRE

13 À la rencontre des personnages

De qui les Romains riaient-ils ?

On pourrait répondre à cela qu'ils riaient... des Grecs ! Toutes les comédies latines parvenues jusqu'à nous sont présentées ouvertement par Plaute et Térence comme les **traductions latines de pièces grecques** – qui ont disparu. D'où le nom de ***comoedia palliata*** (« comédie en pallium ») donné à ce théâtre, le *pallium* étant une sorte de manteau que l'on portait en Grèce. En fait, plus que de traductions littérales, il s'agit d'**adaptations très libres**, dont l'action se passe **en Grèce** (à Athènes le plus souvent) et les personnages portent pour la plupart des noms grecs. Certes, les Grecs, réputés insouciants, rusés, amateurs de discussions interminables, étaient caricaturés par les Romains, fiers de leur moralité rigoureuse, de leur ardeur à la peine et de leur esprit pratique. Mais ces personnages, s'ils étaient comiques aux yeux des Romains, l'avaient déjà été aux yeux du public athénien : ils étaient drôles par eux-mêmes et surtout taillés « sur mesure » pour animer une intrigue dont le contenu ne varie guère, et qui les met en valeur.

Les sept personnages principaux

On trouve le plus souvent, au centre de l'intrigue, une **séduisante jeune femme** qu'on appelle la « **courtisane** » (en latin, ***meretrix***, « celle qui fait commerce » – de ses charmes, bien entendu). Parfois indépendante, la *meretrix* est le plus souvent une esclave, propriété d'un ***leno*** (**marchand de femmes**, proxénète), qui n'autorise sa fréquentation que moyennant finances. Ou encore sa propre mère, faisant office de ***lena***, organise les amours vénales de la *meretrix*.

La *meretrix* suscite l'amour passionné d'un **jeune homme** (***adulescens***, âge qui va de 17 à 30 ans), jeune adulte parfois indépendant mais désargenté, ou, plus souvent, encore soumis au pouvoir de son père. Celui-ci, qu'on appelle « **le vieux** » (***senex***), est un bon bourgeois qui a fait des frasques dans sa jeunesse, mais qui voit d'un très mauvais œil la coûteuse liaison de son fils.

Pour trouver l'argent nécessaire à ses amours, le jeune homme a recours au service d'un **esclave malin** (***servus callidus***), qui est l'archétype de tous les valets de comédie, à commencer par le Scapin de Molière. On rencontre aussi fréquemment un individu non moins rusé, le « **parasite** » (***parasitus***), qui vit aux crochets de tel ou tel personnage et, toujours affamé, paie ses repas en le couvrant de flatteries ou en devenant son homme à tout faire. Le parasite apporte souvent son aide à l'*adulescens*, mais ne perd jamais de vue ses propres intérêts...

Enfin, un autre personnage traditionnel est le « **militaire** » (***miles***), un mercenaire enrichi par le butin, qui se pose en dangereux rival du jeune homme.

Intrigue et dénouement

Une pièce (***fabula***) offre donc une **histoire d'amour doublée d'une histoire d'argent**, sur fond de **conflit de générations**. L'esclave (ou le parasite) met en œuvre les stratagèmes les plus audacieux pour trouver l'argent nécessaire au jeune homme.

À la fin de la pièce, tout s'arrange : le *leno* et le *miles* sont bernés, le père est escroqué, mais il finit par pardonner à son fils et à l'esclave – d'autant que la *meretrix* se révèle bien souvent être une jeune fille de bonne famille, jadis victime d'un enlèvement, et parfaitement épousable.

D'une pièce à l'autre, on rencontre presque toujours les mêmes rôles traditionnels et les mêmes situations comiques : le public de la *comoedia palliata* aimait se retrouver en terrain familier.

Le triomphe de l'amour

L'esclave et/ou le parasite, astucieux et dynamiques, sont les meneurs de jeu : ce n'est pas d'eux que l'on se moque, mais ce sont eux qui font rire, aux dépens de leurs victimes, dont la défaite est d'autant plus drôle qu'elles détiennent le pouvoir et l'argent.

L'**adulescens** a un statut théâtral est assez ambigu : d'une part, il est sympathique et séduisant (c'est un « jeune premier ») ; d'autre part, il est volontiers geignard et craintif (c'est un « amoureux transi ») – d'ailleurs, pour les Anciens, le seul fait d'être amoureux, surtout d'une *meretrix*, avait quelque chose d'un peu ridicule. Mais la *comoedia palliata* met en scène ce que Marivaux devait appeler « **le triomphe de l'amour** », qui est aussi celui des jeunes sur les vieux, et qui est de surcroît celui de l'esclave ou du parasite, qui se révèlent plus dégourdis que leurs protégés et plus intelligents que leurs victimes.

Les auteurs comiques

Le rire de Plaute

Plaute (254-184) passait, selon le témoignage des Anciens, pour l'auteur de plus de cent comédies. Mais dès l'Antiquité, seules vingt et une étaient considérées comme authentiques et ont été conservées. Elles se caractérisent par un **comique débridé**, avec beaucoup d'**action**, de **mouvement** et de **gags**, et aussi beaucoup de **verve**. Elles comportent en outre de nombreuses **scènes chantées**, qui les rapprochent un peu de nos « comédies musicales » ou de nos opérettes. Ces pièces connurent un grand succès populaire. Le public romain appréciait, chez Plaute, sa « puissance comique » (***vis comica***), et il est effectivement, dans la littérature universelle, l'un des plus grands maîtres du rire. Il a d'ailleurs été, comme Molière pour qui il fut un modèle, chef de troupe, donc, à tous points de vue, un homme du métier.

Le sourire de Térence

Né en 185 avant J.-C. et prématurément disparu à l'âge de 25 ans, Térence n'a écrit que six comédies. Ses personnages et les sujets qu'il traite sont les mêmes que ceux de Plaute, mais la *vis comica* est très atténuée : dans ces comédies **plus élégantes**, destinées à un public plus raffiné, il y a **moins de mouvement**, **moins de verve**, et la musique a presque entièrement disparu. Térence n'a pas vécu dans le même milieu que Plaute : c'est un des poètes attitrés du « cercle des Scipions » qui rassemble, autour de Scipion Émilien, des aristocrates soucieux d'adoucir les mœurs romaines en s'inspirant de la pensée grecque. Voilà pourquoi cet auteur met l'accent sur l'**analyse psychologique** de ses personnages et pose volontiers des **problèmes moraux**, comme celui de l'éducation.

TEXTE

Maladie d'amour…

*Dans cette scène de Plaute, l'***adulescens** *et la* **meretrix**, *nommés* **Phédrome** *et* **Planésie**, *roucoulent dans les bras l'un de l'autre, sous l'œil ironique de l'esclave* **Palinure**.

1. ***quid est quod*** (+ Subj.) : pour quelle raison ?
2. ***erus*** : ton maître (c'est-à-dire le *leno*).
3. ***potior*** : je te vois, je te fréquente.
4. ***quit*** < *queo*.

PLANÉSIE – Anime mi, a me procul amantem abesse haud [consentaneumst* ! (*Elle l'enlace.*)

PHÉDROME – Palinure, Palinure !

PALINURE – Eloquere : quid est quod[1] Palinurum voces ?

PHÉ. – Est lepida !

PAL. – Nimis lepida !

PHÉ. – Sum deus !

PAL. – Immo homo haud magni preti !

PHÉ. – Quid vidisti, aut quid videbis magis diis aequiperabile ?

PAL. – Je vois que tu vas mal, et ça me rend malade.

PHÉ. – C'est toi qui me traites mal ! Tais-toi !

PAL. – C'est se torturer soi-même que de voir celle qu'on aime, et de ne pas s'en saisir tant que c'est possible !

PHÉ. – Là, il a raison. Sûr que c'est ce dont j'ai le plus envie au monde, et depuis longtemps !

PLA. – Tene me, amplectere ergo !

PHÉ. – Hoc etiam est quamobrem cupiam vivere. Quia te prohibet erus[2], clam potior[3].

PLA. – Prohibet ? Nec prohibere quit[4] nec prohibebit, nisi mors meum animum abs te abalienaverit.

PAL. (*à part*) – Franchement, je ne peux m'empêcher de blâmer mon maître. C'est bon, bien sûr, d'aimer un petit peu et raisonnablement, mais pas d'aimer à la folie. Quant à se donner corps et âme à son amour, c'est de la démence pure et simple ! Et c'est pourtant ce qu'il fait !

PHÉ. – Que les rois gardent leurs royaumes, les riches leurs richesses ! qu'ils gardent leurs honneurs, leurs combats, leurs batailles ! Pourvu qu'ils ne soient pas jaloux de moi, qu'ils gardent tout ce qui leur appartient ! […]

PAL. – C'est fichu, je vois que tous deux se meurent d'amour ; Ils sont aussi fous l'un que l'autre. Voyez-vous comme ils s'enlacent ? Ils ne se trouvent jamais assez serrés ! Allez-vous finir par vous décoller ?

Plaute, *Curculio* (« Le Charançon »), acte I, scène 3.

ÉTUDE

1. Analysez avec précision les formes **amplectere** et **eloquere** (*cf.* Grammaire, p. 17).

2. Quels sont les symptômes de la « folie » de Phédrome ? Est-il certain que Planésie soit « folle » de Phédrome ?

3. Quels sont les rapports entre l'esclave Palinure et son jeune maître ? Quel jugement sur la situation Palinure exprime-t-il ?

TEXTE

Père et fils

Le jeune **Charinus** *rappelle comment, se heurtant à la fois à la sévérité du* **senex** *et à la cupidité du* **leno**, *il a dû, jadis, renoncer à ses premières amours.*

CHARINUS – Principio ut ex ephebis[1] aetate exii,
atque animus studio amotust* puerilis meus,
amare valide coepi hic meretricem. Illico
res exsulatum[2] ad illam clam abibat patris :
leno importunus, dominus ejus mulieris,
vi summa quidque ut poterat[3] rapiebat domum.
Objurgare[4] pater haec noctes et dies :
perfidiam, injustitiam lenonum expromere ;
lacerari[5] valide suam rem, illius augerier.
Summo haec clamore ; interdum mussans colloqui[6]
abnuere, negitare adeo me natum suum.
Conclamitare tota urbe et praedicere [...]
sese, extemplo ex ephebis postquam excesserit,
non, ut ego, amori neque desidiae in otio
operam dedisse, neque potestatem sibi
fuisse : adeo arte[7] cohibitum esse se a patre.

Plaute, *Mercator* (« Le Marchand »), acte I, scène I.

1. ***ex ephebis*** : on appelait « éphèbes », à Athènes, les jeunes gens âgés de quinze à vingt ans.

2. *cf.* Grammaire, ci-dessous.

3. ***quidque ut poterat*** : tout ce qu'il pouvait.

4. ***objurgare*** : infinitif de narration.

5. ***lacerari*** : verbe d'une proposition infinitive rattachée à ***expromere*** (il disait que...).

6. ***mussans colloqui*** : il se parlait à lui-même en bougonnant.

7. ***arte*** : adverbe.

GRAMMAIRE

Le supin

■ Le supin est une forme du verbe donnée en dernière position dans les temps primitifs des verbes actifs, car c'est sur le **radical du supin** que se forment les **participes passés passif et futur** :
amo, as, are, avi, atum ► supin : *amatum*

■ Le supin (désinence en ***-um***) s'emploie après un **verbe de mouvement** pour exprimer le **but** ou la **destination** :

Venio **lusum**. Je viens jouer.

Cicero **exsulatum** Roma abire debuit.
Cicéron dut partir de Rome pour s'exiler.

■ Il existe une autre forme du supin, dont la désinence est en ***-u***, et qui ne s'emploie que comme complément de certains adjectifs :
facile/difficile **dictu** facile/difficile à dire

ÉTUDE

1. Le texte comporte deux catégories d'infinitifs : les uns sont des infinitifs de narration, les autres sont les verbes de propositions infinitives, exprimant au style indirect les propos tenus par le père de Charinus.
► Relevez ces infinitifs et répartissez-les dans chacune des deux catégories.

2. Charinus s'adresse au public : quelle est la double fonction de ce monologue ?

3. Quels traits du personnage du **senex** sont ici évoqués par Charinus ?
► Sont-ils surprenants ou conventionnels ?

TEXTE

Masques, fresque provenant de la villa de Livia à Primaporta, Ier s. av. J.-C., *Rome, musée des Thermes.*

Entre père et maîtresse

Chez **Térence**, *le jeune* **Clitiphon**, *qui brûle d'amour pour une* meretrix *indépendante et terriblement cupide, vient de se faire vertement sermonner par son père ; il exhale des plaintes amères.*

CLITIPHON – Quam iniqui sunt patres in omnes adulescentes judices !
Qui aequum esse censent nos jam a pueris illico nasci senes,
neque illarum adfines esse rerum quas fert[1] adulescentia.
Ex sua libidine moderantur, nunc quae est[2], non quae olim fuit.
Mihi si umquam filius erit, ne[3] ille facili me utetur patre,
nam et cognoscendi et ignoscendi dabitur peccati locus[4].
Non ut meus, qui mihi per alium ostendit suam sententiam.
Perii[5], is mihi, ubi adbibit plus paulo, sua quae narrat facinora !
Nunc ait : « periclum ex aliis facito[6], tibi quod ex usu siet* ! »
Astutus ! Ne ille haud scit quam mihi nunc surdo narret fabulam !
Magis nunc me amicae dicta stimulant : « Da mihi ! » atque « Adfer mihi ! »
Cui quod respondeam nihil habeo, neque me quisquamst* miserior. [...]
Car elle est tyrannique, effrontée, fastueuse, dépensière, grande dame !
Et tout ce que j'ai à lui donner, c'est des « D'accord ! », car j'ai honte
De lui avouer que je ne possède rien. Il n'y a pas longtemps
Que j'ai découvert ce fléau, et mon père n'en sait rien encore.

Térence, *Heautontimoroumenos* (« Le Bourreau de soi-même »), acte I, scène 3.

1. ***quas fert*** : que comporte, qu'implique...

2. ***nunc quae est*** = *quae nunc est.*

3. ***ne*** : ici et au vers 10, ce n'est pas une négation, mais une particule affirmative, fréquente chez les comiques : assurément, pour sûr.

4. ***dabitur locus*** = *mihi dabo locum* : je me mettrai en situation, je ferai en sorte de.

5. ***perii*** : je suis mort (si je mens) = ma parole !

6. ***periclum ex aliis facito*** : fais sur autrui des expériences.

ÉTUDE

1. Relevez les subjonctifs du texte et justifiez leur emploi.

2. Quels sont les compléments des comparatifs **plus** (adv.) et **miserior** ? À quel cas sont-ils ?

3. Quels reproches Clitiphon fait-il à son père ?
▶ Vous paraissent-ils fondés ?
▶ De son côté, Clitiphon vous semble-t-il avoir bonne conscience ?

LECTURE

Un jour, mon prince viendra...

*Dans « La Comédie à la cassette » (**Cistellaria**), Plaute met en scène deux **meretrices**, **Sélénie** et **Gymnasie**, ainsi que la mère de cette dernière, nommée **Syra** (« la Syrienne »). Syra est en fait une **lena** : elle n'hésite pas à faire « travailler » sa propre fille, qui pourtant voudrait bien mener une autre vie. Quant à Sélénie, elle a un autre problème...*

GYMNASIE – Il faut bien, maman, que je me conforme à ta volonté.

SYRA – Ma volonté, ce serait que jamais tu ne vieillisses comme moi, et que tu gardes toujours la fraîcheur de tes vingt ans, afin de ruiner un grand nombre d'hommes et de m'enrichir, moi ta mère, sans me coûter jamais rien !

GYM. – Je ferai de mon mieux, mère. Mais dis-moi, ma chère Sélénie, nous sommes là à bavarder, et jamais je ne t'ai vue aussi triste. Pourquoi as-tu perdu ta belle joie de vivre ? Tu es toute pâle ! Dis-nous ce qui ne va pas, et comment nous pouvons t'aider ! Et ne pleure pas : tu vas me faire pleurer aussi.

SÉLÉNIE – Ah ! ma pauvre Gymnasie, je suis au supplice, je suis malade, je dépéris, mon âme me fait mal et mes yeux me font mal et ma souffrance me fait mal : j'ai une maladie du cœur.

GYM. – Comment cela, du cœur ? Tu as un cœur, toi ? Dis-le-moi, je t'en prie ; car les hommes me disent toujours que je n'en ai pas, et que toutes les femmes sont comme moi.

SÉL. – Je ne sais pas si j'en ai un ou non ; mais ce que je sais, c'est que ça me fait mal à l'emplacement du cœur !

GYM. – Je comprends : cette pauvre fille est amoureuse !

SÉL. – Amoureuse, tu crois ? Aimer est-il donc si amer ?

GYM. – Mais oui, bien sûr : l'amour est tout miel et tout fiel à la fois. De la douceur de l'un il nous donne à peine le goût, mais de l'amertume de l'autre il nous abreuve à satiété.

SÉL. – Ah, ma chère Gymnasie, comme tu sais bien décrire le mal qui me consume ! Si seulement je voyais venir le médecin qui seul peut me guérir...

GYM. – Il viendra, j'en suis sûre.

SÉL. – « Il viendra »... Que ce mot est lent quand on aime ! Pourquoi pas « il vient » ? Folle que j'ai été ! Pourquoi a-t-il fallu que je m'attache à lui seul, et que je rêve de passer avec lui toute ma vie ?

SYR. – Mais voyons, ma petite Sélénie, c'est bon pour une bourgeoise d'aimer un seul homme et de le garder toute sa vie, une fois qu'on l'a épousé. Mais pour une courtisane, c'est différent : elle ressemble à une ville, à qui pour subsister il faut un grand nombre d'hommes. Ce qu'il faut, vois-tu, c'est faire semblant d'aimer ! Car si tu aimes pour de bon, alors là, c'est fini : tu ne penses même plus à ton intérêt, car tu ne vois plus que celui du garçon.

Plaute, *Cistellaria*, acte I, scène 1.

ÉTUDE

1. La scène est, à première vue, plus émouvante que comique. Ne présente-t-elle pas cependant des éléments de drôlerie ?

2. Comment les répliques mettent-elles en évidence les caractères des trois personnages ? Quels sont leurs traits principaux ?

TEXTE

Dialogue de sourds

Dans la pièce de Térence intitulée **Adelphoe** *(titre grec signifiant « Les Frères »), le vieux Déméa,* **senex** *impitoyable, a deux fils,* **Eschine** *et* **Ctésiphon** *; mais, n'étant pas assez riche pour les élever tous les deux, il a demandé à son frère* **Micion**, *resté célibataire, d'adopter Eschine. Déméa contraint Ctésiphon à vivre à la dure en lui imposant une stricte discipline ; Micion, au contraire, est un père d'une extrême indulgence : il laisse Eschine faire les quatre cents coups.*

1. ***quid fecerit*** : sous-entendu *rogas*.

2. ***quicquam*** : *cf.* Grammaire, ci-contre.

3. ***quid designavit ?*** : qu'a-t-il fait pour se faire remarquer ?

4. = ***id (factum esse)***.

5. ***scortari*** : courir les filles.

6. ***id laudi ducis*** : tu considères comme un titre de gloire.

7. ***esset... faceremus*** = *fuisset fecissemus*.

DÉMÉA – Ah ! Micion, ça tombe bien : je te cherchais, justement.
MICION – Pourquoi cet air lugubre ?
DÉ. – Tu me le demandes, avec un Eschine comme nous l'avons ?
MI. – Bon, je m'y attendais ! Qu'est-ce qu'il a fait ?
DÉ. – Quid ille fecerit[1], quem neque pudet
quicquam[2], nec metuit quemquam neque legem putat
tenere se ullam ? Nam illa, quae antehac facta sunt,
omitto : modo quid designavit[3] ?
MI. – Quidnam id est ?
DÉ. – Fores effregit atque in aedes inruit
alienas ; ipsum dominum atque omnem familiam
mulcavit usque ad mortem ; eripuit mulierem
quam amabat ! Clamant omnes indignissime
factum esse[4] : huc advenienti quot mihi, Micio,
dixere ! In ore est omni populo. Denique,
si conferendum exemplum est, non fratrem videt
rei dare operam, ruri esse parcum ac sobrium ?
Ah, on ne peut pas dire qu'il lui ressemble !
Je dis cela pour lui, Micion, mais c'est à toi que je le dis,
car c'est toi qui lui permets d'être mauvais !
MI. – Rien n'est plus injuste qu'un homme sans expérience,
qui n'approuve que son propre comportement !
DÉ. – Ce qui veut dire ?
MI. – Que toi, Déméa, tu juges mal tout cela.
Non est flagitium, mihi crede, adulescentulum
scortari[5] neque potare, non est, neque fores
effringere. Haec si neque ego neque tu fecimus,
non sivit egestas facere nos. Tu nunc tibi
id laudi ducis[6], quod tunc fecisti inopia.
Injuriumst* : nam si esset[7] unde id fieret,
faceremus. Et tu illum tuum, si esses homo,
sineres nunc facere, dum per aetatem licet. [...]
DÉ. – Pro Juppiter, tu, homo, adigis me ad insaniam !

Térence, *Adelphoe*, acte I, scène 2.

Acteur comique, statuette en terre cuite provenant de Myrina (Turquie), Ier s. av. J.-C., *musée du Louvre.*

ÉTUDE

1. Le verbe impersonnel **pudet** se construit avec deux accusatifs (**me aliquid pudet** : j'ai honte de quelque chose). Retrouvez cette construction dans le texte.

2. Qu'est-ce qui, dans la façon de parler de Micion et Déméa, souligne l'opposition de leurs caractères ?

3. Micion est **urbanus**, il vit en ville. Et Déméa ? Cela peut-il expliquer leur différence de conception de la vie ? En outre, plus cultivé, Micion fait grand cas de l'**humanitas** (*cf.* **si homo esses**). Qu'est-ce, pour lui, qu'être « humain » ?

4. Qu'est-ce qui rend cette scène comique ?

GRAMMAIRE

Quisquam, quaequam, quidquam (quicquam)

Le pronom-adjectif indéfini **quisquam**, **quaequam**, **quidquam** (**quicquam**) s'emploie après une négation à la place de **nemo**, **nihil** ou **nullus** :

Specto, **nec quidquam** video.
Je regarde, et je ne vois rien.

Noli quemquam timere !
Ne crains personne !

VERSION

La sévérité ne paie pas !

***Déméa** tombe de haut quand il s'aperçoit que **Ctésiphon** non seulement le déteste, mais encore ne vaut pas mieux que ce coureur d'**Eschine** : c'est même à sa demande, et pour lui, que celui-ci a enlevé la jeune femme en question.*

(Micio) suam semper egit vitam in otio, in conviviis,
clemens, placidus ; nulli laedere os[1], adridere omnibus ;
sibi vixit, sibi sumptum fecit : omnes bene dicunt, amant.
Ego, ille agrestis, saevus, tristis, parcus, truculentus, tenax,
duxi uxorem : quam ibi miseriam vidi ! Nati filii [...] [2]
Nunc, exacta aetate, hunc fructum pro labore ab iis fero :
odium. Ille alter sine labore patria potitur commoda ;
illum amant, me fugitant, illi credunt consilia omnia,
illum diligunt, apud illum sunt ambo[3] ; ego desertus sum !

Térence, *Adelphoe*, acte V, scène 1.

1. ***laedere, adridere*** : infinitifs de narration ; ***nulli laedere os*** : il ne heurtait personne de front.
2. Suivent quelques vers où Déméa rappelle tout le souci qu'il s'est fait et tous les efforts qu'il a consentis pour ses fils.
3. Ctésiphon s'est réfugié, avec la *meretrix* enlevée par Eschine, dans la maison de Micion.

TEXTE LECTURE

De Plaute à Molière : « Au voleur ! »

Le **senex** *le plus célèbre de la* comoedia palliata *est sans aucun doute* **Euclion**, *victime du* **servus Strobile**, *dans la pièce de Plaute intitulée « La Comédie à la marmite »* (**Aulularia**). *La marmite en question est bourrée de pièces d'or, et l'avare Euclion l'a soigneusement cachée – jusqu'au jour où Strobile la vole au bénéfice de son jeune maître. Lorsque « le vieux » découvre sa disparition, il laisse éclater son désespoir.*

1. ***cum animo*** = *animo* (construction familière) ; ***certum*** = *certo*.
2. ***mi (= mihi) auxilio sitis*** : portez-moi secours (double datif).
3. ***vestitu et creta*** : sous des vêtements blanchis à la craie, autrement dit « sous des toges blanches », vêtements des gens riches.
4. ***gemiti*** = *gemitus* (génitif).
5. ***famem et pauperiem*** : apposition à ce qui précède.
6. ***egomet… geniumque meum*** : je me suis refusé toute joie, tout plaisir.

Perii, interii, occidi ! Quo curram ? Quo non curram ? Tene, tene ! Quem ? Quis ?
Nescio, nihil video, caecus eo atque equidem quo eam, aut ubi sim, aut qui sim,
nequeo cum animo certum[1] investigare. Obsecro ego vos, mi* auxilio,
oro, obtestor, sitis[2] et hominem demonstretis qui eam abstulerit !
Quid ais tu ? Tibi credere certumst*, nam esse bonum ex vultu cognosco.
Quid est ? Quid ridetis ? Novi omnes : scio fures esse hic complures,
qui vestitu et creta[3] occultant sese atque sedent quasi frugi sint.
Hem, nemo habet horum ? Occidisti ! Dic igitur : quis habet ? Nescis ?
Heu me misere miserum, perii ! Male perditus, pessime ornatus eo,
tantum gemiti[4] et mali maestitiaeque hic dies mi* obtulit, famem et pauperiem[5].
Perditissimus ego sum omnium in terra. Nam quid mi* opus est vita ? Tantum auri
perdidi, quod custodivi sedulo ! Egomet me defraudavi animumque geniumque
meum[6]. Nunc ergo alii laetificantur meo malo et damno. Pati nequeo !

Plaute, *Aulularia*, acte IV, scène 9.

*L'***Avare** *de* **Molière** *imite de très près l'*Aulularia, *et voici ce que devient dans la bouche d'***Harpagon** *le monologue d'*Euclion :

Au voleur ! au voleur ! à l'assassin ! au meurtrier ! Justice, juste Ciel ! Je suis perdu, je suis assassiné, on m'a coupé la gorge, on m'a dérobé mon argent. Qui peut-ce être ? Qu'est-il devenu ? Où est-il ? Où se cache-t-il ? Que ferai-je pour le trouver ? Où courir ? Où ne pas courir ? N'est-il point là ? N'est-il point ici ? Qui est-ce ? Arrête ! Rends-moi mon argent, coquin… (*Il se prend lui-même le bras.*) Ah ! C'est moi. Mon esprit est troublé, et j'ignore qui je suis, où je suis et ce que je fais… Que de gens assemblés ! Je ne jette mes regards sur personne qui ne me donne des soupçons, et tout me semble mon voleur. Eh ! de quoi est-ce qu'on parle là ? De celui qui m'a dérobé ? Quel bruit fait-on là-haut ? Est-ce mon voleur qui y est ? De grâce, si l'on sait des nouvelles de mon voleur, je supplie qu'on m'en dise. N'est-il point caché là parmi vous ? Ils me regardent tous, et se mettent à rire. Allons, vite, des commissaires, des archers, des prévôts, des juges, des gênes, des potences et des bourreaux ! Je veux faire pendre tout le monde ; et si je ne retrouve mon argent, je me pendrai moi-même après.

Molière, *L'Avare*, acte IV, scène 7.

ÉTUDE COMPARÉE

Comparez de près le texte de Plaute et celui de Molière.
Quels éléments de son modèle Molière a-t-il supprimés ? Quels éléments a-t-il conservés ? Quels éléments a-t-il ajoutés ?

TEXTE

Prenez garde, mon général !

*Le **servus callidus**, l'esclave malin, est prêt à tout pour favoriser les amours de son jeune maître. Les poètes comiques comparent volontiers les ruses qu'il manigance avec la tactique d'un général préparant son plan de bataille. Ainsi dans « Le Soldat fanfaron » (**Miles gloriosus**) de Plaute, où l'un des personnages, ami de l'adulescens, s'adresse en ces termes à l'esclave **Palestrion**, dont la ruse est sur le point d'être découverte :*

Viden[1] hostes tibi adesse tuoque tergo obsidium[2]? Consule,
arripe opem auxiliumque ad hanc rem ! Propere hoc[3], non placide decet.
Anteveni aliqua, aliquo saltu circumduce exercitum !
Interclude inimicis commeatum, tibi muni viam
qua cibus commeatusque ad te et legiones tuas
tuto possint pervenire ! Hanc rem age ! Res subitaria est.
Reperi, comminiscere, cedo[4] calidum[5] consilium cito,
quae hic sunt visa ut visa ne sint[6], facta ut facta ne sient* ! [...]
Tu unus si recipere hoc ad te dicis[7], confidentia est
nos inimicos profligare posse.

Plaute, *Miles gloriosus*, acte II, scène 2.

1. ***viden*** = *videsne* = *nonne vides*.
2. allusion aux coups de fouet.
3. ***hoc*** : sous-entendu *agere*.
4. ***cedo*** : donne, dis.
5. ***calidum*** : tout chaud.
6. ***ut ne*** = *ne* ; construire ainsi : *ne visa sint quae visa sunt*.
7. ***tu unus... dicis*** : si tu t'engages à prendre seul l'affaire en main.

Brasero en bronze orné de masques de théâtre, Ier-3e s. ap. J.-C.

ÉTUDE

1. Relevez les impératifs, et donnez les temps primitifs des verbes auxquels ils appartiennent.

2. Relevez et expliquez les emprunts au vocabulaire des manœuvres militaires.

3. Sur quoi repose le comique de ce passage ? Montrez que la proposition infinitive de la dernière phrase renferme une subtile ambiguïté.

LECTURE

Insolence d'esclaves

Dans « La Comédie aux ânes » (**Asinaria**), *Plaute met en scène deux esclaves,* **Léonide** *et* **Libanus**, *qui ont subtilisé à un marchand d'ânes une sacoche pleine d'or, pour « financer » les amours de l'*adulescens **Argyrippe** *et de la* meretrix **Philénie**. *Mais avant de la donner à leur jeune maître, ils lui font subir une pénible épreuve.*

LÉONIDE – Regarde, Argyrippe, il y a plein d'argent dans cette sacoche. Si tu veux, je te la donnerai.

ARGYRIPPE – Que les dieux toujours te protègent, sauveur de ton maître ! Mets-la ici, cette sacoche, pose-la sur mon épaule !

LÉO. – Ah non ! Tu es mon maître, ce n'est pas à toi de porter un tel fardeau à ma place.

ARG. – Mais si, mais si. Débarrasse-toi de cette sacoche, et mets-la sur moi !

LÉO. – Écoute, puisque c'est à ton amie que tu vas la donner, dis-lui de me la demander, de venir traiter avec moi.

PHILÉNIE – Mon cher œil, ma rose, mon cœur, mon petit Léonide, donne-moi l'argent, ne sépare pas deux amants !

LÉO. – Appelle-moi ton petit moineau, ton poulet ; dis-moi que je suis ton petit agneau, ton chevreau, ton petit veau ! Prends-moi par les oreilles, et colle tes lèvres mignonnes sur mes lèvres mignonnes !

ARG. – Quoi ! Tu veux qu'elle t'embrasse, coquin ?

LÉO. – Quel mal y a-t-il à cela ? En tout cas, vous n'aurez rien du tout si vous ne me caressez pas les genoux.

ARG. – D'accord : nécessité fait loi. Caressons-les. (*Philénie et lui s'exécutent.*) Bon, alors ? Tu me donnes ce que je te demande, maintenant ?

LÉO. (*montrant Libanus*) – Ah non ! C'est à lui qu'il faut t'adresser, car c'est lui qui m'a donné la sacoche à garder. (*Il la lance à son camarade.*) Allez, à toi de jouer, maintenant !

LIBANUS – Faisons les cent pas. Maintenant, c'est moi qu'ils vont supplier à leur tour.

ARG. – Je t'en prie, Libanus, donne-moi ces vingt mines ! Tu le vois : je suis amoureux et je n'ai pas un sou.

PHIL. – Mon petit Libanus, ma prunelle d'or, je t'en prie, je ferai tout ce que tu voudras, donne-le-nous, dis, cet argent !

LIB. – Alors appelle-moi ton caneton, ta colombette, ton petit chien ! Fais-moi un collier de tes bras, suspends-toi à mon cou et donne-moi un baiser !

ARG. – Quoi ? Toi aussi, bourreau ?

LIB. – En suis-je donc si indigne, d'après toi ? Tu m'as outragé, mais tu vas me le payer ! Tu vas me servir de cheval, si vraiment tu veux cet argent.

ARG. – Moi, te servir de cheval ?

LIB. – C'est le seul moyen d'avoir l'argent.

ARG. – C'en est fait de moi ! Enfin, bon, d'accord, voici mon dos, grimpe !

LIB. – Voilà comme on les dompte, ces orgueilleux-là ! Mets-toi donc comme tu faisais quand tu étais petit, tu vois ce que je veux dire : à quatre pattes ! (*Argyrippe s'exécute.*) Oui, comme ça, c'est bien, tu es un bon cheval, je n'en ai jamais vu de plus intelligent.

ARG. – Allons, monte, qu'on en finisse !

LIB. – Voilà, ça y est. Mais qu'est-ce que c'est que ça ? C'est ainsi que tu avances ? Allez, au trot, sans quoi je vais réduire ta ration d'orge ! e vais te faire galoper à coups d'éperon, moi ! Bon, ça suffira comme ça, arrête-toi que je descende ! je suis trop bon... Mais la plaisanterie a assez duré.

ARG. – Et maintenant, je te prie ? Allez-vous nous donner 'argent, maintenant que vous vous êtes joués de nous à votre aise ?

LIB. – Oui, mais à condition que tu me dresses une statue et un autel, comme à un dieu...

Plaute, *Asinaria*, acte III, scène 3.

Acteurs sur scène (*servus, meretrix* et *adulescens*), fresque de Pompéi, Ier-3e s. ap. J.-C.

VERSION

Flatteries

Le miles **Pyrgopolinice** *est régulièrement flanqué de son parasite* **Artotrogus**, *qui en rajoute sur les vantardises de son maître...*

PYRGOPOLINICE – Ubi tu es ?
ARTOTROGUS – Eccum ! Edepol vel elephanto in India
quo pacto ei pugno praefregisti bracchium !
PY. – Quid, bracchium ?
AR. – Illud dicere volui : femur !
PY. – At indiligenter iceram...
AR. – Pol* si quidem
conisus esses, per corium, per viscera
perque os elephanti transmineret[1] bracchium !

Plaute, *Miles gloriosus*, I, 1.

1. ***transmineret*** = *transminuisset*.

TEXTE

À bout de souffle

Le **servus callidus**, *dans les comédies, est aussi un* **servus currens**, *qui ne cesse de courir d'un bout à l'autre de la scène pour apporter des nouvelles, bonnes ou mauvaises. Ainsi,* **Acanthion** *se précipite sur la scène sans même apercevoir son maître* **Charinus**...

ACANTHION – Agedum, Acanthio,
abige abs te lassitudinem, cave pigritiae praeverteris[1] !
Simul autem plenis semitis qui advorsum eunt aspellito[2],
detrude, deturba in viam ! Haec disciplina[3] hic pessuma est :
currenti, properanti haud quisquam dignum habet[4] decedere.
Ita tres simitu res agendae sunt, quando unam occeperis :
et currendum et pugnandum et autem jurigandum est in via.
CHARINUS (*à part*) – Quid illuc est, quod ille tam expedite exquirit cursuram sibi ?
Cura est negoti quid sit aut quid nuntiet.
AC. – Nugas ago[5] !
Quam restito, tam[6] maxime res in periclo vertitur.
CHA. (*à part*) – Mali nescioquid nuntiat.
AC. – Genua hunc cursorem[7] deserunt !
Perii ! seditionem facit lien, occupat praecordia !
Perii ! animam nequeo vertere[8], nimis nihili[9] tibicen siem* !
CHA. (*à part*) – At tu edepol sume laciniam atque absterge sudorem tibi !
AC. Numquam edepol omnes balineae mihi hanc lassitudinem eximent !
Domin* an foris dicam esse erum Charinum ?
CHA. (*à part*) – Ego animi pendeo[10] ! [...]
AC. – At etiam asto ? At etiam cesso foribus facere hisce* assulas ?
Aperite aliquis ! Ubi Charinus erus ? Domin* est an foris ?
Num quisquam adire ad ostium dignum arbitratur ?
CHA. (*se montrant*) – Ecce me,
Acanthio, quem quaeris.

Plaute, *Mercator*, acte I, scène 2.

1. *cave pigritiae praeverteris* : tâche de ne pas succomber à la paresse.
2. *aspellito* (impératif) : repousse !
3. *disciplina* : façon de faire.
4. *dignum habere* (+ Inf.) : daigner.
5. *nugas ago* : je perds mon temps.
6. *tam... quam* : plus... plus...
7. *hunc cursorem* : le coureur que je suis.
8. *animam vertere* : reprendre son souffle.
9. *nihili* : qui ne vaut rien, nul.
10. *animi pendeo* : je suis inquiet.

ÉTUDE

1. Décomposez le mot **domin*** (*cf.* p. 112).

2. Relevez, dans les paroles de Charinus, tous les signes qui montrent son affolement et son essoufflement. Quels gestes, quels mouvements, quelles attitudes doit mimer l'acteur pour jouer cette scène ?

3. Acanthion ne voit pas son maître et n'entend pas ses réflexions : quels effets comiques cette situation produit-elle ?

Six siècles après Plaute voit le jour une pièce qui n'appartient pas à la comoedia palliata, *car elle n'est pas d'origine grecque, et elle est écrite en prose. D'auteur inconnu, elle a pour titre* **Querolus** (« *Le Grincheux* »), *et elle présente un personnage savoureux d'esclave mauvais sujet, qui porte le nom mi-grec mi-latin de* **Pantomalus** (« *Cent pour cent mauvais* ») *– tout un programme ! C'est lui qui s'exprime dans les deux textes ci-dessous.*

1. Un esclave mécontent de son maître

Omnes quidem dominos malos esse constat et manifestissimum est. Verum satis expertus sum nihil esse deterius meo[1]. Non quidem periculosus ille est homo, verum ingratus nimium et rancidus. Furtum si admissum domi fuit, exsecratur tamquam aliquod scelus. Si destitui aliquid videt, continuo clamat et maledicit, quam male ! Sedile, mensam, lectum si quis in ignem injicit, festinatio nostra ut solet[2], etiam hic queritur. Tecta si percolunt, si confringuntur fores, omnia[3] ad se revocat, omnia requirit. Hercle* hic non potest ferri ! Expensas rationesque totas propria perscribit manu : quicquid expensum non docetur[4], postulat reddi sibi.

Anonyme, *Querolus*, scène 6.

1. Le maître en question est Querolus lui-même, « le grincheux ».
2. ***festinatio nostra ut solet*** = *ut festinatio nostra solet* = *ut solemus festinantes*.
3. ***omnia*** = *omnes*.
4. ***quicquid expensum non docetur*** : tout ce qui a été dépensé sans justification, toute dépense non justifiée.

2. Un voyage… de désagrément

(suite du texte précédent)

In itinere autem, quam ingratus atque intractabilis est dominus ! Quotiens est antelucanum, primum vino, dein somno indulgemus : hinc primum est jurgium. Postea necesse est ut sequantur plurima turbata et trepida : perquisitio jumentorum, custodum fuga, mulae dispares, juncturae inversae, mulio nec[1] se regens – quando autem aliud fuit ? Sit paulisper patientia, totum istud emendat mora ! At contra Querolus causam ex causa quaerit, aliud ex alio ligat[2]. Movere[3] inutile carpentum non vult neque animal debile, continuoque clamat… O iniqua dominatio !

Ibid., même scène.

1. ***nec*** = *ne… quidem* : ne pas même.
2. ***aliud ex alio ligat*** : il fait le lien entre toutes choses.
3. ***movere*** : emmener.

Acteur comique, mosaïque, Ier s. ap. J.-C., *musée archéologique de Naples*.

L'esclavage antique

Hommes, femmes ou enfants, les esclaves, en Grèce comme à Rome, étaient le plus souvent des ***prisonniers de guerre****, donc des* ***étrangers****, des « barbares » – ce dont témoignent les noms qu'ils portent fréquemment dans les comédies : Syrus, « le Syrien », Libanus, « le Libanais », Geta, « le Gète » (nom d'un peuple danubien). Mais beaucoup d'entre eux étaient des esclaves de la deuxième, voire de la troisième génération, puisque les enfants nés de parents esclaves étaient eux-mêmes de condition servile.*

La chose du maître

◆ Un esclave appartenait en toute propriété à son maître, comme un animal ou un objet : il était « **un outil parlant** » (***instrumentum vocale***), de même qu'un bœuf ou un cheval était « un outil semi-parlant » (*instrumentum semivocale*), et une charrue « un outil muet » (*instrumentum mutum*). Il ne faut pas en déduire que les esclaves étaient systématiquement maltraités : ils ne l'étaient ni plus ni moins que les animaux domestiques, et leurs propriétaires avaient tout intérêt à ce qu'ils soient bien entretenus, de manière à fournir le meilleur travail possible.

◆ Les esclaves étaient occupés à toutes sortes de travaux. À la ville, ils accomplissaient la totalité des **tâches domestiques** et travaillaient aussi comme **ouvriers**. À la campagne, ils faisaient fonction d'**ouvriers agricoles**.

◆ Aussi étaient-ils extrêmement nombreux : **tout citoyen en possédait au moins un** (à moins d'être franchement dans la misère !), et les familles riches en employaient plusieurs dizaines, parfois plusieurs centaines, de sorte que **leur nombre était, au total, supérieur à celui des hommes libres.**

◆ Il arrivait même que des **fonctions importantes** fussent confiées à des esclaves : on cite, à Athènes, un certain Pasion, qui assumait la fonction de **directeur de banque** (son maître en étant bien entendu le propriétaire) ; et, à Rome, les **trésoriers d'associations** étaient obligatoirement des esclaves – parce qu'on avait le droit (en cas d'irrégularité grave ou de disparition de la caisse) de mettre un esclave à la torture pour le faire avouer, ce que l'on ne pouvait faire à un homme libre. De plus, l'esclave n'ayant le droit de rien posséder, l'argent était davantage en sûreté entre ses mains.

◆ Les **esclaves de la maison** – ceux que l'on voit dans les comédies – avaient de bien meilleures conditions de vie : ils étaient proches de leurs maîtres et, comme les domestiques jadis, ils faisaient en quelque sorte partie de la famille. Les nourrices, les « pédagogues », le ***factotum*** avaient le plus souvent vu grandir les enfants du maître, ce qui explique leur complicité et, souvent, leur franc-parler. Mais ils n'échappaient pas plus aux punitions corporelles que les valets de Molière !

Destins d'esclaves

◆ **Les esclaves se révoltaient rarement.** Il y a à cela plusieurs raisons : ils avaient des **origines ethniques très diverses**, surtout dans les grands domaines, ce qui ne permettait guère la réalisation d'une « unité d'action » ; d'autre part, ils étaient **rarement maltraités** au point de se rebeller, tout simplement parce que leurs maîtres y trouvaient leur intérêt ; enfin, les chances de réussite étaient minces et les châtiments en cas de révolte (ou simplement d'évasion) étaient fortement dissuasifs, puisque c'était la **peine de mort**,

L'esclave sur scène

« L'esclave est bien la tête et les jambes de la comédie. Il va, il vient, il court, la tunique relevée pour être plus à l'aise… L'esclave invente, machine, combine. Sa grosse tête est pleine de ruses. Soumis à l'autorité des hommes libres, vieillards et jeunes gens, l'esclave n'a aucune initiative, aucune identité. C'est une machine dans tous les sens du terme. Il n'agit que sur l'impulsion d'un personnage libre… Mais le plus souvent il met sa parole au service du jeune homme et imagine des ruses compliquées qui éloigneront le vieillard de la maison, lui soutireront de l'argent et le rouleront dans la farine. L'esclave allié du jeune homme est le maître du travestissement et du mensonge. Machiniste, metteur en scène, poète, il produit de la comédie à l'intérieur de la comédie… Il réussit ainsi à suspendre un temps le pouvoir des vieillards, le temps éphémère de la comédie. »

Florence Dupont, *L'Acteur roi ou le Théâtre dans la Rome antique*, © Les Belles Lettres, 1985.

Scène de comédie, Ier s. ap. J.-C., Rome, *musée de la Civilisation romaine.*

souvent précédée de **tortures** (flagellation, marquage au fer rouge). Il y eut cependant quelques révoltes, venant des plus malheureux (mineurs, ouvriers agricoles, gladiateurs), la plus célèbre étant celle conduite par **Spartacus** de 73 à 71 avant J.-C.

◆ Enfin, les esclaves, s'ils se conduisaient bien, avaient en perspective l'**affranchissement** (*cf.* p. 162), qui faisait d'eux des hommes libres : ils pouvaient donc échapper à leur condition et n'étaient pas forcément esclaves à perpétuité (à Rome en tout cas, car, chez les Grecs, l'affranchissement était beaucoup plus rare, l'esclave n'étant pas pour eux un être humain). Le système esclavagiste a finalement duré, en Grèce et à Rome, durant dix siècles – du Ve avant J.-C. au Ve après.

ARRÊT SUR IMAGE

1. Histoire de l'art

La sculpture en relief se distingue de la sculpture en rondebosse en ce qu'elle se détache sur un fond uni (monument, mur, sarcophage, etc.). On différencie le bas-relief (moins profond) du haut-relief. Quel type de relief est utilisé ici ?

2. Art et histoire

Ce relief représente une scène de fin de banquet. Une jeune musicienne accompagne les personnages : de quel instrument joue-t-elle ? Sur la droite, deux vieillards pestent contre un jeune homme qui arrive sur la droite, ivre. Il est soutenu par un esclave. À quels détails reconnaît-on qu'il s'agit d'une scène de théâtre, et plus précisément d'une scène de comédie ?

3. Techniques et effets

Étudiez la composition de ce relief : quel personnage occupe le centre de la scène ? Quel effet cela produit-il ? Comment sont disposés les autres ? Comment le sculpteur anime-t-il la scène et lui donne-t-il une dimension réaliste (gestes, mimiques, mise en espace, costumes, etc.) ?

TEXTE LECTURE

Pauvre Sosie : de Plaute

La plus célèbre des comédies de Plaute, **Amphitryon**, *est très différente des autres, car son sujet est mythologique. C'est la légende de la naissance d'Hercule, fils d'une mortelle,* **Alcmène**, *épouse du général* **Amphitryon**, *et de* **Jupiter**, *qui prend l'aspect du général pour passer avec sa fidèle épouse une nuit d'amour… Jupiter est aidé par un autre dieu,* **Mercure**, *qui a pris l'apparence d'un des esclaves d'Amphitryon, nommé* **Sosie**. *Dans cette scène, le vrai et le faux Sosie sont face à face, chacun d'eux affirmant être le vrai…*

MERCURE – Jamais de ma vie tu n'empêcheras que je sois Sosie !
SOSIE – Et toi tu ne m'empêcheras pas d'être moi-même et d'appartenir à notre maître !
MER. – Ce type ne va pas bien.
SOS. – Ce que tu viens de dire, c'est à toi que ça s'applique.
Quoi, je ne suis pas Sosie, l'esclave d'Amphitryon ?
Est-ce que notre navire ne l'a pas amené ici, cette nuit, depuis le port Persique ?
Est-ce que mon maître ne m'a pas lui-même envoyé ici ?
Ne suis-je pas debout devant notre maison ? N'ai-je pas une lanterne à la main ?
Ne suis-je pas en train de parler ? Ne suis-je pas éveillé ? Et ce type, là, ne m'a-t-il pas roué de coups ? Qu'est-ce que j'attends pour entrer dans notre maison ?
MER. – Quid, domum vestram ?
SOS. – Ita enim vero !
MER. – Quin[1] quae dixisti modo
omnia ementitu's* : equidem Sosia Amphitruonis sum.
Nam noctu hac soluta est navis nostra e portu Persico,
et ubi Pterela rex regnavit oppidum expugnavimus
et legiones Teleboarum vi pugnando cepimus
et ipsus* Amphitruo obtruncavit regem Pterelam in proelio.
SOS. – Egomet* mihi non credo, cum illaec* autumare illum audio :
hic quidem certe quae illic sunt res gestae memorat memoriter…
Nescio unde haec hic spectavit. Jam ego hunc decipiam probe.
Ce que j'ai fait tout seul, sans témoin, dans la tente, il sera bien incapable de le dire. Eh bien, si vraiment tu es Sosie, qu'as-tu fait dans la tente, pendant que la bataille faisait rage ? Si tu me le dis, je m'avoue vaincu.
MER. – Il y avait une jarre de vin ; j'y ai rempli un pichet…
SOS. – Il est sur la voie.
MER. – Et ce vin, je l'ai avalé tout pur, tel qu'il était sorti du sein maternel.
SOS. – C'est vrai, que j'ai vidé là-bas un pichet de vin pur. C'est à croire qu'il était caché dedans !
MER. – Alors ? Tu es convaincu, maintenant, que ce n'est pas toi Sosie ?
SOS. – Mais qui suis-je, si je ne suis pas Sosie ?… Pourtant, quand je l'examine, c'est mon portrait craché : même chapeau, même vêtement, même taille, mêmes cheveux, mêmes yeux, même nez, même barbe, tout y est, tout ! C'est un autre moi-même, il n'y a pas de ressemblance… plus ressemblante !

Plaute, *Amphitryon*, acte I, scène 1.

1. ***quin*** : allons donc !

. . . à Molière

Amphitryon *est la pièce de Plaute qui a suscité le plus grand nombre d'imitations ou d'adaptations :* Jean Giraudoux, *en 1927, n'en dénombrait pas moins de 37, lorsqu'il écrivit sur le même sujet une comédie intitulée pour cette raison* Amphitryon 38.
De toutes, la plus célèbre est celle de **Molière**, *dont voici un extrait, correspondant à la partie traduite à la fin de la scène qu'on vient de voir.*

SOSIE – Ce que j'ai fait tout seul, et que n'a vu personne,
À moins d'être moi-même on ne le peut savoir.
Par cette question il faut que je l'étonne :
C'est de quoi le confondre, et nous allons le voir.
Lorsqu'on était aux mains, que fis-tu dans nos tentes,
Où tu courus seul te fourrer ?
MERCURE – D'un jambon...
SOS. – L'y voilà !
MER. – Que j'allai déterrer
Je coupai bravement deux tranches succulentes,
Dont je sus fort bien me bourrer
En joignant à cela d'un vin que l'on ménage
Et dont, avant le goût, les yeux se contentaient,
Je pris un peu de courage
Pour nos gens qui se battaient.
SOS. – Cette preuve sans pareille
En sa faveur conclut bien,
Et l'on n'y peut dire rien,
S'il n'était dans la bouteille.

Molière, *Amphitryon*, acte I, scène 2.

ÉTUDE COMPARÉE

1. Quels traits du caractère de Sosie le texte de Plaute laisse-t-il entrevoir ?
En quoi est-il, fondamentalement, esclave ?

2. Qu'appelle-t-on, en français, un sosie ?

3. Quels procédés comiques animent la scène de Plaute ?

4. Comparez le texte de Plaute et celui de Molière.

TEXTE

À l'attaque !

*La comédie de Térence intitulée « l'Eunuque » (***Eunuchus***) nous présente le* **miles Thrason***, flanqué de son* **parasite, Gnathon** *(en grec, « la mâchoire ») qui doit son nom à son robuste appétit. Thrason a offert à la* **meretrix Thaïs** *une jeune esclave (ici désignée par le mot* virgo*), ce qui n'a pas empêché Thaïs de le mettre à la porte. À la tête de ses esclaves (Donax, Simalio et Syriscus) et du cuisinier* **Sanga***, le militaire attaque la maison pour récupérer son cadeau.*

THRASON – Hancine[1] ego contumeliam tam insignem in me acci-
[piam, Gnatho ?
Mori me satiust* ! – Simalio ! Donax ! Syrisce ! Sequimini !
Primum aedes expugnabo.
GNATHON – Recte.
THR. – Virginem eripiam.
GNA. – Probe.
THR. – Male mulcabo ipsam[2].
GNA. – Pulchre.
THR. – In medium huc agmen cum vecti[3],
[Donax !
Tu, Simalio, in sinistrum cornu ! Tu, Syrisce, in dexterum !
Cedo alios[4] ! Ubi centurio est Sanga et manipulus furum[5] ?
SANGA – Eccum adest. [...]
THR. – Ubi alii ?
SAN. – Qui[6], malum, alii ? Solus Sannio[7] servat domum !
THR. – Tu hosce* instrue ! Ego hic ero, post principia : inde
[omnibus signum dabo.
GNA. – Illud est sapere : ut hosce* instruxit, ipse sibi cavit
[loco[8].
THR. – Idem hoc jam Pyrrhus factitavit.

Térence, *Eunuchus*, acte IV, scène 7.

1. ***hancine*** = *hancne*.
2. ***ipsam*** : désigne ici la *meretrix*.
3. ***cum vecti*** (= *vecte*) : avec une barre de fer.
4. ***cedo alios*** : montre-moi les autres !
5. ***manipulus furum*** : les cuisiniers avaient la réputation d'être des voleurs.
6. ***qui*** (adv. interrogatif) : comment ?
7. **Sannio** : nom de l'esclave de Thaïs.
8. ***cavit loco*** : s'est mis en lieu sûr.

Détail d'un acteur avec un masque comique, *Rome, musée de la Civilisation romaine.*

ÉTUDE

1. Relevez les termes empruntés au vocabulaire de la guerre. En quoi leur emploi, ici, est-il ridicule ?

2. Caractérisez le personnage du **miles** : sa façon de parler, de s'adresser aux autres, de s'agiter, mais aussi ses défauts évidents. En quoi ces caractéristiques contribuent-elles à faire de son apparition sur scène un moment attendu par le public ?

LECTURE

Mauvais quart d'heure pour le « leno »

Le **leno**, *cupide et impitoyable, est le seul personnage odieux de la comédie, et le public se réjouit lorsqu'il est malmené. Dans* **Les Adelphes** *de* Térence, *le jeune* **Eschine** (Aeschinus) *a enlevé de force, avec l'aide de son esclave* **Parménon**, *une* meretrix *qui appartient au* leno **Sannion**. *Celui-ci se lance à la poursuite des deux jeunes gens.*

SANNION – Je vous en conjure, citoyens, portez secours à un malheureux et à un innocent ! Venez à l'aide d'un homme dans la détresse !

ESCHINE (*s'adressant à la jeune femme*) – Maintenant arrête-toi ici tranquillement. Qu'as-tu à regarder en arrière ? Il n'y a plus de danger : tant que je serai là, il ne te touchera pas [...] Tout scélérat qu'il est, il ne s'exposera pas à une seconde raclée.

SAN. – Eschine, écoute, pour que tu n'ailles pas prétendre ignorer quel homme je suis ! Je suis un marchand de femmes...

ESC. – Je le sais !

SAN. – Mais d'une honnêteté absolument parfaite. [...]

ESC. (*à Parménon*) – Passe devant en vitesse, et ouvre la porte !

SAN. – Tu comptes donc mes paroles pour rien ?

ESC. (*à la jeune femme*) – Dépêche-toi d'entrer !

SAN. – Pour sûr je ne permettrai pas...

ESC. – Avance par là, Parménon !

Tu t'es placé trop loin, mets-toi à côté de lui ! Oui, comme ça.

Maintenant veille à ce que tes yeux ne quittent pas d'une seconde les miens, et à mon premier clin d'œil colle-lui ton poing sur la figure !

SAN. – Je voudrais bien voir ça ! (*Il attrape la jeune femme par le bras.*)

ESC. (*à Parménon*) – Fais gaffe !

PAR. (*portant un coup à Sannion*) – Lâche cette femme !

SAN. – Quel ignoble attentat !

ESC. – Il va redoubler, si tu n'y prends garde. (*Parménon récidive.*)

SAN. – Aïe ! aïe ! Pauvre de moi !

ESC. (*à Parménon*) – Je ne t'avais pas fait signe, mais fais erreur plutôt dans ce sens !

SAN. – Non mais... tu te prends pour un roi, Eschine ? De quel droit t'appropries-tu une femme qui m'appartient, puisque je l'ai achetée ? Réponds !

ESC. – Tu n'as pas intérêt à continuer sur ce ton, Sannion, car si tu continues à me taper sur les nerfs, je vais te traîner chez moi et te frapper de verges jusqu'à ce que mort s'ensuive.

SAN. – De verges ! Un homme libre !

ESC. – Parfaitement.

SAN. – Ô l'abominable individu ! Et on prétend que la liberté est la même pour tous !

Térence, *Adelphoe*, acte II, scène 1.

ÉTUDE

1. Quels traits de caractère, rares chez un **adulescens**, présente le jeune Eschine ?

2. Comique de situation (pour le **leno**), de mouvements, de mots : montrez comment Térence, dans cette scène, accumule et compose ces effets.

TEXTE TRADUCTION

À manger, par pitié !

Le personnage du ***parasite*** *est au centre de la pièce de Plaute qui porte le nom de l'un d'entre eux :* **Curculio**, *« le Charançon » – un insecte des plus voraces. Perpétuellement affamé, il n'accepte d'aider son protecteur* **Phédrome** *que moyennant force victuailles. Dans cette scène, il apporte à Phédrome l'argent que celui-ci l'a envoyé chercher, mais il a l'estomac vide, et prétend qu'il ne peut rien faire avant de l'avoir rempli.*

PHÉDROME – O mea opportunitas,
Curculio exoptate, salve !
CURCULIO – Salve.
PHÉ. – Salvum gaudeo
te advenire. Cedo tuam mihi dexteram ! Ubi sunt spes meae ?
Eloquere, obsecro hercle.
CUR. – Eloquere, te obsecro : ubi sunt meae ?
PHÉ. – Quid tibi est ?
CUR. – Tenebrae oboriuntur, genua inedia succidunt.
PHÉ. – Lassitudine hercle, credo.
CUR. – Retine, retine me, obsecro !
PHÉ. – Viden* ut expalluit ? Datin* isti sellam ubi assidat cito,
et aqualem cum aqua ? Properatin* ocius ?
CUR. – Animo male est.
PHÉ. – Vin* aquam ?
CUR. – Si frustulenta est, da, obsecro hercle, obsorbeam ! [...]
PHÉ. – Jam edes aliquid.
CUR. – Nolo hercle aliquid. Certum quam aliquid mavolo.
PHÉ. – Immo si scias reliquiae quae sint !
CUR. – Scire nimis libet
ubi sient ; nam illis conventis sane opus est meis dentibus.
PHÉ. – Pernam, abdomen, sumen suis, glandium...
CUR. – Ais tu omnia haec ?
In carnario fortasse dicis ?
PHÉ. – Immo in lancibus !
Quae tibi sunt parata, postquam scimus venturum. [...]
CUR. – Atque aliquid prius obtrudamus, pernam, sumen, glandium ;
haec sunt ventri stabilimenta ; panem et assa bubula,
poculum grande, olla magna, ut satis consilia suppetant !

Plaute, *Curculio*, acte II, scène 3.

ÉTUDE

1. En reprenant groupe de mots par groupe de mots le texte latin, justifiez sa traduction.

2. Étudiez les sources du comique dans cette scène.

3. Quelle structure de la société romaine rendait plus vraisemblable, à Rome, le rôle du « pique-assiette » ?

PHÉDROME – Ô *ma bonne* Fortune, *mon Charançon tant attendu, salut !*
CURCULIO – *Salut.*
PHÉ. – *Je suis heureux que tu reviennes sain et sauf.* Où *en sont mes espérances ? Dis-le-moi, je t'en supplie.*
CUR. – *Et les miennes, dis-le moi, je t'en supplie, où en sont-elles ?*
PHÉ. – *Qu'est-ce que tu as ?*
CUR. – *Je n'y vois plus clair, mes genoux fléchissent tant j'ai faim.*
PHÉ. – *Parbleu, c'est la fatigue, je pense.*
CUR. – *Soutiens-moi, soutiens-moi, de grâce !*
PHÉ. – (à l'esclave Palinure) *Vois-tu comme il a pâli ? Veux-tu lui donner un siège pour qu'il s'asseye, et une cruche avec de l'eau ! Tu te dépêches un peu ?*
CUR. – *Je vais me trouver mal.*
PHÉ. – *Veux-tu de l'eau ?*
CUR. – *Si elle est pleine de morceaux de viande, donne-la, je t'en supplie, que je l'avale !*
PHÉ. – *Tout à l'heure tu auras quelque chose à manger.*
CUR. – *Ce n'est pas « quelque chose » que je veux. J'aime mieux du certain que du « quelque chose ».*
PHÉ. – *Oui, mais si tu savais quelles provisions il y a !*
CUR. – *Je brûle d'envie de savoir où elles sont ; car mes dents ont grand besoin de les rencontrer.*
PHÉ. – [Nous avons] *du jambon, de la poitrine, de la tétine de truie, de la langue.*
CUR. – *Tout cela, dis-tu ? Tu veux dire au saloir ?*
PHÉ. – *Non, sur des plats ! Ils ont été préparés pour toi dès que nous avons appris ton arrivée.*
CUR. – *Eh bien, commençons par nous fourrer quelque chose dans la panse, un jambon, de la tétine, de la langue ; c'est cela qui soutient l'estomac ; et puis du pain, un rôti de bœuf, une immense coupe, une grande marmite, pour que je retrouve mes esprits !*

VERSION

Parasite, et fier de l'être

Le parasite du **Querolus** (cf. *p.* 127), **Mandrogerus**, *loin de gémir comme la plupart de ses congénères, prononce une superbe profession de foi, adressée aux deux autres parasites de la pièce, dont il est le « professeur » et le maître à penser.*

Multum sese aliqui laudant qui vel pugnaces feras vel fugaces bestias aut vestigiis insequuntur aut in cubilibus deprehendunt aut casu opprimunt. Quanto mihi majus est ingenium et lucrum, qui homines venor publice ! Sed quos homines ? Divites et potentes et litteratos maxime. Mandrogerus ego sum, parasitorum omnium longe praestantissimus. Olla quaedam hic jacet, cujus odorem mihi trans maria ventus detulit[1] [...] Quid miramini ? Aurum est quod sequor, hoc est quod ultra maria et terras olet.

Anonyme, *Querolus*, scène 3.

1. ***trans maria ventus detulit*** : le parasite arrive d'Orient.

CHAPITRE

14

Plaute, « Mostellaria »

Gare au fantôme

Le mot latin ***mostellum***, diminutif de *monstrum*, désignait un fantôme ; d'où le titre de cette pièce (*fabula*) ***Mostellaria***, « La Comédie du fantôme ». En l'absence de son père, le *senex* **Théopropide**, qui est parti depuis plusieurs années en Égypte pour affaires, l'*adulescens* **Philolachès** a emprunté une grosse somme d'argent à un usurier pour affranchir la *meretrix* **Philématie**, dont il est follement épris. Depuis lors, il file avec elle le parfait amour dans la maison familiale, en compagnie de son copain **Callidamate**, un joyeux luron, qui a pour maîtresse **Delphie**, une autre *meretrix*. Mais voilà qu'un beau jour, sans s'être annoncé, le père revient : c'est le *servus* **Tranion** qui l'a aperçu à sa descente du bateau, et qui va, bien entendu, essayer, à l'aide d'un fantôme, de sauver une situation à première vue désespérée.

Le résumé de Plaute

Les comédies latines sont toujours précédées, dans les manuscrits qui nous les ont transmises, par un résumé de l'intrigue (argumentum), *correspondant à ce que, pour un film, on appelle le synopsis. Voici, suivi de sa traduction, celui que* Plaute *(ou l'un de ses éditeurs anciens) a écrit, en vers, pour faire apparaître en acrostiche le titre de la pièce.*

Manu misit emptos suos amores Philolaches,
Omnemque absente rem suo absumit patre.
Senem, ut revenit, ludificatur Tranio ;
Terrifica monstra dicit fieri in aedibus
Et inde pridem emigratum. Intervenit
Lucripeta fenus fenerator postulans,
Ludusque rursum fit senex ; nam mutuum
Acceptum dicit pignus emptis aedibus.
Requirit quae sint : ait vicini proxumi.
Inspectat illas. Post se derisum dolet ;
Ab sui sodale gnati exoratur tamen.

Philolachès, après avoir racheté la femme qu'il aime, l'a affranchie, et, en l'absence de son père, il dévore tout son bien. Quand le vieux est de retour, Tranion se joue de lui en lui disant qu'il y a dans la maison des fantômes effrayants, et qu'à cause de cela on a déménagé. Survient un usurier âpre au gain, qui réclame ses intérêts, et « le vieux » est à nouveau mystifié ; car < Tranion > lui dit qu'un emprunt a été fait pour acheter une maison. Il demande laquelle : c'est, dit Tranion, celle du voisin d'à côté. Il la visite. Après quoi il se fâche d'avoir été berné, mais il se laisse fléchir par un camarade de son fils.

Scène de banquet : un jeune homme et une courtisane, fresque d'Herculanum, Ier-3e s. ap. J.-C., *musée archéologique de Naples*.

Un peu de métrique

Comme toutes les pièces de Plaute, la *Mostellaria* est une comédie très largement **musicale**. On y trouve **trois catégories de scènes** :

– les scènes **parlées** (*diverbia*) sur le ton normal de la conversation, écrites en **sénaires iambiques** dont le schéma type est : ⏑ – | ⏑ – | ⏑ – | ⏑ – | ⏑ – | ⏑ –

– les scènes **déclamées** sur un ton emphatique (le « récitatif »), avec un accompagnement de flûte, écrites le plus souvent en **septénaires trochaïques** dont le schéma est le suivant : – ⏑ | – ⏑ | – ⏑ | – ⏑ | – ⏑ | – ⏑ | – ⏑ | –

– les scènes **chantées** (*cantica*), qui étaient également accompagnées par la flûte, et écrites dans des vers extrêmement variés.

(Nous vous indiquerons au début de chaque scène à quelle catégorie elle appartient.)

► **Reportez-vous au point Méthode « Lire les textes poétiques », p. 62.**

Une pièce réussie

« Ce n'est ni par l'originalité des personnages que brille la pièce, ni par la nouveauté de la situation… Et pourtant il n'empêche que la *Mostellaria* soit une des meilleures comédies de Plaute, une de celles où son don du rire s'affirme avec le plus de maîtrise. C'est que l'action y est menée à un train qui jamais ne laisse reposer le spectateur, et fait songer aux vaudevilles de Feydeau, où tout s'enchaîne avec une logique implacable. C'est que les situations comiques se succèdent avec une variété toujours renouvelée. C'est que tous les personnages y sont campés avec un brio, un relief et un naturel inimitables, et qu'aucun d'eux n'est sacrifié : même les rôles épisodiques ont leur couleur. C'est enfin que le style s'adapte merveilleusement à toutes les circonstances comme à tous les personnages. »

A. Ernout, *Introduction à la* Mostellaria,
C.U.F., © Les Belles Lettres.

TEXTE SUIVI

Querelle d'esclaves

Dans la Mostellaria, *il y a deux* adulescentes, *deux* meretrices *et deux esclaves. La pièce s'ouvre sur une dispute entre* **Tranion**, *esclave de la ville, toujours prêt à favoriser les fredaines du jeune homme, et* **Grumion**, *qui travaille à la ferme du* senex. *Grumion, entièrement dévoué au vieux maître, est scandalisé par le comportement de son camarade. Dans cette scène, il administre une sévère leçon de morale à Tranion, qui lui réplique vertement.*

Scène « parlée » : sénaires iambiques

1. ***copro*** (ablatif) : fumier (terme grec maintenu dans le texte latin).
2. ***facetis victibus*** : sous-entendu *vivere*, à tirer de ***vivis***.
3. ***videre*** : attention à cette forme qui n'est pas l'infinitif de *video* !
4. ***bubulcitarier*** (= ***ari***) : garder les vaches.

GRUMION – Ah vraiment, bon à rien de citadin, tu me reproches ma campagne ? Mais avant peu, Tranion, tu seras envoyé au moulin, et tu viendras grossir aux champs notre nombre, à nous autres, engeance bonne pour les fers ! En attendant, tant que tu le peux, bois tout ton soûl, dissipe le bien du maître, pervertis son fils, un garçon bien sous tous rapports ; passez à boire vos jours et vos nuits, vivez à la grecque, achetez des filles, affranchissez-les, engraissez des parasites ! C'est cela, la mission dont t'a chargé le vieux maître, en partant pour l'étranger ? C'est ainsi qu'il s'attend à trouver son bien géré, à son retour ? Tu penses que c'est le devoir d'un bon serviteur que de perdre à la fois le bien et le fils de son maître ?

TRANION – At te Juppiter
dique omnes perdant ! Fufae ! Oluisti alium,
germana inluvies, rusticus, hircus, hara suis,
caenum copro[1] commixtum !
GR. – Quid vis fieri ?
Non omnes possunt olere unguenta exotica,
Neque tam facetis, quam tu vivis, victibus[2] !
Tu tibi istos habeas turtures, pisces, aves !
Sine me aliatum fungi fortunas meas :
Tu fortunatu's*, ego miser, patienda sunt [...]
TR. – Quasi invidere mihi hoc videre[3], Grumio,
quia mihi bene est et tibi male est. Dignissimumst* :
decet me amare et te bubulcitarier*[4],
me victitare pulchre, te miseris modis.

Plaute, *Mostellaria*, acte I, scène 1.

ÉTUDE

1. Dans le discours traduit de Grumion, comment est caractérisé le mode de vie de Tranion et de son jeune maître ? L'expression « vivre à la grecque » (**pergraecari**), qui résume ce mode de vie, figurait-elle déjà, à votre avis, dans la comédie grecque traduite ou adaptée par Plaute ?

2. Dans le même passage, que signifie l'allusion au « moulin » et aux « fers » ?

3. La ville et la campagne constituent ici deux espaces nettement opposés l'un à l'autre.
▶ Quelles sont les caractéristiques de chacun ?

4. Un numéro de cirque traditionnel est « l'entrée des clowns » : dans quelle mesure cette expression peut-elle être appliquée à cette scène ?

TEXTE SUIVI

Les remords d'un amoureux

Dans un long **canticum** *en forme de complainte, le jeune* **Philolachès** *vient de comparer l'être humain à un édifice : tant qu'il est bien entretenu, il reste en bon état ; mais si le propriétaire se montre négligent, il ne tarde pas à se dégrader, jusqu'au jour où la pluie détrempe les murs et pourrit la charpente. C'est, poursuit-il, ce qui lui est arrivé : sa fainéantise l'a perdu en anéantissant en lui toute vertu. Et c'est alors que, dans son cœur déjà malade, est survenu l'amour…*

Scène chantée : mètres variés

Continuo, pro imbre, amor advenit.
Is usque in pectus permanavit, permadefecit cor meum ;
Nunc simul res, fides, fama, virtus, decus
Deseruerunt : ego sum in usu factus nimio nequior[1].
Atque, edepol* ! ita haec[2] tigna umiditate putent[3] : non videor mihi
sarcire posse aedes meas, quin[4] totae perpetuae ruant !
Cor dolet, cum scio[5] ut nunc sum atque ut fui,
quo neque industrior[6] de juventute erat
quisquam nec clarior arte gymnastica :
disco, hastis, pila, cursu, armis, equo
victitabam volup[7].
Parsimonia et duritia disciplinae aliis eram[8] ;
optimi quique[9] expetebant a me doctrinam sibi.
Nunc, postquam nihili sum[10], id vero meopte* ingenio repperi.

Plaute, *Mostellaria*, acte I, scène 2.

1. ***in usu nequior*** : bon à rien.

2. ***haec*** = *mea*.

3. ***putent*** : de *puteo* et non de *puto*.

4. ***quin*** : sans que.

5. ***scio*** = *video*.

6. ***quo*** (complément du comparatif)… ***industrior*** : moi que personne ne surpassait en énergie.

7. ***victitabam volup*** : chaque jour de ma vie, je me régalais.

8. ***disciplinae*** (= ***exemplo***) ***aliis eram*** (double datif) : je donnais l'exemple aux autres.

9. ***optimi quique*** : *cf.* Grammaire ci-dessous.

10. ***nunc postquam nihili sum*** : maintenant que je ne vaux plus rien.

ÉTUDE

1. Relevez, dans les six premiers vers, les termes « filant » la métaphore de la pluie.

2. La mélancolie de Philolachès permet d'opposer deux styles de vie : lequel des deux correspond au **mos majorum** des Romains ?

GRAMMAIRE

Expressions courantes avec le superlatif

- **Quam + superlatif** : le plus… possible.

Rem tibi **quam brevissime** narrabo. Je vais te raconter l'affaire le plus brièvement possible.

- **Superlatif + quisque** : tous les plus…, les plus…

Optimum quemque militem elegit dux.
Le général choisit (tous) les meilleurs soldats.

TEXTE SUIVI

La belle et sa servante

***Philolachès** n'a pas plutôt achevé son monologue qu'il voit sortir de chez elle, accompagnée de sa servante **Scapha**, la belle **Philématie**, qui habite la maison voisine de la sienne. Il se dissimule pour écouter leur conversation, qu'il va commenter par des « apartés » (donnés ci-dessous en traduction).*

Scène en « *récitatif* » : *septénaires iambiques*

1. ***amabo*** : s'il te plaît.
2. ***cum*** : introduit la subordonnée dont ***es*** est le verbe (en poésie, il est fréquent que le mot introducteur d'une subordonnée se trouve à l'intérieur de celle-ci).
3. ***ut*** : *cf.* note précédente.
4. ***morem gerere alicui*** : se plier aux désirs de quelqu'un.

PHILÉMATIE – Contempla, amabo[1], mea Scapha, satin* haec me [vestis deceat.
Volo me placere Philolachi, meo ocello, meo patrono.
SCAPHA – Quid te exornas, moribus lepidis cum[2] lepida tute es ?
Non vestem amatores amant mulieris, sed vestis fartum !
PHILOLACHÈS – L'aimable femme que cette Scapha ! Elle s'y connaît, la coquine, et elle s'y entend à saisir les plus secrètes pensées des amants. [...]
Virtute formae id evenit, te ut[3] deceat quicquid habeas.
PHILO. – Voilà une parole, Scapha, qui te vaudra aujourd'hui un cadeau de ma part. Je tiens à récompenser le compliment que tu viens de faire à ma chérie. [...]
SCA. – Equidem pol* miror tam catam, tam cordatam et bene doctam nunc stultam stulte facere.
PHILE. – Quin mone, quaeso, si quid erro.
SCA. – Tu ecastor* erras, quae quidem illum expectas unum, atque illi morem praecipue sic geras[4], atque alios asperneris.
Matronae, non meretricium est unum inservire amantem !
PHILO. – Par Jupiter, quelle peste ! Que tous les dieux me fassent périr de male mort, si je ne fais pas périr, moi, cette vieille de soif, de faim et de froid ! [...]
PHILÉ. – Nolo ego mihi mala te, Scapha, praecipere.
SCA. – Stulta es plane,
quae illum tibi aeternum putes fore amicum et benevolentem.
Moneo ego te : te ille deseret aetate et satietate.
PHILÉ. – J'espère bien que non !
SCA. – Insperata accidunt magis saepe quam quae speres !

Plaute, *Mostellaria*, acte I, scène 3.

ÉTUDE

1. Dans quelle mesure ce dialogue est-il antithétique de celui qui opposait, dans la première scène, Grumion et Tranion (p. 138) ?

2. Quelle est l'originalité du personnage de Scapha ?

3. Quel est le principal ressort comique de la scène ?

▶ Quelle utilisation Plaute fait-il des « apartés » de Philolachès ?

▶ Quel rôle ce procédé fait-il jouer au spectateur ?

TEXTE SUIVI

À la vôtre !

***Callidamate**, un joyeux drille, porté sur la boisson autant que sur les filles, arrive en titubant chez son ami* (sodalis) ***Philolachès**, accompagné de sa maîtresse la* meretrix ***Delphie**.*

Scène chantée : mètres variés

1. ***commissatum ibo*** : *cf.* Grammaire, p. 117.

2. ***accipient*** (3e pers. du pluriel à valeur d'impersonnel) : on.

3. ***illi*** (adv.) : là-bas.

4. ***lectus*** : il s'agit du lit de table, où l'on s'allongeait pour dîner.

5. ***cedo*** (impératif) : donne !

6. ***accuba*** : couche-toi (sur le lit) = prends place à table.

CALLIDAMATE – Nunc comissatum ibo[1] ad Philolachetem,
ubi nos hilari ingenio et lepide accipient[2].
Ecquid tibi videor ma-m-ma-madere ?
DELPHIE – Semper istoc* modo es [...]
CAL. – Visne ego te et tu me amplectare ?
DEL. – Si tibi cordi est facere, licet.
CAL. – Lepida es !
Duce me, amabo.
DEL. – Cave ne cadas, adsta !
CAL. – O-o-ocellus es meus ; tuus sum alumnus, mel meum.
DEL. – Cave modo ne prius in via accumbas
quam illi[3], ubi lectus[4] est stratus, coimus !
CAL. – Sine, sine cadere me ! [...]
DEL. – Madet homo.
CAL. – Tu me ais ma-m-ma-madere ?
DEL. – Cedo[5] manum : nolo equidem te adfligi. [...]
CAL. – Ecquis hic est ?
PHILOLACHÈS – Adest.
CAL. – Eu, Philolaches !
Salve, amicissime mi* omnium hominum !
PHILO. – Di te ament ! Accuba[6], Callidamates.

Plaute, *Mostellaria*, acte I, scène 4.

ÉTUDE

1. Par quoi se manifeste dans le texte l'ivresse du personnage ?

2. Imaginez le jeu des acteurs au cours de cette scène.

VOCABULAIRE

Quelques verbes en -eo, -es, -ere

Comme de nombreux verbes en **-eo/-ere, madere** désigne non une action, mais un **état** : « être imbibé » (comme une éponge) ; d'où « être imbibé de vin ». « S'imprégner, s'enivrer » se dit **madesco, ere**. De même :

- **doleo, es, ere** : être souffrant.
- **maneo, es, ere** : rester, demeurer.
- **jaceo, es, ere** : être à terre, être abattu.
- **stupeo, es, ere** : être stupéfait.
- **sedeo, es, ere** : être assis.
- **taceo, es, ere** ou **sileo, es, ere** : être muet, rester silencieux.
- **lateo, es, ere** : être caché /**latesco, is, ere** : se cacher.
- **paveo, es, ere** : être épouvanté /**pavesco, is, ere** : s'effrayer.
- **horreo, es, ere** : être hérissé, effrayé /**horresco, is, ere** : se hérisser, s'effrayer.
- **pateo, es, ere** : être ouvert, visible /**patesco, is, ere** : s'ouvrir, se révéler.

Les théâtres romains

Vers la fin de la République et surtout à l'époque impériale, on a construit, en Italie et dans toutes les provinces, de nombreux théâtres en pierre, dont un grand nombre subsistent aujourd'hui, parfois presque intacts.

Le modèle grec

◆ Pour construire leurs théâtres, les Romains se sont inspirés de ceux que les Grecs connaissaient depuis le IVe siècle avant J.-C., tout en leur apportant un certain nombre de modifications.

◆ Les théâtres grecs étaient le plus souvent adossés à une colline creusée en hémicycle, et comprenaient trois parties : des **gradins** entourés d'un mur, une **scène**, plate-forme de un à deux mètres de hauteur, où évoluaient les acteurs, et, entre la scène et les gradins un espace circulaire, appelé ***orchestra***, où prenait place le « chœur », chargé d'interpréter les très nombreux développements musicaux. On accédait aux gradins, à partir des deux entrées situées de chaque côté de l'*orchestra*, en empruntant des escaliers répartis à intervalles réguliers.

◆ Derrière la scène s'élevait le « mur de scène », sur lequel était peint un décor très simple et qui était percé de portes ; les loges des acteurs se trouvaient derrière ce mur. Au centre de l'orchestre se dressait l'autel de Dionysos, le dieu présidant aux représentations théâtrales, qui étaient de véritables cérémonies religieuses ; le chœur évoluait autour de cet autel.

L'imitation romaine

◆ Les **théâtres romains** sont rarement adossés à une colline (bien que cela arrive, par exemple à Orange) : ils sont en général construits en terrain plat. Les gradins sont soutenus par des murs, qui présentent extérieurement une imposante façade ornée de colonnades et percée de portes par lesquelles entrent les spectateurs.

◆ L'**enceinte**, plus étroite que celle des Grecs, forme exactement un demi-cercle. Enfin, le **chœur** prend place sur la scène, et l'**orchestre** est occupé par des sièges confortables, réservés aux sénateurs et aux magistrats – c'est de là que vient notre expression « fauteuils d'orchestre ». Le reste du public prend place, comme en Grèce, sur les **gradins** de la « salle » (*cavea*), divisés en sections concentriques par des murets et des paliers. Le petit peuple et les esclaves occupent les gradins du haut.

◆ Les théâtres romains étaient, comme ceux des Grecs, à **ciel ouvert** ; néanmoins la scène était couverte d'un toit, et la *cavea* recevait souvent la protection d'une grande toile, le *velarium*, qui pouvait abriter les spectateurs. Les dimensions de ces théâtres apparaissent considérables : c'est ainsi que ceux d'Arles et d'Orange, en Provence, ont un diamètre d'une centaine de mètres et peuvent accueillir plus de 7 000 spectateurs.

◆ L'**acoustique** de ces édifices était excellente. Pour l'améliorer, des « vases de résonance » en bronze étaient placés à différents endroits. En outre, l'estrade scénique en bois jouait aussi le rôle de « caisse de résonance ».

Un répertoire populaire

◆ Dans ces théâtres grandioses, on ne jouait probablement pas les comédies de Plaute et de Térence, ni les tragédies qui furent composées à la même époque. Le grand public préférait des spectacles plus accessibles auxquels on donnait le nom de « **mimes** » – un mot qui

Statue occupant la niche située au-dessous de la partie centrale (gros-plan du théâtre d'Orange).

Théâtre d'Orange, époque d'Auguste.

n'avait pas du tout le sens qu'il a pris aujourd'hui : il signifiait « imitation », car ce théâtre « imitait » de très près la réalité, même sur des intrigues souvent mythologiques. On s'y exprimait généralement en prose. L'érotisme y tenait une large place. Les rôles féminins y étaient tenus par des actrices, qu'on appelait les ***mimulae*** et qui avaient une réputation de grande légèreté !

◆ Peut-être retrouvait-on ainsi l'ancienne tradition de « **l'atellane** » (du nom d'une ville des environs de Naples). Ces farces mettaient en scène des personnages pittoresques (Maccus, Pappus, Dossenus), qui préfigurent Arlequin, Pantalon et Polichinelle de la *commedia dell'arte*. Malheureusement, nous n'avons conservé, tant du mime que de l'atellane, que des titres et d'infimes fragments.

ARRÊT SUR IMAGE :

1. Histoire de l'art

Construit au début du IIe siècle après J.-C., le théâtre d'Orange est considéré comme l'un des plus beaux du monde antique. Louis XIV disait de sa façade : « C'est la plus belle muraille de mon royaume. » D'un diamètre d'une centaine de mètres, la scène est une sorte d'estrade de 1,50 m de hauteur et le mur de scène possède une hauteur de 36 m. Quel type de colonne (dorienne, ionienne, corinthienne) reconnaissez-vous dans le mur de scène ?

2. Art et histoire

Quel est le personnage dont la statue occupe la niche située au-dessus de la porte centrale ? De combien de portes le mur de scène est-il percé ? À quoi correspondent-elles ? Combien de gradins pouvez-vous compter ? Qu'en concluez-vous sur le nombre de spectateurs que peut recevoir un tel théâtre ?

3. Techniques et effets

Quels éléments décoratifs ornent le mur de scène ? Quel effet produisent-ils ? Étudiez en particulier le jeu de contraste des lignes (courbes, horizontales, verticales). Qu'est-ce qui donne à ce monument son aspect majestueux ?

LECTURE

Catastrophe !

La fête bat son plein dans la maison, lorsque survient ***Tranion****,*
tremblant de peur et porteur d'une terrible nouvelle.

PHILOLACHÈS (*apercevant Tranion*) – Super ! Nos victuailles sont là : voici Tranion qui revient du port !
TRANION – Philolachès !
PHILO. – Qu'y a-t-il ?
TRA. – Nous sommes tous les deux, toi et moi...
PHILO. – Eh bien, quoi, toi et moi ?
TRA. – Nous sommes perdus !
PHILO. – Comment cela, perdus ?
TRA. – Ton père est là.
PHILO. – Qu'est-ce que tu me racontes ?
TRA. – Nous sommes fichus ! Ton père est revenu, te dis-je.
PHILO. – Où est-il, par pitié ?
TRA. – Il est ici.
PHILO. – Qui dit cela ? Qui l'a vu ?
TRA. – Moi, de mes propres yeux !
PHILO. – De tes propres yeux ?
TRA. – Puisque je te le dis !
PHILO. – Si tu dis vrai, je suis mort.
TRA. – Pourquoi est-ce que j'irais mentir ?
PHILO. – Que vais-je faire, maintenant ?
TRA. – Fais vite débarrasser cette table ! Mais qui est-ce qui dort là ?
PHILO. – C'est Callidamate.
TRA. – Delphie, réveille-le !
DELPHIE – Callidamate, Callidamate, réveille-toi !
CALLIDAMATE – Mais je ne dors pas. Donne-moi à boire !
DEL. – Ce n'est pas le moment : le père de Philolachès est rentré de voyage.
CAL. – Eh bien, buvons à sa santé !
PHILO. – Oh, je ne m'inquiète pas pour sa santé. C'est moi qui suis perdu, tout simplement : mon père est de retour !
CAL. – Il est de retour ? Tu n'as qu'à lui dire de repartir ! (*Sa tête retombe.*)
TRA. – Allons bon ! Voilà qu'il se rendort. Réveille-le !
PHILO. – Vas-tu enfin te réveiller ? Je te dis que mon père sera là d'un instant à l'autre !
CAL. – Ton père, dis-tu ? Passe-moi mes chaussures, que j'aille chercher mes armes. Par Pollux, Je vais le tuer, moi, ton père !
PHILO. – Je suis perdu ! Je suis mort !
TRA. – Tais-toi ! J'inventerai bien quelque chose pour apaiser l'orage. Seras-tu content, si je réussis non seulement à empêcher ton père d'entrer à l'intérieur, mais encore à le faire fuir à toutes jambes ? Allez, cachez-vous tous dans la maison, ne faites aucun bruit, et laissez-moi faire !

Plaute, *Mostellaria*, acte II, scène 1.

TEXTE SUIVI

Le stratagème de Tranion

À peine **Tranion** *a-t-il refermé la porte qu'arrive* **Théopropide**, *le père de Philolachès. Très surpris de trouver la porte close et la maison apparemment vide, il demande à Tranion ce qui se passe, et l'esclave, après l'avoir adjuré de ne même pas toucher la porte, lui répond que la maison est effectivement inhabitée depuis sept mois : Philolachès a déménagé, ayant appris qu'un crime abominable y a été commis autrefois, et que depuis lors…*

Scène « parlée » : sénaires iambiques

1. ***Acherontem*** : sous-entendu *in* (construction archaïque).
2. ***Orcus*** : autre nom donné par les Romains à Pluton, le dieu des Enfers ; c'est de là que vient notre mot « ogre ».
3. ***per fidem*** : par excès de confiance.
4. ***anno*** : depuis un an.
5. ***hicine*** = *hicne* : est-ce lui qui… ?

TRANION – Un jour que ton fils avait dîné en ville, une fois rentrés à la maison, nous sommes tous allés nous coucher, nous nous sommes endormis, et le voilà qui tout d'un coup pousse un grand cri.
THÉOPROPIDE – Qui pousse un cri ? Mon fils ?
TRA. – Oui, mais chut ! Tais-toi ! Écoute seulement !
Il dit qu'en songe il a vu venir un homme…
THÉ. – En songe seulement ?
TRA. – Oui, en songe. Mais écoute la suite !
Ait illum hoc pacto sibi dixisse mortuum :
[…] « Ego transmarinus hospes sum Diapontius ;
hic habito, haec mihi dedita est habitatio ;
nam me Acherontem[1] recipere Orcus[2] noluit,
quia praemature vita careo. Per fidem[3]
deceptus sum ; hospes me hic necavit, isque me
defodit insepultum in hisce* aedibus,
scelestus, auri causa. Nunc tu hinc emigra !
Scelestae hae sunt aedes, impia est habitatio. »
Quae hic monstra fiant anno[4] vix possum eloqui !
St ! st !
THÉ. – Quid, obsecro, hercle* factum est ?
TRA. – Concrepuit foris.
Hicine[5] percussit ?
THÉ. – Guttam haud habeo sanguinis,
vivum me accersunt Acherontem mortui !

Plaute, *Mostellaria*, acte II, scène 3.

ÉTUDE

1. Comment Tranion s'y prend-il pour terroriser Théopropide ? Un **servus callidus** doit avoir des talents de comédien : comment Tranion « joue-t-il » son mensonge ?

2. En quoi Théopropides est-il ridicule ? Quel trait conventionnel du personnage du **senex** reconnaît-on ici ?

TEXTE SUIVI

Le pot aux roses est découvert

Rebondissement : l'usurier **Misargyride**, *à qui* **Philolachès** *a emprunté une grosse somme d'argent pour racheter* **Philématie** *à son* **leno** *vient réclamer le remboursement de la dette, en présence de* **Théopropide**, *revenu malgré sa frayeur. Pourquoi donc cet emprunt, demande le* **senex** *? « Philolachès, improvise l'esclave, s'est lancé dans les affaires, et a emprunté pour investir dans l'achat d'une maison. » Théopropide, enchanté de voir son fils se montrer digne de lui, promet à l'usurier de le rembourser, mais veut savoir quelle est cette maison. Tranion improvise à nouveau : « C'est celle de Simon, le voisin d'à côté. » Le senex demande à la visiter ! Sur son échafaudage de mensonges, Tranion commence à paniquer. Voici, pour corser le tout, qu'arrivent* **Phaniscus** *et* **Pinacion**, *deux esclaves de Callidamate qui viennent chercher leur maître, et qui frappent à la porte de la maison soi-disant hantée…*

Scène « parlée » : sénaires iambiques

PHILOLACHÈS – C'est curieux, je n'entends ni les voix des convives, comme d'habitude, ni la musique des flûtes, ni aucun autre bruit.
THÉOPROPIDE – Qu'est-ce que c'est ? Que font ces gens-là devant ma maison ? Que cherchent-ils ? Qu'est-ce qu'ils ont à regarder à l'intérieur ?
PINACION. – Continuons de frapper à la porte. Holà ! ouvrez ! Holà, Tranion ! Ouvres-tu ?
TH. – Qu'est-ce que c'est que cette comédie ?
PI. – Vas-tu ouvrir ? Nous venons chercher Callidamate, notre maître.
TH. – Dites-donc, vous, qu'est-ce que vous faites ? Pourquoi cassez-vous cette porte ?
PHANISCUS – Heus, senex, quid tu percontare ad te quae[1] nihil attinent ?
TH. – Nihil ad me attinet ?
PH. – Nisi forte factu's* praefectus novus,
qui res alienas procures, quaeras, videas, audias !
TH. – Meae sunt istae aedes, ubi[2] statis.
PH. – Quid ais ? An jam vendidit
aedes Philolaches ? Aut quidem iste nos defrustratur[3] senex.
TH. – Vera dico. Sed quid vobis est negoti[4] hic ?
PH. – Eloquar.
Erus hic noster potat.
TH. – Erus hic vester potat ?
PH. – Ita loquor.
Non hic Philolaches adulescens habitat, hisce* in aedibus ?
TH. – Habitavit. Verum emigravit jam diu ex hisce* aedibus.
PI. – Senex hic elleborosus[5] est certe !
PH. – Erras perverse, pater.
Nam nisi hinc hodie emigravit aut heri, certo scio
hic habitare[6].
TH. – Quin sex menses jam hic nemo habitat.
PI. – Somnias ! […]
TH. – Nemo habitat.

1. ***Ad te quae…*** = *quae ad te nihil attinent* : qui ne te regardent pas.
2. ***ubi*** = *ante quas*.
3. ***defrustratur*** : il cherche à nous tromper.
4. ***quid negoti*** = *quod negotium*.
5. ***elleborosus*** : cinglé, dingue.
6. ***hic habitare*** : sous-entendu *eum*.

PH. – Sûr qu'il y habite. Car hier, avant-hier, et tous les jours depuis que son père est parti pour l'étranger, il ne s'en est pas passé un seul sans qu'on fasse la fête là-dedans.
TH. – Qu'est-ce que tu racontes ? Qui faisait cela ?
PH. – Philolachès.
TH. – Quel Philolachès ?
PH. – Celui dont le père s'appelle Théopropide.
TH. – Malheur de moi ! Je suis mort, si ce type dit la vérité !

Plaute, *Mostellaria*, acte IV, scène 4.

Acteur comique avec ventre postiche, statuette en terre cuite provenant de Tanagra, *musée du Louvre*.

ÉTUDE

1. Relevez dans le texte une proposition relative au subjonctif.

▶ Quelle valeur circonstancielle peut-on lui donner ?

2. L'auteur de comédies Feydeau disait que tout l'art de la comédie consiste à rassembler dans un même endroit des personnes qui ne devraient jamais s'y rencontrer.

▶ Quel profit comique cette scène de Plaute tire-t-elle de ce principe ?

VERSION

Une maison hantée

Erat Athenis spatiosa et capax domus, sed infamis et pestilens. Per silentium noctis sonus ferri et, si attenderes acrius, strepitus vinculorum longius primum, deinde e proximo reddebatur ; mox apparebat idolum, senex macie et squalore confectus, promissa barba, horrenti capillo ; cruribus compedes, manibus catenas gerebat quatiebatque. Inde inhabitantibus tristes diraeque noctes per metum vigilabantur ; vigiliam morbus et, crescente formidine, mors sequebatur. Deserta est inde et damnata solitudine domus, totaque illi monstro relicta. Proscribebatur tamen, seu quis emere seu quis conducere, ignarus tanti mali, vellet.

Pline le Jeune, *Lettres*, VII, 27.

TEXTE SUIVI

Tout s'arrange...

Théopropide, qui a appris des deux esclaves ce que Tranion avait réussi à lui cacher, laisse, à l'acte V, éclater sa colère et s'apprête à faire enchaîner et sévèrement fouetter l'esclave ; mais celui-ci se réfugie sur un autel, où il est provisoirement intouchable et d'où il continue, non sans courage, à narguer son vieux maître. Survient alors ***Callidamate****, enfin dessoûlé, qui obtient d'abord de* ***Théopropide*** *qu'il pardonne à son fils, en promettant de lui rembourser tout l'argent dépensé durant son absence. Reste à savoir quel sera le sort de* ***Tranion****, contre qui le* senex *ne décolère pas...*

Scène en « récitatif » : septénaires trochaïques

1. ***pessum premere*** : faire périr sous les coups.
2. Les points de suspension indiquent une lacune dans le vers.
3. ***nevis*** : forme archaïque pour *non vis*.
4. ***missam fac*** : pardonne.
5. ***te exorem*** : proposition complétive au subjonctif seul (*cf.* Grammaire, ci-contre).
6. ***huic habeto gratiam*** : qu'il lui soit fait grâce, je lui fais grâce.
7. ***vos plausum date*** = *plaudite* : ainsi s'achève traditionnellement toute comédie latine.

THÉOPROPIDE (*à Callidamate*) – Il ne pouvait m'être adressé un avocat plus convaincant que toi. Je n'ai plus contre mon fils ni colère ni rancune. Bien plus, j'accepte, même en ma présence, qu'il coure les filles, boive, fasse ce qu'il lui plaît. S'il a honte d'avoir dépensé tant d'argent, c'est à mes yeux une punition suffisante.

CALLIDAMATE – Il meurt de honte !

TRANION – Et moi, dans tout ça ?

THÉ. – Toi, fumier ? On va te ficeler et tu seras fouetté !

TRA. – Même si j'ai honte aussi ?

THÉ. – Par Hercule, j'aurai ta peau !

CAL. – Pardonne jusqu'au bout : laisse partir Tranion, fais-le pour moi, je [t'en prie !

THÉ. – Aliud quidvis impetrari a me facilius perferam,
quam ut non istum pro suis factis pessimis pessum premam[1] !
CAL. – Mitte, quaeso, istum !
THÉ. – ...[2] viden* ut adstat furcifer ? [...]
Nolo ores.
CAL. – Quaeso, hercle* !
THÉ. – Nolo, inquam, ores.
CAL. – Nequiquam nevis[3].
Hanc modo noxiam unam, quaeso, missam fac[4] causa mea !
TRA. – Quid gravaris ? quasi non cras jam commeream aliam noxiam !
Ibi utrumque, et hoc et illud, poteris ulcisci probe.
CAL. – Sine te exorem[5] !
THÉ. – Age ! abi, abi impune ! Em, huic habeto gratiam[6] !
Spectatores, fabula haec est acta : vos plausum date[7] !

Plaute, *Mostellaria*, Acte V, scène 3.

ÉTUDE

1. Relevez dans le texte une allitération, et essayez de la rendre en français.

2. Par quel argument Tranion obtient-il finalement son pardon ?

▶ Est-ce surprenant, compte tenu de ce que nous savons du caractère de cet esclave ?

3. Ce « happy end » vous paraît-il vraisemblable ou un peu forcé ?

GRAMMAIRE

Les propositions complétives au subjonctif seul

■ On peut rencontrer une proposition complétive au subjonctif qui n'est introduite par aucune conjonction de subordination :

Volo tu ad me **scribas**.
Je veux que tu m'écrives.

Necesse est verum **dicas**.
Il faut que tu dises la vérité.

Rogo **loquaris**.
Je te demande de parler.

■ Cet emploi est particulièrement fréquent avec des verbes à l'impératif :

Fac **sciam** quid egeris.
Fais en sorte que je sache ce que tu as fait.

Sine **discedam**.
Permets que je parte.

Esclave aux mains liées, statue en bronze provenant du Fayoum, IIe s. av. J.-C., *musée du Louvre.*

VOCABULAIRE

rideo et ses dérivés

- **rideo**, **es**, **ere**, **risi**, **risum** : rire.
  adridere : 1. rire en réponse ; 2. sourire.
  corridere : rire ensemble.
  deridere : rire de, se moquer de, railler.
- **ridiculus** : 1. qui fait rire, drôle, comique ; 2. ridicule, risible (péjoratif).
  ridiculum, **i**, *n.* : plaisanterie, bouffonnerie.
  ridicularius : bouffon.
  ridicule : en riant, pour rire, plaisamment, en plaisantant.
  ridibundus : hilare.
  deridiculum, *n.* : moquerie, raillerie.
- **risus**, **us**, *m.* : rire.
  risio, **onis**, *f.* : action de rire, rigolade.
  derisio, **onis**, *f.* : moquerie, dérision.
  risor, **oris**, *m.* : un plaisant, un bouffon.
  derisor, **oris**, *m.* : moqueur, railleur.
  risibilis : sachant rire, aimant à rire (a donné le français « risible », mais avec un changement de sens).
- **cachinno**, **as**, **are** : rire aux éclats.
  cachinnus, **i**, *m.* : éclat de rire.
  cachinnum tollere : éclater de rire.

Rire en lisant

Après la comédie, le second grand genre comique de Rome est la ***satire****, qui dénonce sur le mode de la* ***raillerie*** *les travers des contemporains. Ce mot est en fait un très vieux mot latin, qui s'écrivait* ***satura****, et qui désignait, à l'origine, une sorte de ragoût composite ou de « pot-pourri », autrement dit une préparation culinaire où entraient les ingrédients les plus divers. «* **Satira tota nostra est** *», estimait Quintilien, montrant ainsi que ce genre était le seul à ne pas avoir de modèle grec. Par la suite, il a servi à désigner, au sens figuré, un texte abordant, sans souci d'unité apparent, toutes sortes de sujets relatifs à la vie quotidienne, dans un mélange de prose et de vers.*

De Lucilius à Horace

Au IIe siècle avant J.-C., un poète nommé **Lucilius** donna le titre de ***Saturae*** à des œuvres écrites uniquement en vers, mais abordant elles aussi les sujets les plus variés, dans un esprit de critique sociale et sur le ton de la moquerie. Son œuvre a presque entièrement disparu, mais nous avons conservé les satires que composa, au siècle suivant, son disciple **Horace** (Q. Horatius Flaccus).

Celui-ci était un adepte de la **philosophie épicurienne**, qui prônait une vie simple et condamnait toute forme d'ambition ; c'est cette philosophie qu'Horace exprime, avec le sourire, dans ses propres ***Satires***, où il raille les travers des Romains de son temps.

Juvénal ou l'homme en colère

Deux siècles plus tard, le genre de la satire sera illustré par un autre poète latin, nommé **Juvénal** (Decimus Juvenalis), mais dans un esprit très différent. Horace était un esprit indulgent, qui souriait des défauts de ses contemporains, et invitait ses lecteurs à en faire autant. Juvénal, au contraire, bouillonne de colère devant l'état de la société romaine, qu'il juge « pourrie » et en pleine décadence. Il dénonce les riches, les immigrés, les militaires, les femmes, dans des satires véhémentes : ce « râleur » en veut au monde entier, sans doute parce qu'il estime que son talent n'est pas assez reconnu et que ses contemporains ne l'honorent pas comme ils le devraient. S'il ne cherche guère à faire rire, la caricature est tout de même un de ses procédés favoris.

Martial et l'épigramme

De la satire on ne saurait séparer l'**épigramme**, qui est un court poème de raillerie, se terminant le plus souvent par une « pointe assassine ». De ce genre d'origine grecque, le grand spécialiste, à Rome, a été **Martial** (M. Valerius Martialis), un contemporain de Juvénal, et le tableau qu'il trace de la société romaine manifeste son talent de caricaturiste.

De la satire au roman En dehors des comédies, le texte le plus drôle de la littérature latine est un **roman**, le premier en date de la littérature européenne, et qui est tout à la fois un roman d'aventures, un roman de réflexion et un roman comique. Écrit à l'époque impériale, au Ier ou au IIe siècle (on ne sait trop), il a pour auteur un certain Petronius Arbiter, qu'on appelle traditionnellement **Pétrone**. Son titre, ***Satyricon***, est un génitif pluriel grec, signifiant littéralement « Histoires de satyres » (le mot étant à prendre au sens de « débauchés », « voyous »), mais il fait peut-être aussi référence au vieux genre latin de la ***satura*** car, outre le mélange de la prose et des vers, il offre de la société romaine un tableau à la fois pittoresque et peu reluisant, dans lequel abondent les situations comiques.

Le sort a voulu que ce premier roman subisse, avant de nous parvenir, de terribles mutilations, de sorte que nous n'en connaissons ni le début ni la fin et que nous en lisons à peine un huitième. Le narrateur, un jeune marginal, mi-intellectuel, mi-voyou, nommé **Encolpe** (Encolpius), raconte ses aventures à travers l'Italie du Sud en compagnie de deux copains, **Ascylte** et **Giton**. Tous trois, au moment où nous faisons leur connaissance, ont déjà commis pas mal de tours pendables, dont ils évoquent parfois le souvenir ; et ils vont vivre sous nos yeux un grand nombre d'autres aventures, tout en rencontrant des personnages fort divers : un professeur d'université, des affranchis plutôt cocasses, des dames de mœurs fort légères, un poète raté, une vieille sorcière un peu débile et bien d'autres encore.

Apulée Le second roman de la littérature latine a vu le jour vers la fin du IIe siècle. Intitulé ***Métamorphoses*** et portant le sous-titre assez énigmatique d'***Asinus aureus*** (traditionnellement traduit l'*Âne d'or*), il a pour auteur un brillant intellectuel africain nommé **Apulée**, et relate, à la première personne comme le *Satyricon*, et en onze livres, les aventures d'un certain **Lucius**, passionné de magie et de sciences occultes. Ce personnage se trouve, à la suite d'une expérience malencontreuse, métamorphosé en âne, et c'est sous la forme animale, mais en ayant conservé son intelligence humaine, qu'il connaît toutes sortes d'aventures mouvementées, avant de recouvrer son humanité par la grâce de la déesse égyptienne Isis, dont il devient prêtre à la fin du roman. Les érudits se sont beaucoup interrogés sur ce texte, les uns y voyant une œuvre de pur divertissement, les autres y décelant un sens profond, philosophique ou religieux. À la différence du *Satyricon*, le comique y tient peu de place : la violence en est le thème dominant, et le roman frôle parfois le sadisme et la pornographie. Mais quelques épisodes sont assez drôles, et justifient qu'une place lui soit faite ici.

CHAPITRE

15 Portraits satiriques

Horace
(Quintus Horatius Flaccus, né vers 65-68 av. J.-C.)

Natif d'une bourgade du sud de l'Italie, fils d'un affranchi devenu commissaire-priseur, Horace étudie à Rome puis à Athènes. Pendant la guerre civile entre Octave (futur Auguste) et Antoine, il combat dans le camp des perdants, mais ne se le voit point reprocher. En 38 avant J.-C., alors qu'il s'est lancé en poésie, Virgile le présente à **Mécène**, ami et conseiller d'Auguste, qui le prend sous sa protection. Installé à la campagne dans une villa offerte par Mécène, Horace se mêle peu de politique : il refuse d'être le secrétaire privé d'Auguste. Il compose deux livres de ***Satires*** dans les années 30. En appelant ses satires ***sermones*** (conversations, libres propos), il a sans doute voulu refuser toute polémique : il n'est pas un censeur rigide, il ne cherche à convertir personne, il se contente de faire avec humour le portrait de ses contemporains et d'en tirer quelques petites leçons de bon sens.

Juvénal
(Decimus Junius Juvenalis, début du IIe siècle ap. J.-C.)

On ne sait pas grand-chose de la vie de Juvénal, pas même les dates de sa naissance et de sa mort. Il a probablement servi dans l'armée, et mal réussi sa conversion à la vie civile, malgré une formation de rhéteur. Ces échecs expliquent sans doute le ton aigri de ses seize ***Satires***, publiées entre 110 et 127 après J.-C., à la fin du règne de Trajan et sous Hadrien.

Martial
(Marcus Valerius Martialis, vers 40-104 ap. J.-C.)

Originaire de la petite cité de Bilbilis en Espagne, il vint à Rome pour vivre de sa poésie. Plus que la vente de ses livres, c'est la générosité de ses protecteurs qui lui permet de quitter un vilain appartement dans une *insula* pour une petite maison sur le Quirinal : amoureux de Rome, Martial en connaît toutes les rues, fréquente le petit peuple et pratique l'art subtil de vivre aux crochets de ses amis.
Entre 86 et 98, il publie douze livres d'***Épigrammes***, courts poèmes incisifs, pleins de mots d'esprit et de calembours. Martial ne donne pas les vrais noms des personnes qu'il « croque » : il entendait se moquer de ses contemporains sans les blesser, ***parcere personis, dicere de vitiis***. Délicatesse ou prudence ?

TEXTE

Jamais contents !

***Horace** épingle les gens qui ne sont jamais satisfaits de leur sort et passent leur temps à envier les autres – mais ne voudraient pour rien au monde prendre leur place !*

« O fortunati mercatores ! » gravis armis
miles ait, multo jam fractus membra[1] labore.
Contra mercator[2], navem jactantibus Austris :
« Militia est potior. Quid enim ? Concurritur : horae
momento cita mors venit aut victoria laeta[3]. »
Agricolam laudat juris legumque peritus,
sub galli cantum consultor ubi[4] ostia pulsat ;
ille, datis vadibus qui rure extractus in urbem est[5],
solos felices viventes clamat in urbe. [...]
Si quis deus : « En ego, dicat,
jam faciam quod vultis : eris tu, qui modo miles,
mercator ; tu, consultus modo, rusticus ; hinc vos,
vos hinc mutatis discedite partibus ! Heia,
quid statis ? » nolint – atqui licet[6] esse beatos...

Horace, *Satires*, I, 1, 4 sq.

1. ***fractus membra*** : au corps brisé...
2. Le mot ***mercator*** ne désigne pas un boutiquier, mais un homme qui pratique le commerce maritime, autrement dit « l'import-export ».
3. ***victoria laeta*** : une victoire fructueuse (qui rapporte du butin).
4. ***ubi*** : introduit la subordonnée de temps commençant par *sub*.
5. ***ille... est*** : le paysan, lui, qu'une convocation en justice fait sortir de sa campagne et amène à la ville.
6. ***licet*** = *liceat*.

Médaille à l'effigie d'Horace.
Rome, musée des Thermes.

ÉTUDE

1. Justifiez les subjonctifs **dicat** et **nolint**.

2. Les propos des différents personnages sont-ils vraisemblables ?

▶ Étudiez les diverses façons dont ils sont présentés.

▶ Horace dénonce-t-il sévèrement leur mauvaise foi ?

▶ Quelle est la « philosophie » de ce texte ?

3. Transposez ce passage en lui donnant la forme d'un sketch, ou d'une scène de comédie – et enrichissez-le en ajoutant, aux exemples cités par Horace, des récriminations que pourraient formuler vos contemporains.

TEXTE

Un raseur de première classe

En sa qualité d'ami de Mécène, conseiller de l'empereur Auguste, Horace était fréquemment sollicité par des quémandeurs en tout genre, qui comptaient sur son appui pour obtenir un avantage quelconque. En l'occurrence, c'est un écrivailleur qui voudrait être présenté à Mécène et qui ne le lâche plus d'une semelle…

Ibam forte Via Sacra[1], sicut meus est mos,
nescio quid meditans nugarum[2], totus in illis.
Accurrit quidam notus mihi nomine tantum,
arreptaque manu : « Quid agis, dulcissime rerum[3] ? »
« Suaviter, ut nunc est, inquam, et cupio omnia quae vis. »
Cum adsectaretur : « Numquid vis ? » occupo. At ille :
« Noris nos »[4], inquit, « docti sumus[5]. » Hic ego : « Pluris[6]
hoc, inquam, mihi eris. » Misere discedere quaerens,
ire[7] modo ocius, interdum consistere, in aurem
dicere nescio quid puero[8], cum sudor ad imos
manaret talos. […]

Comme je gardais le silence : « Tu voudrais bien t'en aller, dit-il, je le vois depuis longtemps. Mais rien à faire, je ne te lâcherai pas, je t'accompagnerai jusqu'au bout. Où as-tu l'intention d'aller ?
– Inutile de te fatiguer : je vais rendre visite à quelqu'un que tu ne connais pas, et qui habite de l'autre côté du Tibre, près des jardins de César.
– Je n'ai rien d'autre à faire, et je suis bon marcheur ; je vais t'accompagner jusque là. »

Horace, *Satires*, I, 9, 1 sq.

1. **Via Sacra** : l'une des principales artères du centre-ville.
2. ***nescio quid nugarum*** = *nescio quas nugas*.
3. ***rerum*** : les êtres.
4. ***noris*** (= ***noveris***) ***nos*** : tu dois me connaître
5. ***docti sumus*** : je suis un homme de lettres.
6. ***pluris*** : génitif de prix.
7. ***ire, consistere, dicere*** : infinitifs de narration, dont le sujet est « je ».
8. ***puero*** : l'esclave qui m'accompagnait.

ÉTUDE

1. Étudiez la « tactique » du raseur : comment procède-t-il pour aborder Horace, puis pour essayer de s'imposer ?
▶ Sur quelles réactions d'Horace mise-t-il d'abord ?
▶ En fin de compte, quel est son calcul ?

2. Quels moyens Horace utilise-t-il, en retour, pour tenter de se débarrasser de l'importun ?
▶ Pourquoi n'y parvient-il pas ?

3. Récrivez cette petite scène de comédie sous la forme d'un sketch mettant aux prises un promeneur et un raseur d'aujourd'hui.

TEXTE

Femmes savantes

Dépensières, infidèles, coléreuses, menteuses, bavardes, et souvent redoutables, les femmes cumulent selon Juvénal tous les vices. Même les femmes cultivées ne sont à ses yeux que d'insupportables pédantes. **Juvénal** *atteint, dans la plus longue de ses satires (661 vers), le sommet de la misogynie.*

Illa tamen gravior[1] quae, cum discumbere[2] coepit,
laudat Vergilium, periturae ignoscit Elissae[3],
committit vates et comparat, inde Maronem[4]
atque alia parte in trutina[5] suspendit Homerum.
Cedunt grammatici, vincuntur rhetores, omnis
turba tacet, nec causidicus nec praeco loquetur,
altera nec mulier ! Verborum tanta cadit vis,
ut pariter pelves ac tintinnabula[6] dicas pulsari [...]

Juvénal, *Satires*, 6, 434 sq.

1. ***Illa tamen gravior*** : précédemment, Juvénal a fustigé les ivrognesses.
2. ***discumbere*** : se mettre à table.
3. **Elissae** : autre nom de Didon, reine de Carthage.
4. **Maronem** : désigne Virgile (Publius Vergilius Maro).
5. ***trutina*** : la balance.
6. ***pelves ac tintinnabula*** : des chaudrons et des clochettes.

Matrones romaines, stèle du questeur de Cologne Vettius Severus, IIe s. ap. J.-C., Bonn, *musée Rhénan*.

ÉTUDE

1. Montrez le côté désobligeant et outrancier des reproches lancés par Juvénal.
▶ Pourquoi évoque-t-il un **causidicus** et un **praeco** ?

2. Traditionnellement, une matrone romaine se préoccupait-elle de littérature ?
▶ Quel est le fond de la (noire) pensée de Juvénal ?
▶ Quel genre d'individus se complaisent à de tels préjugés ?

3. Comparez les propos de Juvénal avec la tirade de Clitandre dans *Les Femmes savantes* de Molière.

LECTURE

Incivilités militaires

Si Juvénal n'est pas tendre avec les femmes, il déteste aussi les militaires de carrière, en l'occurrence les gardes prétoriens qui tenaient le haut du pavé à Rome et à qui il valait mieux ne pas se frotter.

Parmi les avantages dont jouissent ces messieurs en uniforme, en voici un qui n'est pas le plus à dédaigner : jamais un civil n'osera frapper un militaire. Bien plus, si c'est lui qui est frappé, il aura intérêt à garder la chose pour lui, et à ne pas porter plainte pour ses dents déchaussées, sa figure tuméfiée et toute bleue, et le seul œil qui lui reste, et que le médecin ne garantit pas de sauver ! Car s'il s'avise de faire punir son agresseur, on lui donnera comme juges une paire de godillots et de puissants mollets sur une grande estrade, en vertu du vieux règlement qui veut qu'un soldat ne puisse avoir de procès en dehors de son camp retranché. – « Oui, mais, puisqu'il s'agit d'un soldat, il n'y a rien d'anormal à ce que l'enquête soit confiée aux officiers, et si ma plainte est justifiée, ils me donneront satisfaction. » – Compte là-dessus : tu auras toute la cohorte contre toi ; ses camarades vont se liguer pour que sa punition soit légère et plus désobligeante pour toi que l'avanie subie. Il faut être aussi têtu qu'un mulet pour aller se frotter, quand on n'a que deux jambes, à tant de gros souliers et de milliers de clous ! Et puis quel ami te sera suffisamment fidèle pour venir témoigner pour toi à l'intérieur du camp ? Inutile de les solliciter : tous trouveront un bon prétexte pour se défiler. Il est plus facile de produire un faux témoin contre un civil qu'un témoin véridique contre les intérêts et l'honneur d'un militaire.

Juvénal, *Satires*, 16, 7 sq.

VERSION

Silence, dans la classe !

Martial garde de l'école un pénible et cuisant souvenir, et appelle les enseignants à modérer leurs ardeurs pédagogiques.

Quid tibi nobiscum est, ludi scelerate magister,
    invisum pueris virginibusque caput ?
Nondum cristati rupere silentia galli :
    murmure jam saevo verberibusque tonnas.
Tam grave[1] percussis incudibus aera resultant,
    causidicum medio cum faber aptat equo[2] ;
mitior in magno clamor furit amphitheatro,
    vincenti parmae[3] cum sua turba favet.
Vicini somnum – non tota nocte – rogamus :
    nam vigilare leve est, pervigilare grave est.
Discipulos dimitte tuos. Vis, garrule, quantum
    accipis ut clames, accipere[4] ut taceas ?

Martial, *Épigrammes*.

1. ***grave*** = *graviter*.
2. Il s'agit d'une statue équestre, commandée par un avocat.
3. ***parma*** : petit bouclier, arme caractéristique de certains gladiateurs, les *parmularii*.
4. **(*tantum*) *accipere*** : les maîtres d'école étaient payés par les parents des élèves.

TEXTE

Maudit poète

Dans l'une de ses épigrammes, **Martial** *« épingle » un maniaque de poésie, nommé* **Ligurinus**, *qui fait songer au « barde » des albums d'*Astérix.

Poète écrivant, mosaïque, IIIe s. ap. J.-C., *Trèves, musée Rhénan*.

1. Construire ***quod*** (: le fait que) ***occurrit tibi nemo libenter***.
2. ***quid sit?*** : quelle en est la raison ?
3. ***stanti*** : sous-entendu *mihi* (*idem* pour les autres participes au datif).

Occurrit tibi nemo quod libenter[1],
quod, quocumque venis, fuga est et ingens
circa te, Ligurine, solitudo,
quid sit[2] scire cupis ? Nimis poeta es !
Hoc valde vitium periculosum est.
Non tigris catulis citata raptis
Nec sic scorpius improbus timetur.
Nam tantos, rogo, quis ferat labores ?
Et stanti[3] legis et legis sedenti,
Currenti legis et legis... cacanti !
In thermas fugio : sonas ad aurem.
Piscinam peto : non licet natare.
Ad cenam propero : tenes euntem.
Ad cenam venio : fugas edentem.
Lassus dormio : suscitas jacentem.
Vis quantum facias mali videre ?
Vir justus, probus, innocens, timeris !

Martial, *Épigrammes*, III, 44.

ÉTUDE

1. Ce poème est écrit en hendécasyllabes. Quel est le sens de ce mot? Faites-en la vérification.

2. Quel sorte de comique Martial met-il en œuvre ?

CHAPITRE

16 Aventures comiques

Pétrone

Le ***Satyricon*** est traditionnellement attribué à un auteur nommé **Pétrone**, que l'on a longtemps identifié comme le Petronius, mort en 65 après J.-C., dont parle l'historien Tacite dans ses *Annales*. Ancien consul, ce Pétrone fut un proche de Néron, qu'il accompagnait dans ses débauches, et aurait reçu de l'empereur lui-même le surnom d'« **arbitre du bon goût** » (*elegantiae arbiter*) de la cour. Selon Tacite, ce brillant viveur, dandy avant la lettre, multiplia les scandales et, tombé en disgrâce, se suicida.

Il apparaît néanmoins peu vraisemblable que le *Satyricon* ait été écrit à l'époque de Néron : la critique moderne a mis en évidence bien des indications qui suggèrent une date plus tardive (même si le décor des aventures d'Encolpe peut sembler « néronien »). On a notamment souligné de frappantes ressemblances avec les *Épigrammes* de Martial, dont l'auteur du *Satyricon* fut peut-être le contemporain. Toujours est-il que cette œuvre étonnante, dont la partie centrale, le Festin de Trimalchion, nous est parvenue grâce à un **unique manuscrit** retrouvé au XVIIe siècle, apparaît comme le premier roman connu, et le prototype du roman picaresque.

Le Festin de Trimalchion

Un épisode est connu sous le nom de ***Cena Trimalchionis*** (« Le Festin de Trimalchion »). Le personnage ainsi nommé est un « affranchi » (***libertus***), c'est-à-dire un ancien esclave, devenu immensément riche grâce au commerce maritime, qui donne un grand dîner (***cena***), auquel il invite Encolpe et ses amis. Ce dîner est proprement ahurissant, tant par la quantité prodigieuse des victuailles que par la mise en scène de son déroulement, où chaque service devient un véritable spectacle de cirque, d'un goût souvent contestable.

Les autres invités de Trimalchion sont comme lui des **affranchis**, fort bavards, dont les propos sont reproduits par l'auteur de façon si pittoresque qu'on les croirait enregistrés au magnétophone ; d'origine étrangère, et le plus souvent illettrés, les affranchis parlent un **très mauvais latin**, truffé de barbarismes et de solécismes, et cet épisode du roman est le seul texte latin qui nous donne une idée de la façon dont on parlait dans les **classes populaires**.

Apulée

Apuleius (on ignore son prénom et son *cognomen*, tout comme ses dates exactes) a vécu au IIe siècle. Né à Madaure (aujourd'hui Mdaraouch) en Afrique du Nord, donc sans doute d'origine berbère, il a dans sa jeunesse longuement voyagé en Grèce. Poussé par une grande curiosité d'esprit, il s'y est fait initier à plusieurs religions orientales, et s'est intéressé de près à la magie, ce qui lui a d'ailleurs valu un procès. S'étant fixé ensuite à Carthage, il y est devenu un conférencier à la mode. Il a écrit plusieurs ouvrages de philosophie, mais il est surtout connu comme l'auteur d'un roman, les ***Métamorphoses*** ou ***L'Âne d'or***, publié vers 180 qui raconte les mésaventures d'un jeune Grec, Lucius, transformé en âne.

Les Romains de la décadence (1847), Thomas Couture, *musée d'Orsay*.

TEXTE TRADUCTION

Oraison funèbre

*À la table de Trimalchion, les conversations des convives ont autant de saveur que la bonne chère. **Encolpe** est très attentif aux propos de ses voisins qui ne manquent pas de faire songer à cette « philosophie de fin de banquet », qui varie peu avec les époques.*

« Fui hodie in funus. Homo bellus, tam bonus, Chrysantus, animam ebulliit. Modo, modo me appellavit : videor mihi cum illo loqui. Heu, eheu ! Utres inflati ambulamus... Minoris quam muscae sumus. Illae tamen aliquam virtutem habent : nos non pluris sumus quam bullae. Et quid si non abstinax fuisset ! Quinque dies aquam in os suum non conjecit, non micam panis. Tamen abiit ad plures. Medici illum perdiderunt, immo magis malus fatus : medicus enim nihil aliud est quam animi consolatio. Tamen bene elatus est, vitali lecto, stragulis, bonis. Planctus est optime – manu misit aliquot – etiam si maligne illum ploravit uxor. Quid si non illam optime accepisset ! Sed mulier quae mulier, milvinum genus ! Neminem nihil boni facere oportet ; aeque est enim ac si in puteum conjicias. Sed antiquus amor, cancer est... »
Molestus fuit, Philerosque proclamavit :
« Vivorum meminerimus ! Ille habet quod sibi debebatur : honeste vixit, honeste obiit. Quid habet quod queratur ? Ab asse crevit, et paratus fuit quadrantem de stercore mordicus tollere ! Itaque crevit, quicquid crevit, tamquam favus. Puto mehercule illum reliquisse solida centum, et omnia in nummis habuit. De re tamen ego verum dicam, qui linguam caninam comedi : durae buccae fuit, linguosus, discordia, non homo... Tamen verum quod fruitus est, quam diu vixit : datum est cui datum est, non cui destinatum... »

Pétrone, *Satyricon*, chap. 42-43.

« Aujourd'hui, j'étais d'enterrement : Chrysante, ce chic type, et si brave homme, a claqué sa bulle. Hier, pas plus tard qu'hier, il criait après moi : je me vois encore lui parler. Ah là là ! pauvres de nous ! nous allons comme les outres pleins de vent... Nous valons moins que les mouches, tiens ! elles, elles ont un peu de force ; mais nous, nous ne pesons pas plus lourd qu'une bulle d'air. Et ça lui a servi de se mettre à la diète ! Pendant cinq jours, il n'a pas absorbé la moindre goutte d'eau, la moindre croûte de pain. Ça ne l'a pas empêché d'aller rejoindre la foule des autres. Ce sont les médecins qui ont eu sa peau, ou plutôt son mauvais destin : après tout, un médecin, ce n'est rien d'autre qu'un réconfort moral. Enfin, quoi qu'il en soit, il a eu un bel enterrement, sur son lit de vivant, avec de bonnes couvertures. On l'a pleuré magnifiquement – il a affranchi pas mal de gars –, même si sa femme n'y a été que d'une méchante larme. Qu'est ce que ç'aurait été s'il ne l'avait pas si bien traitée ! Mais femme que femme, rien que des rapaces : personne ne devrait jamais leur faire du bien ; c'est comme si on le jetait dans un puits. Mais un vieil amour, ça te dévore l'homme comme un crabe. »
Notre homme devenait assommant, et Philéros affirma à pleins poumons : « Occupons-nous des vivants ! Ton gars a eu ce qui lui était dû : une belle vie, une belle mort. De quoi peut-il se plaindre ? Il est parti d'un as, et il est monté de là ; il aurait été prêt à mordre dans un tas de fumier pour y récupérer un quart d'as. Et toute son ascension, il l'a faite comme ça, aussi vite que grossit un rayon de miel dans la ruche. Crénom, je crois bien qu'il a laissé derrière lui une bonne centaine de mille, et tout en liquide. Cela dit, je parlerai franc sur la question (comme on dit, j'ai bouffé de la langue de chien) : il avait la dent dure, fort en gueule, la discorde faite homme. Mais il faut dire ce qui est : tant qu'il a vécu, il en a bien profité : on a ce qu'on vous donne, pas ce qu'on vous promet ! »

ÉTUDE

1. Les expressions **fui in funus** et **malus fatus** sont-elles du « bon » latin ?

2. Quels traits caractérisent la façon de parler des deux affranchis ?

3. Quelle « philosophie de la vie » anime les propos tenus ?

TEXTE

Une farce d'un goût douteux

Tout au long de la cena, Trimalchion s'emploie à distraire ses invités en multipliant les gags les plus divers. Il vient de faire défiler devant eux trois cochons gras, en les priant de choisir lequel ils voudraient manger. À peine quelques minutes plus tard…

Trimalchion n'avait pas encore fini de débiter toutes ces sornettes, quand un plat garni d'un énorme porc vint envahir toute la table. Aussitôt, la rapidité du cuisinier nous plongea dans l'admiration, et nous jurâmes nos grands dieux qu'il aurait fallu plus de temps pour cuire une simple volaille. Cependant, Trimalchion examinait le porc avec une attention toujours plus grande : « De quoi, de quoi ? dit-il, ce porc n'est pas vidé ! Mais non, par Hercule, il ne l'est pas ! Appelez-moi le cuisinier ! » Le cuisinier s'approcha tout penaud de la table, et s'excusa d'avoir oublié de le faire. « Comment ça, oublié, s'écrie Trimalchion, on croirait que ce cuisinier n'a jamais appris son métier. Qu'on le déshabille ! »

Non fit mora, despoliatur coquus atque inter duos tortores maestus consistit. Deprecari tamen omnes coeperunt et dicere : « Solet fieri[1] ! rogamus mittas[2] ! postea si fecerit idem, nemo nostrum pro illo rogabit ! » Ego, crudelissimae severitatis, non potui me tenere, sed inclinatus ad aurem Agamemnonis[3] « Plane, inquam, hic debet servus esse nequissimus ; aliquis[4] oblivisceretur porcum exinterare ? » At Trimalchio, relaxo in hilaritatem vultu : « Ergo, inquit, quia tam malae memoriae es, palam nobis illum exintera ! » Recepta coquus tunica cultrum arripuit, porcique ventrem hinc atque illinc timida manu secuit. Nec mora[5], ex plagis ponderis inclinatione crescentibus tomacula[6] cum botulis[7] effusa sunt !

Pétrone, *Satyricon*, chap. 49.

1. ***Solet fieri*** : ce sont des choses qui arrivent.
2. ***rogamus mittas*** = *rogamus ut eum mittas* (*cf.* Grammaire, p. 149).
3. Agamemnon est le nom d'un professeur d'éloquence dont Encolpe a suivi les cours, et qui a été lui aussi invité par Trimalchion.
4. ***aliquis*** = *quis* (sous-entendu *alius*).
5. ***nec mora*** : aussitôt.
6. ***tomacula*** : saucisses.
7. ***botulus*** : boudin.

ÉTUDE

1. Quels détails laissent prévoir un « coup arrangé », une mise en scène organisée d'avance par Trimalchion pour « piéger » ses invités ?
- ▶ Comment réagissent les convives à l'arrivée du plat ?
- ▶ Et dans la suite des événements ?
- ▶ Quel rôle veut leur faire jouer Trimalchion ?

2. Le narrateur Encolpe se montre-t-il perspicace ou stupide ? Se comporte-t-il comme les affranchis amis de Trimalchion ? Pourquoi ?

3. Montrez que le récit s'organise en trois temps : curiosité – tension – soulagement, et reproduit de la sorte une intrigue complète (situation de départ problématique – péripéties – dénouement).

TEXTE

Pan sur le bec !

***Ascylte** et **Giton**, les compagnons d'Encolpe, qui sont des « marginaux » et des vagabonds, mais n'en sont pas moins de naissance libre, regardent avec mépris les affranchis qui les entourent. Cette insolence leur vaut de se faire vertement rabrouer par un des amis du maître de maison.*

Ascyltus, intemperantis licentiae, cum omnia, sublatis manibus, eluderet et usque ad lacrimas rideret, unus ex collibertis Trimalchionis excanduit, et : « Quid rides, inquit, berbex ? An tibi non placent lautitiae domini mei[1] ? [...] Bellum pomum, qui rideatur alios ! Larifuga nescio quis, nocturnus, qui non valet lotium suum ! Si circumminxero illum, nesciet qua fugiat. [...] Ridet ! Quid habet quod rideat ? Numquid pater fetum emit lamna[2] ? Eques Romanus es ? Et ego regis filius ! [...]

Moi, je marche la tête haute, je ne dois rien à personne ; j'ai acheté quelques lopins de terre, j'ai mis un peu d'argent de côté, parce que j'ai vingt bouches à nourrir, sans compter mon chien, et j'ai racheté ma compagne, pour que plus personne n'ait le droit de prendre ses fesses pour un essuie-mains. Tu es plus à ton aise, toi ? » In alio peduclum[3] vides, in te ricinum non vides ! Post hoc dictum Giton, qui ad pedes stabat, risum tam diu compressum effudit. Quod cum animadvertisset adversarius Ascylti, flexit convicium in puerum[4], et : « Tu autem, inquit, etiam tu rides, caepa cirrata [...], crucis offla[5], corvorum cibaria ? Vix me teneo, nec sum natura caldicerebrius[6]. Recte, videbo te in publicum[7], nec tibi parsero[8], licet[9] Jovem Olympium clames ! Recte, venies sub dentem : aut ego non me novi, aut non deridebis ! »

Pétrone, *Satyricon*, chap. 57-58.

1. ***domini mei*** : mon seigneur (il s'agit de Trimalchion, pour qui les autres affranchis ont le plus grand respect).
2. ***numquid... lamna*** : est-ce que ton père t'a acheté à prix d'or ?
3. ***peduclum*** : un poux.
4. ***puerum*** : Giton, le plus jeune des trois compagnons, a à peine seize ans.
5. ***crucis offla*** : gibier de potence.
6. ***caldicerebrius*** : qui a la tête chaude.
7. ***videbo te in publicum*** (= *in publico*) : je te retrouverai dehors.
8. ***parsero*** = *pepercero* = *parcam* (le futur antérieur remplace souvent le futur, dans la langue familière).
9. ***licet*** = *etiamsi*.

ÉTUDE

1. Repérez (en dehors de **parsero**) un barbarisme (en regard du « bon latin » des écrivains classiques) commis par ce virulent affranchi. Relevez les traits de « langage parlé » de son invective. Qu'est-ce qui fait sa saveur, et contribue à sa violence ?

2. Quel est l'équivalent en français de l'expression « **In alio peduclum vides, in te ricinum non vides** » ?

3. Trouve-t-on seulement, dans cette scène, un comique de situation ? Qui, en fin de compte, est ridicule ?

TEXTE

Avis de recherche

Recherché par un **servus publicus** *(agent de police), le jeune* **Giton** *se cache avec son copain* **Encolpe** *dans une auberge* (stabulum) *assez sordide.*

1. ***institis quibus sponda culcitam ferebat*** : les sangles du cadre supportant le matelas.
2. ***vinculo*** = *institis*.
3. ***sciniphes*** : les punaises.

Intrat stabulum praeco cum servo publico, facemque fumosam magis quam lucidam quassans, haec proclamavit : « Puer in balneo paulo ante aberravit, annorum circa sedecim, crispus, formosus, nomine Giton. Si quis eum reddere aut commonstrare voluerit, accipiet nummos mille. » [...] Imperavi Gitoni ut raptim grabatum subiret annecteretque pedes et manus institis quibus sponda culcitam ferebat[1], at sic, ut olim Ulixes utero Cyclopis arietis adhaesisset, extentus infra grabatum scrutantium eluderet manus. Non moratus est Giton imperium, momentoque temporis inseruit vinculo[2] manus, et Ulixem astu simillimo vicit... At servus publicus raptam cauponi harundinem subter lectum mittit omniaque etiam foramina parietum scrutatur. Subducebat Giton ab ictibus corpus et, reducto timidissime spiritu, ipsos sciniphes[3] ore tangebat.

Pétrone, *Satyricon*, chap. 97.

ÉTUDE

1. Justifiez l'emploi des temps **voluerit** et **accipiet**.

2. À quel épisode fameux de l'*Odyssée* Encolpe fait-il allusion ?

3. Un jeune délinquant est recherché par la police : c'est un épisode dramatique. Mais l'aventure est dédramatisée de manière à devenir comique. Par quels procédés l'auteur parvient-il à ce résultat ?

VERSION

1. ***Haec ipsa*** : tous ces exercices.
2. ***ituris*** : à, pour ceux qui vont se diriger vers...
3. ***nunc*** : mais en réalité.
4. ***rerum tumore*** : l'emphase artificielle des sujets.
5. ***responsa... immolentur*** : quand on ne parvenait pas à enrayer une épidémie, on consultait un oracle pour savoir quel sacrifice pourrait apaiser la colère du dieu.
6. ***sapere*** : à la fois « être savant » et « avoir bon goût » ; Pétrone joue sur le double sens du verbe.

Un enseignement coupé de la vie

Au début du Satyricon, Encolpe, *qui est étudiant, sort d'un cours de rhétorique et n'hésite pas à dire au professeur Agamemnon ce qu'il pense de cet enseignement fondé sur des exercices artificiels.*

Haec ipsa[1] tolerabilia essent, si ad eloquentiam ituris[2] viam facerent ; nunc[3] et rerum tumore[4] et sententiarum vanissimo strepitu hoc tantum proficiunt ut, cum in foro venerint, putent se in alium orbem terrarum delatos ! Et ideo adulescentulos existimo in scholis stultissimos fieri, quia nihil ex his quae in usu habemus aut audiunt aut vident, sed piratas cum catenis in litore stantes, sed tyrannos edicta scribentes quibus imperent filiis ut patrum suorum capita praecidant, sed responsa in pestilentiam data, ut virgines tres aut plures immolentur[5] [...] Qui inter haec nutriuntur, non magis sapere[6] possunt, quam bene olere qui in culina habitant.

Pétrone, *Satyricon*, chap. 1-2.

Les affranchis

Les convives de Trimalchion sont, pour la plupart, des affranchis comme lui-même. Mais s'ils ont tous le même statut juridique, ils sont loin d'avoir le même niveau social, car ils ont plus ou moins bien réussi leur reconversion.

Quitter la servitude

◆ À la différence des Grecs, les Romains ont toujours largement pratiqué l'affranchissement des esclaves, sans doute pour trois raisons. Les **guerres de conquête** conduites dans la cadre de l'**impérialisme romain** approvisionnaient en esclaves les marchés de Rome et de l'Italie ; la main-d'œuvre servile était donc relativement bon marché, et le remplacement des affranchis par de nouveaux esclaves se faisait sans difficulté.

◆ La perspective de la **liberté, accordée généralement à titre de récompense**, était pour les esclaves un puissant stimulant, qui les poussait à se montrer obéissants et à travailler de leur mieux.

◆ Les affranchis restaient pour la plupart **liés à leur ancien maître** (***erus, dominus***), devenu leur « **patron** » (***patronus***). Ils lui rendaient toutes sortes de services, notamment dans le domaine politique, où ils pouvaient constituer des hommes de main efficaces lors des campagnes électorales.

Une intégration difficile

La catégorie des affranchis est dans une situation ambivalente : ils sont à la fois supérieurs (par leur richesse) et inférieurs à la foule des hommes. Ils en souffrent en privé… Partout se retrouve ce qui fait le tourment des affranchis, leur incertitude sur leur vraie place dans la société ; l'échelle des conditions sociales ne se confondait pas avec la hiérarchie des statuts, et les affranchis se placent dans ce décalage. Ils souffrent d'un manque de légitimation. Ils ont la vie luxueuse que leur permet leur opulence ; par leurs vêtements, leurs esclaves et leurs propres affranchis, par leurs dîners, ils imitent la bonne société, mais avec l'impossibilité d'y pénétrer, car les demi-citoyens qu'ils sont n'en ont pas le droit. Le *Satiricon*[1] de Pétrone peint avec une lucidité cruelle leur existence toute d'imitation. Leur inculture (les enfants esclaves ne faisaient pas d'études) trahit à jamais leur basse origine. Et la bonne société trouve que l'imitation qu'ils font d'elle-même est toujours manquée et trahit ridiculement leur prétention et leur tare.

Paul Veyne in *Histoire de la vie privée*, t. I, De l'Empire romain à l'an mil (collectif), dir. G. Duby, P. Ariès, © Le Seuil, 1985.

1. Graphie traditionnelle, aujourd'hui sortie d'usage.

Une simple formalité

◆ Suivant la **procédure**, le maître se présentait avec l'esclave qu'il souhaitait affranchir devant un magistrat auquel il déclarait officiellement cette intention ; puis il faisait faire à l'esclave un demi-tour symbolique et le « laissait partir » (littéralement le « relâchait » : *manu mittebat* – d'où le nom de ***manumissio*** qui désignait cette sobre cérémonie). Il suffisait alors de payer une **taxe** (le 20e) que l'esclave réglait, le plus souvent, sur son propre pécule.

◆ L'ancien ***servus*** devenu ***libertus*** avait le statut de **citoyen romain**. Néanmoins, il ne pouvait ni servir dans une légion ni devenir chevalier ou sénateur. En revanche, plus rien ne distinguait les fils d'affranchis (***libertini***) des autres citoyens romains de naissance libre (***ingenui***), dont ils avaient tous les droits et tous les devoirs.

Destins d'affranchis

◆ Sous l'Empire, une partie du corps civique romain était donc constituée d'anciens esclaves et de leurs descendants. Certains de ces hommes, le plus souvent d'origine étrangère, qui n'avaient au départ ni famille ni fortune, réussissaient à devenir des *self-made-men* dynamiques et entreprenants. Une proportion non négligeable parvenait à **s'enrichir dans le commerce et les affaires**, et quelques-uns occupaient même des postes de haute responsabilité, y compris à la cour impériale, où ils étaient l'équivalent des « chefs de service » de nos ministères. Le monde des affranchis, en métissant la société romaine, a beaucoup contribué à enrichir sa culture. Mais nombre d'entre eux, à vrai dire, avaient du mal à « s'en sortir ».

Le cas Trimalchion

◆ Le personnage de **Pétrone** est le type même de ces affranchis qui connaissaient une brillante réus-

Préparatifs d'un banquet, Carthage, Ier s. ap. J.-C., *musée du Louvre*.

site économique et sociale : il est inculte et manque singulièrement de distinction, mais il a amassé une énorme fortune en faisant commerce d'un peu tout (y compris des esclaves !) et est devenu un propriétaire possédant d'immenses domaines.

◆ En revanche, les autres affranchis du roman ont connu des fortunes diverses : les uns vivotent, d'autres se sont ruinés après avoir connu l'aisance, d'autres au contraire vivent dans le confort après avoir mangé de la vache enragée. Mais tous ont fortement conscience d'appartenir à la même catégorie sociale, et tous sont en admiration devant Trimalchion, dont la réussite sociale éclatante est pour eux un modèle – alors même qu'Encolpe et Ascyte, jeunes gens bien nés errent sans un sous en poche.

ARRÊT SUR IMAGE

1. Histoire de l'art

Réalisée en pierre et pâte de verre, cette mosaïque de pavement, conservée de manière fragmentaire mesure 2, 25 m sur 2, 40 m. C'est un bel exemple de « mégalographie », c'est-à-dire de ces grandes compositions monumentales à la mode à la fin du IIe siècle après J.-C.

2. Art et histoire

Élément indispensable au confort de la maison, la mosaïque a été portée au comble de son raffinement par les Romains. Mais de l'Orient à l'Afrique, des styles se distinguent et des écoles se créent. Cette mosaïque, qui ornait sans doute la salle à manger d'une riche demeure africaine, donne à voir les apprêts d'un repas qui peut faire penser à celui qu'organise Trimalchion. Cinq serviteurs apportent des objets ou des mets destinés à la table : identifiez-les. Originaires de pays différents, les esclaves se distinguent par leurs costumes : décrivez-les.

3. Techniques et effets

Étudiez la composition de cette scène : comment l'artiste suggère-t-il le mouvement et l'activité ? Le décor est-il représenté ? Pourquoi ? D'où la lumière vient-elle ? À quoi le remarquez-vous ?

LECTURE

« Diabolus in coquina »

Avant sa métamorphose (cf. *p.* 151), **Lucius**, *le héros du roman, séjourne dans la ville thessalienne d'*Hypata *où il est descendu, selon la coutume antique, chez un hôte de sa famille, nommé* **Milon**. *Ce dernier possède une ravissante petite esclave,* Photis, *qui a retenu l'attention du jeune homme…*

Je ne trouvai à la maison ni Milon ni son épouse, mais seulement ma chère Photis. Elle était occupée à préparer pour ses maîtres un plat de chair à saucisse avec un ragoût et un pâté de viande que sa seule odeur laissait deviner savoureux. Elle-même était fort joliment vêtue d'une tunique de lin et d'un soutien-gorge rouge vif. De ses mains mignonnes elle faisait tourner la sauteuse, et accompagnait ce mouvement circulaire de rapides secousses, tandis que le léger balancement de ses reins faisait gracieusement onduler son échine. À cette vue, je restai cloué sur place de surprise et de saisissement. Enfin je lui dis : « Aimable Photis, avec quel joli mouvement de la croupe tu fais tourner cette casserole ! Quel délicieux ragoût tu prépares ! Heureux, oh oui, bienheureux et véritablement comblé, celui à qui tu permettras d'y tremper le doigt ! » Alors, charmante et mutine : « Sauve-toi, petit malheureux, me dit-elle, sauve-toi bien loin de mon fourneau ! Car si la plus petite de ses flammes t'effleure, elle te brûlera jusqu'aux moelles, et personne ne pourra éteindre ce brasier, sauf moi, qui connais les bonnes recettes ! » À ces mots, elle tourna la tête et me regarda en riant.

Moi, cependant, avant de la quitter, je ne cessais de passer en revue tous les détails de sa personne. Mais à quoi bon parler du reste, quand les cheveux furent toujours mon unique intérêt ? Dans la rue, c'est toujours ce que je regarde en premier, et c'est ce dont je m'enchante encore une fois rentré au logis […] Que, par un sacrilège dont la seule pensée est un crime, on dépouille de sa chevelure la plus belle femme du monde, elle aurait beau être tombée du ciel ou née de la mer, elle aurait beau être Vénus en personne s'avançant entourée de tout le chœur des Grâces, escortée de toute la troupe des Amours et baignée de parfums embaumants, si elle était chauve, elle ne pourrait même pas plaire à son époux Vulcain ! […] Telle est l'éminente dignité de la chevelure, qu'une femme peut toujours se présenter toute parée d'or, de bijoux et d'étoffes de prix, si elle est seulement mal coiffée, elle ne passera jamais pour une femme élégante. Quant à ma chère Photis, sa toilette était toute simple, mais sa chevelure opulente, souplement rejetée en arrière, tombait sur sa nuque et se répandait sur son cou jusqu'à la bordure de sa tunique.

Je ne pus endurer plus longtemps le supplice d'une aussi exquise volupté et, me penchant sur elle, j'appliquai sur sa nuque, à la naissance des cheveux, un baiser aussi doux que le miel. Elle alors, se tournant vers moi, me dit avec un clin d'œil et un regard en coin : « Dis donc, jeune écolier, tu goûtes à des hors-d'œuvre à la fois doux et amers. Méfie-toi : la douceur de ce miel pourrait bien devenir amère comme le fiel ! »

Apulée, *Métamorphoses*, II, 8-10.

TEXTE

Un procès… pour rire

Une nuit, rentrant un peu tard d'un dîner où il a beaucoup bu, Lucius a maille à partir avec trois malfaiteurs, qu'il tue l'un après l'autre avec son épée. Mais cette action d'éclat lui vaut d'être accusé de meurtre, et il passe en jugement, le procès se déroulant dans le théâtre de la ville. À un moment, la mère d'une des victimes demande qu'on enlève le drap qui recouvre les corps, pour qu'en voyant leur jeunesse et leur beauté les juges n'hésitent pas à prononcer la peine capitale…

His dictis applauditur, et illico me magistratus jubent ipsum corpora, quae lectulo fuerant posita, detegere. Reluctantem me lictores jussu magistratuum instantissime compellunt, manum denique ipsam e regione lateris[1] trudentes super ipsa cadavera porrigunt. Evictus tandem necessitate succumbo, et ingratis[2] quidem, abrepto pallio, retexi corpora. Dii boni, quae facies rei[3] ! Quod monstrum ! Quae fortunarum mearum repentina mutatio ! Quamquam enim jam in peculio[4] Proserpinae et Orci familia numeratus, subito obstupefactus haesi, nec possum novae illius imaginis rationem[5] idoneis verbis expedire. Nam cadavera illa jugulatorum hominum erant tres utres inflati variisque secti foraminibus et, ut vespertinum proelium meum recordabar, his locis hiantes quibus latrones illos vulneraveram ! Tunc ille paulisper cohibitus risus libere jam exarsit in plebe : hi gaudii nimietate[6] gracillari[7], illi dolorem ventris manuum compressione sedare… At ego, fixus in lapidem[8] steti gelidus, nihil secus quam[9] una de theatri statuis vel columnis.

Apulée, *Métamorphoses*, III, 10.

1. *manum … lateris* : ma main qui pendait le long de mon corps.

2. *ingratis* (adv.) : contre mon gré.

3. *quae facies rei* : quelle apparition !

4. *peculio* : le trésor.

5. *novae … rationem* : l'inattendu d'un tel spectacle.

6. *nimietas* : excès.

7. *gracillari* : glousser.

8. *in lapidem* = *sicut lapis*.

9. *nihil secus quam* : comme si j'étais…

Lucius va enfin avoir le fin mot de l'histoire : il a été victime d'une mystification, organisée par les habitants de la ville à l'occasion de leur fête la plus importante, qui est celle du dieu Rire. Profitant de son état d'ébriété, ces mauvais plaisants lui ont fait croire qu'il s'était battu contre des brigands, et tout le procès n'a été qu'une mise en scène visant à faire de lui la risée du public.

ÉTUDE

1. Quel est le sens du passif **applauditur** ?

2. Étudiez l'apport de sens des préverbes dans les verbes composés du texte.

3. À l'aide de quels mots est exprimée l'exclamation ?

4. Expliquez l'expression **in peculio Proserpinae et Orco familia**.

5. Distinguez les différents moments de cette scène. Donnez un sous-titre à chacun d'eux.

TEXTE

Cruelle déconvenue

L'épouse de Milon est en fait une ***magicienne****, qui a notamment le pouvoir de se transformer en oiseau.* **Lucius***, qui brûle d'envie de tenter l'expérience sur lui-même, obtient de* **Photis** *(devenue sa petite amie) qu'elle dérobe dans la chambre de sa maîtresse l'onguent magique qui lui permet cette métamorphose. Hélas, la jeune femme va se tromper de boîte !*

Photis cum trepidatione irrepit cubiculum dominae suae et pyxidem depromit arcula[1]. Quam ego amplexus ac deosculatus, utque mihi prosperis faveret volatibus[2] deprecatus, abjectis propere laciniis totis[3], avide manus immersi et, haurito plusculo uncto[4], corporis mei membra perfricui. Jamque, alternis conatibus libratis brachiis[5], in avem similis gestiebam : nec ullae plumae, nec usquam pinnulae, sed plane pili mei crassantur in setas et cutis tenella[6] duratur in corium et in extimis[7] palmis, perdito numero, toti[8] digiti coguntur in singulas ungulas, et de spinae meae termino grandis cauda procedit ! Jam facies enormis et os prolixum et nares hiantes et labiae pendulae ; sic et aures immodicis horripilant auctibus[9] : non avem me, sed asinum video [...] Photis, ubi primum me talem aspexit, percussit faciem suam manibus infestis, et : « Occisa sum, misera ! » clamavit, « me trepidatio simul et festinatio fefellit et pyxidum similitudo decepit » [...] Sic illa maerebat ; ego vero, durissimo casui meo serviens[10], ad equum illum, vectorem meum probissimum, in stabulum concedo.

Apulée, *Métamorphoses*, III, 25-26.

1. ***arcula*** : coffret.
2. ***prosperis volatibus*** = *prospero volatu*.
3. ***totis*** = *omnibus*.
4. ***plusculo uncto*** : une bonne dose d'onguent.
5. ***alternis... brachiis*** : en bougeant mes bras tendus de haut en bas.
6. ***tenella*** : tendre, délicate.
7. ***extimis*** = *extremis*.
8. ***toti*** = *omnes*.
9. ***immodicis auctibus*** = *immodico auctu*.
10. ***serviens*** : me résignant.

ÉTUDE

1. Quel mouvement particulier permet d'exprimer, dans le texte, la tournure **in + Acc.** ?

2. C'est un épisode dramatique que raconte ici Lucius. Il n'en comporte pas moins des éléments comiques : quels sont-ils ?

3. Le thème de la métamorphose, ici traité de façon parodique, est un « topos » de la mythologie.
▶ Quel poète latin a particulièrement traité ce sujet ?

Homme nourrissant un âne, mosaïque, Ve s. ap. J.-C., *Palais impérial de Constantinople.*

TEXTE

Franche rigolade

*Pour recouvrer la forme humaine, il faut que Lucius broute des roses.
Mais, passant de maître en maître, il vit maintes aventures cruelles ou cocasses, et, chaque fois qu'il est sur le point de croquer son remède, un empêchement survient.
Dans cet épisode, Lucius a été acheté par deux sympathiques esclaves, l'un pâtissier, l'autre cuisinier : il profite de l'aubaine.*

Le soir, à l'issue d'un dîner luxueux, mes maîtres avaient l'habitude de rapporter dans leur logement une grande quantité de restes : l'un, des reliefs de porc, de volaille, de poisson et de viandes de toute sorte ; l'autre, des petits pains, des gâteaux, des beignets et beaucoup d'autres friandises. Après quoi, pour se délasser, ils se rendaient au bain après avoir bouclé la pièce, et je m'empiffrais à cœur joie de ces mets que m'offraient les dieux : je n'étais pas assez bête, aux deux sens du terme, pour dédaigner ces friandises et faire un repas de foin !... Finalement, à force de me gaver de nourritures humaines, mon corps était devenu replet et bien gras, mon cuir s'était assoupli sous l'effet de l'embonpoint, et mon poil avait pris un brillant de noble apparence.

Insolita tergoris[1] vastitate commoti, fenum prorsus intactum cotidie remanere cernentes, fratres totos ad me dirigunt animos. Hora consueta, velut balnea petituri[2], clausis ex more foribus, per quamdam modicam cavernam[3] rimantur me expositis cibis inhaerentem. Nec ulla cura damni sui habita, mirati monstruosas asini delicias[4], risu maximo dirumpuntur, vocatoque uno et altero ac dein pluribus conservis, demonstrant infandam memoratu[5] jumenti gulam. Tantus denique ac tam liberalis cachinnus cunctos invasit, ut ad aures quoque praetereuntis perveniret domini. Sciscitatus quid bonum[6] rideret familia, cognito quod res erat[7], ipse quoque per idem prospiciens foramen delectatur eximie, ac dehinc risu ipse quoque latissimo adusque intestinorum dolorem redactus est... Novitate spectaculi laetus, dominus duci me jussit, immo vero suis ipse manibus ad triclinium perduxit mensaque posita omne genus edulium[8] solidorum et illibata fercula jussit apponi. At ego, quamquam jam bellule suffarcinatus, gratiosum me tamen ei facere cupiens, esurienter exhibitas escas appetebam. Interim convivium[9] summo risu personabat.

Apulée, *Métamorphoses*, X, 15-16.

1. **Tergoris** = *corporis* (en parlant d'un animal).
2. **velut balnea petituri** : faisant comme s'ils partaient pour les thermes.
3. **cavernam** : une fissure, une fente.
4. **delicias** : les ripailles.
5. **infandam memoratu** : sans précédent.
6. **quid bonum** = *quid boni*.
7. **quod res erat** : ce dont il s'agissait.
8. **edulium** : de *edulis, e* (adj. substantivé, au neutre).
9. **convivium** = *convivae*.

ÉTUDE

1. Étudiez, dans le texte, les emplois du participe présent et du participe passé. Montrez que l'utilisation de cette tournure permet au narrateur d'alléger son récit, en évitant de développer des propositions relatives ou circonstancielles.

2. Relevez et distinguez les termes appartenant au champ lexical du rire.

3. Montrez que Lucius, qui a perdu l'apparence et la voix d'un homme, a gardé quelques traits bien humains : lesquels ?

4. Cette aventure de Lucius devait-elle forcément avoir des suites réjouissantes ? Comment Apulée en fait-il un épisode amusant ?

Vulcain présentant à Vénus des armes pour Énée
(1757), F. Boucher, *musée du Louvre*.

Histoire et épopée 4

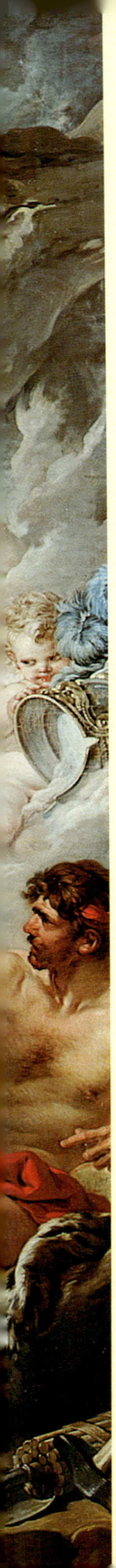

Histoire et épopée

Lorsque les civilisations de l'Antiquité se penchent sur leur passé, leur regard est, en apparence du moins, très différent du nôtre : l'Histoire, qui relève pour nous d'une démarche scientifique, les conduit à rechercher des modèles, et l'épopée leur permet d'évoquer poétiquement leur identité.

Le temps des dieux Au commencement étaient les **dieux**, que les Anciens se représentaient comme une **« grande famille » – chacun a son attribution** et, comme dans toute famille, **chacun a son caractère**. Zeus chez les Grecs, Jupiter chez les Romains ont l'autorité du « chef de famille » et disposent d'un pouvoir suprême, qu'ils gaspillent parfois en caprices. Le reste de la famille, du haut du ciel (***Superi***, ***orum***, « les dieux d'en haut ») ou du fond des Enfers (***Inferi***, ***orum***, « les dieux d'en bas »), préside symboliquement aux grandes activités humaines (Mars est le dieu de la guerre, Vénus, la déesse de l'amour, Mercure est chargé de la communication, Bacchus s'occupe de la vigne et du vin, Apollon de la musique et de la poésie). Ces dieux interviennent dans l'histoire du monde, et il est important de bénéficier de leur protection. Ce qui n'est pas toujours facile, car les dieux se fâchent, se jalousent, boudent parfois, et ne sont pas toujours bienveillants.

Le temps des héros Les « histoires » des dieux expliquent donc, de façon symbolique, l'Histoire du monde. Un **mythe** (***fabula***) est un récit forgé par l'**imagination collective** pour représenter cette **explication du monde**. Transmis oralement à l'origine, il s'installe dans la culture d'une civilisation, justifie ses rites, éclaire ses coutumes et son système de valeurs. Les rapports entre les dieux et les hommes seraient toutefois difficiles à imaginer sans les **héros**, personnages intermédiaires qui œuvrent en ce bas monde : comme Hercule, ils fondent des cités, ils combattent des monstres, ils font la guerre et aident les hommes à bâtir leur Histoire.

Le temps des hommes Les peuples de l'Antiquité ne peuvent se fier qu'à la mémoire collective pour expliquer et comprendre leur histoire lointaine. Là où la mémoire s'arrête, le mythe prend le relais : « en ce temps-là » (***illo tempore***), dit-il, pour raconter ce qui échappe à la mémoire, et qui précède l'Histoire. Par exemple, l'existence de Rome est un fait historique, mais comment Rome en est-elle venue à exister ? L'épopée permet de raconter poétiquement cette **histoire imaginaire**, d'évoquer le temps des héros et de le lier au temps des hommes, dont s'occupent les historiens.

L'imaginaire épique Les grandes civilisations ont ainsi produit des **mythes** et des **épopées**, qui en sont le **récit poétique**. Une épopée se définit comme un **long poème narratif célébrant les aventures et les exploits d'un ou de plusieurs héros**. En Grèce, ces poèmes étaient chantés par des **aèdes**, et toute une série de récits épiques liés à la guerre de Troie ont été réunis et attribués à un certain **Homère**, poète aveugle et peut-être légendaire. L'***Iliade***, dont le héros principal est **Achille**, raconte le siège de Troie par une coalition de rois héroïques de Grèce continentale. Après la chute de Troie, l'un d'eux, **Ulysse** (en grec, *Odysseus*), roi d'Ithaque, est le héros d'une seconde épopée : son périple en Méditerranée pour regagner son île l'expose à des aventures merveilleuses racontées dans l'***Odyssée***.

L'ombre d'Homère C'est dans l'*Iliade* et l'*Odyssée* que s'élabore la **mise en forme littéraire du genre épique**, avec le choix d'un type de vers unique, l'**hexamètre dactylique**, et la mise en valeur de **thèmes et d'épisodes épiques fondamentaux** : le duel, la vengeance, les « miracles » opérés par les dieux, la tempête, la visite du héros aux Enfers... Les poètes latins, chacun à sa manière, imiteront Homère, mais ils ne sont pas les seuls ! Même si le monothéisme, en rendant impossibles les aventures des dieux et des héros divins, a vidé l'épopée de son sens profond, nous en retrouvons l'esprit et les thèmes dans les chansons de geste médiévales, dans certains romans-fleuves (*Les Misérables* de Victor Hugo, par exemple) ou encore, de nos jours, au cœur des westerns, des films de science-fiction et de nombreuses bandes dessinées.

Portrait imaginaire d'Homère, marbre.

CHAPITRE

17 Les origines de Rome : du mythe à l'Histoire

Au même titre que l'origine du monde, l'origine des cités pose de multiples problèmes : quand ? pourquoi ? comment ? Surtout lorsque, à la différence des autres, cette ville grandit, développe son pouvoir, étend sa domination sur un territoire de plus en plus vaste.

La légende d'Énée

En constatant que leurs armées étaient les meilleures, et que les autres peuples de l'Italie se soumettaient à leur pouvoir, les Romains en vinrent à penser qu'ils étaient **bénis des dieux** et chéris de Mars. Vers le milieu du IIIe siècle avant J.-C. s'élabore une légende qui, à partir de mythes confus, explique cette réussite. À l'inverse des peuples des cités grecques, qui s'imaginent installés là où ils sont sortis de terre (autochtones) grâce à un héros, **Rome éprouve le besoin de lier son destin à la civilisation grecque**, qui l'a précédée et a brillé avant elle. **Le lointain ancêtre des Romains sera Énée**, fils de Vénus et du mortel Anchise, survivant de la chute de Troie, et fondateur d'une lignée qui, installée dans le Latium, donnera les rois d'Albe, puis **Romulus**. L'histoire de Rome est donc, de ce point de vue, la continuation de l'*Iliade*... et le peuple romain a pour ancêtres mythiques des immigrés soucieux de reconstruire leur cité.

D'Ennius à Virgile

Ennius, au IIe siècle avant J.-C., raconte les origines légendaires de Rome dans une **épopée historique** (les ***Annales***) dont ne subsistent que des fragments. Sous Auguste, la légende d'Énée prend un sens nouveau. La *gens* Julia, celle de César et de son fils adoptif Auguste, prétend descendre de **Iule,** fils d'Énée : cette **origine héroïque** lui donne une légitimité divine. En outre, malgré les guerres civiles, la réussite historique de Rome confirme que son destin est divin. En composant l'***Énéide***, Virgile célèbre à la fois les origines de Rome et son destin. Si les aventures d'Énée appartiennent au temps du mythe, elles annoncent l'histoire de Rome par maints symboles et prophéties.

L'œil de l'historien

C'est aussi sous le règne d'Auguste – et avec les mêmes préoccupations – que **Tite-Live** écrit son immense ***Histoire de Rome*** à partir de la fondation de la Ville (*Ab Urbe condita*). Mais pour raconter les origines et les premiers siècles de cette histoire, l'historien dispose seulement des **légendes** recueillies par la tradition romaine. Tributaire de ces ***fabulae***, il s'efforce d'en réduire le merveilleux pour mettre à jour leur signification profonde. Car si la tâche du poète épique (***vates***) est de célébrer, celle de l'historien (***rerum gestarum scriptor***) est d'expliquer.

Virgile et deux muses, mosaïque de Sousse (Tunisie), IIe s. ap. J.-C., *Tunis, musée du Bardo.*

Virgile et l'*Énéide*

P. Vergilius Maro (70-19 av. J.-C.) est originaire de Mantoue, en Gaule cisalpine. Ses ***Bucoliques*** (37 av. J.-C), courts poèmes dans lesquels des bergers se livrent à des joutes poétiques, le font remarquer par Mécène, l'ami d'Auguste. Virgile compose ensuite les ***Géorgiques***, long poème célébrant le travail des champs (paru en 29 av. J.-C.) et s'attelle à l'***Énéide***. À sa mort, au retour d'un voyage en Grèce, cette épopée n'est pas tout à fait terminée : Virgile demande qu'on la brûle, faute de pouvoir y mettre la dernière main. Mais Auguste en personne fera éditer ce chef-d'œuvre.

L'*Énéide* compte **douze chants**, écrits en **hexamètres dactyliques**. Le poème s'ouvre avec le récit de la tempête qui jette **Énée**, fils de Vénus et d'Anchise, échappé aux flammes de Troie avec ses compagnons, sur la côte de Carthage (chant I). Aux chants II et III, Énée raconte à la reine **Didon** la chute de Troie et le périple qui l'a conduit de Thrace en Sicile. Le chant IV est consacré aux amours de Didon et d'Énée. Le héros quitte ensuite Carthage pour la Sicile, où il célèbre des jeux en l'honneur de son père **Anchise**, mort en ces lieux un an plus tôt (chant V). Poursuivant sa route, Énée interroge la Sibylle de Cumes, qui le guide aux Enfers : là, il rencontre les ombres de Didon et d'Anchise, qui lui annonce prophétiquement l'histoire de Rome jusqu'à Auguste (chant VI). Au chant VII, les Troyens atteignent le Tibre et le Latium, et sont accueillis par le roi Latinus qui offre à Énée d'épouser sa fille **Lavinie**. Les chants suivants (VIII-XII) racontent les guerres d'Énée contre Turnus, roi des Rutules, et c'est par un duel avec ce rival que s'achève le poème.

Énée est protégé par sa mère **Vénus**, et persécuté par la jalouse **Junon**, qui veut l'empêcher de réussir sa « mission ». Mais un héros épique accomplit toujours son destin (***fatum***), au prix de grandes épreuves (***labores***). L'*Énéide* est donc un récit d'aventures spectaculaires, sentimentales, merveilleuses, au cours desquelles se révèlent les qualités humaines d'un chef parfait : Énée est à la fois un **prêtre** (il emporte dans ses bagages les cultes religieux troyens et sa *pietas* envers les dieux est irréprochable), un **guerrier** capable d'exploits prodigieux et un « **passeur** » (c'est le garant de la durée de son peuple). L'*Énéide* commence, comme l'*Odyssée*, par un périple, et se finit, comme l'*Iliade*, par des combats : cette symétrie par rapport aux poèmes homériques permet de passer d'une ville détruite, Troie, à une ville à construire, **Lavinium**, et de la Grèce au Latium, qui abritera Rome.

Le destin d'Énée

*Ces vers, très célèbres, ouvrent l'*Énéide*. Le poète donne d'emblée toute la dimension de son œuvre : chassé de Troie, persécuté par le ressentiment de Junon, le héros affrontera bien des périls – mais au-delà de son destin, c'est celui de Rome qui est en jeu.*

Arma virumque cano, Trojae qui primus ab oris
Italiam, fato profugus, Laviniaque venit
litora, multum ille et terris jactatus et alto
vi superum saevae memorem Junonis ob iram,
multa quoque et bello passus, dum[1] conderet urbem
inferretque deos Latio, genus unde Latinum
Albanique patres atque altae moenia Romae.
Musa, mihi causas memora, quo numine laeso
quidve dolens regina deum[2] tot volvere casus
insignem pietate virum, tot adire labores
impulerit. Tantaene animis caelestibus irae ?

Virgile, *Éneide*, chant I, 1-11.

1. ***dum*** (+ subj.) : jusqu'à ce que.
2. ***deum*** = *deorum* (fréquent en poésie). Junon, la « reine » des dieux, détestait les Troyens depuis que l'un d'entre eux, Pâris, lui avait préféré Vénus dans un concours de beauté.

Traduction 1

Je chante les armes et le héros qui, premier entre tous, chassé par le destin des bords de Troie, vint en Italie, aux rivages où s'élevait Lavinium. Longtemps, et sur terre et sur mer, la puissance des Dieux d'En Haut se joua de lui, à cause du ressentiment de la cruelle Junon ; et longtemps aussi la guerre l'éprouva en attendant qu'il eût fondé sa ville et transporté ses dieux dans le Latium : ce fut là l'origine de la race latine, des Albains nos pères, et, sur les hauteurs, des remparts de Rome.
Muse, rappelle-moi les causes ; dis-moi pour quelle atteinte à ses droits sacrés, pour quelle blessure, la reine des dieux précipita un homme d'une insigne piété dans un tel enchaînement de malheurs et devant de si rudes épreuves. Entre-t-il tant de colère dans les âmes divines ?

Traduction de **André Bellessort**,

Traduction 2

Les armes je célèbre et l'homme qui le premier des Troyennes rives
en Italie, par la fatalité fugitif, est venu au Lavinien
littoral ; longtemps celui-là sur les terres jeté rejeté sur le flot
de toute la violence des suprêmes dieux, tant qu'à sévir persista Junon dans sa rancune,
durement eut aussi de la guerre à souffrir, devant qu'il ne fondât la ville
et n'importât ses dieux dans le Latium ; d'où la race Latine
et les Albains nos pères, d'où enfin de l'altière cité les murs – Rome.
Muse, les causes ? Dis-moi en quoi lésée sa divinité,
pourquoi la dolente reine des dieux précipitait de chute en chute
l'homme d'insigne piété, le poussait à connaître tant de tribulations.
Tant y aurait-il de colère dans les célestes esprits ?

Traduction de **Pierre Klossowski**,

Traduction 3

Je chante les armes et l'homme qui, premier, des bords de Troie vint en Italie, prédestiné, fugitif, et aux rives de Lavinium ; ayant connu bien des traverses et sur terre et sur l'abîme sous les coups de Ceux d'en haut, à cause de la colère tenace de la cruelle Junon, il souffrit aussi beaucoup par la guerre comme il luttait pour fonder sa ville et installer ses dieux dans le Latium ; d'où la race latine, les Albains nos pères et les murs de la haute Rome.

Muse, apprends-moi les causes : pour quelle atteinte à ses pouvoirs, pour quelle blessure la reine des dieux précipita en un tel cercle d'infortunes, au devant de tels travaux, un homme insigne en piété. Est-il tant de colères dans les âmes célestes ?

Traduction de **Jacques Perret**,
© Les Belles Lettres, 1981.

Traduction 4

< Je chante ici [...] les armes et >
L'homme, élu du destin, qui, le premier, s'enfuit
De Troie en Italie aux champs de Lavinie.
Les dieux qu'armait Junon, ivre de longue haine,
Longtemps l'ont éprouvé par les mers, par les terres,
Par maints combats. Enfin, ses dieux au Latium,
Ses murs là-bas fondés, vint la race latine,
Nos pères les Albains, les hauts remparts de Rome.
Dis-moi, Muse, pourquoi, dis l'atteinte divine,
Pour quel chagrin Junon poursuit de mille maux,
Roule en mille travaux un homme si pieux.
Tant de haine entrerait dans les âmes des dieux ?

Traduction de **Jean-Pierre Chausserie-Laprée**,
© La Différence, 1993.

ÉTUDE COMPARÉE

1. Quelles particularités présentent, dans ce texte (et dans la langue poétique en général), les compléments de lieu ?

2. Quels verbes faut-il sous-entendre après **genus unde Latinum** (= **unde genus Latinum**) et dans la dernière phrase ?

3. Quelle est la nature de la proposition dont le verbe est **impulerit** ? De quel verbe dépend-elle ? Par quels mots est-elle introduite ?

4. Quels mots du texte se rattachent aux trois fonctions d'Énée (prêtre, guerrier, « passeur » assurant la durée de son peuple) ?

5. Ces onze vers racontent d'avance l'essentiel de l'*Énéide*. Pourquoi, dans une épopée, n'est-il pas nécessaire de préserver le « suspense » ?

6. Quel est le moteur de toute l'intrigue de l'*Énéide* ? En quoi cette influence déterminante est-elle un thème caractéristique de l'épopée ? Quels autres thèmes épiques sont ici annoncés ?

7. Comparez de près chacune des traductions qui vous sont proposées avec le texte latin, et justifiez (ou critiquez) les choix de chaque traducteur. Quelles qualités ou quels défauts vous semblent devoir être particulièrement reconnus à chacune de ces traductions ?

LECTURE

Tempêtes épiques : Virgile

*Junon, courroucée de voir **Énée** et sa flotte quitter la Sicile pour cingler vers l'Italie, demande à **Éole**, dieu des vents, de déchaîner une terrible tempête…*

À ces mots, Éole, du fer de sa lance, a frappé le flanc de la montagne creuse : les vents, comme une armée en marche, se ruent par la porte qu'on leur a offerte, et, en tourbillon, soufflent par toute la terre. Ils fondent sur la mer et, s'unissant, l'Eurus, le Notus et l'Africus lourd d'ouragans l'arrachent de ses abîmes et roulent vers le rivage des lames énormes.

Les clameurs des matelots se mêlent aux cris stridents des drisses et les nuages, soudain, dérobent aux yeux des Troyens la vue du ciel et la lumière du jour : une sombre nuit s'abat sur l'océan. Les cieux tonnent, l'air étincelle, criblé d'éclairs. Les hommes ne voient plus, autour d'eux, que la mort.

Énée sent tout à coup ses membres se glacer. Il gémit et, tendant les paumes de ses mains vers les astres : « Trois et quatre fois heureux, s'écrie-t-il, ceux à qui échut la chance de rencontrer la mort sous les regards de leurs parents, au pied des murs de Troie ! » […]

L'Aquilon siffle, la tempête frappe de front la voile, et soulève les flots jusqu'au ciel. Les rames sont brisées, la proue vire de bord, offre aux flots le flanc du bateau, une abrupte montagne d'eau abat aussitôt sa masse. Les uns restent accrochés à la cime de la vague, d'autres voient le flot ouvrir la mer jusqu'au fond, l'eau et le sable tourbillonnent, furieux. Le Notus arrache trois navires, les fait tournoyer et les jette sur les écueils cachés, l'Eurus en précipite trois de la haute mer sur les bas-fonds des Syrtes, pitoyable spectacle, les broie contre les écueils et les enlise dans l'amas des sables.

Virgile, *Énéide*, I, 81 sqq.

Triomphe de Neptune et d'Amphitrite, IIIe s. ap. J.-C., mosaïque Constantine, *musée du Louvre.*

LECTURE

Tempêtes épiques : Homère

*Dans l'Odyssée, **Ulysse**, lorsqu'il quitte l'île de Calypso sur un radeau, doit lui aussi affronter une terrible tempête, lancée contre lui par **Poséidon**, dieu de la mer.*

À peine [Poséidon] avait-il dit cela, prenant son trident et rassemblant les nues, il démontait la mer et, des vents de toute aire, déchaînait les rafales ; sous la brume, il noyait le rivage et les flots ; la nuit tombait du ciel ; ensemble s'abattaient l'Euros, et le Notos, et le Zéphyr hurlant, et le Borée qui naît dans l'azur et qui fait rouler la grande houle. Sentant se dérober ses genoux et son cœur, Ulysse alors gémit en son âme vaillante :

ULYSSE. – Malheureux que je suis ! quel est ce dernier coup ? J'ai peur que Calypso ne m'ait dit que trop vrai ! Le comble de tourments que la mer, disait-elle, me réservait avant d'atteindre la patrie, le voici qui m'advient ! Ah ! de quelles nuées Zeus tend les champs du ciel ! il démonte la mer, où les vents de toute aire s'écrasent en bourrasques ! sur ma tête, voici la mort bien assurée ! Trois fois et quatre fois heureux les Danaens, qui jadis, en servant les Atrides, tombèrent dans la plaine de Troie ! Que j'aurais dû mourir, subir la destinée, le jour où, près du corps d'Achille, les Troyens faisaient pleuvoir sur moi le bronze de leurs piques ! J'eusse alors obtenu ma tombe ; l'Achaïe aurait chanté ma gloire [...] Ah ! la mort pitoyable où me prend le destin !

À peine avait-il dit qu'en volute, un grand flot le frappait : choc terrible ! Le radeau capota : Ulysse au loin tomba hors du plancher ; la barre échappa de ses mains, et la fureur des vents, confondus en bourrasque cassant le mât en deux, emporta voile et vergue au loin, en pleine mer.

Homère, *Odyssée*, V, 291 sqq., trad. Victor Bérard, © Les Belles Lettres.

ÉTUDE COMPARÉE

1. Une tempête est un incident redoutable, mais banal pour un navigateur. Qu'est-ce qui permet d'en faire un épisode épique ?

2. Comparez les deux textes : quels détails permettent de penser que Virgile a, présent à l'esprit, le modèle homérique ?

▶ Quelles touches plus personnelles ajoute-t-il à ce récit ?

▶ En quoi l'*Énéide* se différencie-t-elle fondamentalement de l'*Odyssée* ?

TEXTE

D'Énée à Romulus

Pendant la tempête, ***Vénus*** *s'inquiète pour son fils et supplie* ***Jupiter****, son père divin, de la rassurer.*

Apaise ta crainte, déesse de Cythère, ils restent inchangés,
les destins de tes protégés : tu verras la ville
et les remparts de Lavinium qui t'ont été promis,
et tu élèveras jusqu'aux astres du ciel, sublime,
Énée au grand cœur : je n'ai pas changé d'avis.
Ce héros (oui, puisque ce souci te déchire, je parlerai
un peu trop, et je vais déployer les secrets des destins),
bellum ingens geret Italia populosque feroces
contundet moresque viris et moenia ponet,
tertia dum[1] Latio regnantem viderit[2] aestas,
ternaque transierint Rutulis hiberna subactis.
At puer Ascanius, cui nunc cognomen Iulo
additur (Ilus erat, dum res stetit Ilia regno[3]),
triginta magnos volvendis mensibus orbes[4]
imperio explebit, regnumque ab sede Lavini
transferet, et longam multa vi muniet Albam.
Hic jam ter centum totos regnabitur[5] annos
gente sub Hectorea[6], donec regina sacerdos
Marte gravis[7] geminam partu dabit Ilia prolem.
Inde lupae fulvo nutricis tegmine laetus
Romulus excipiet gentem et Mavortia condet
moenia Romanosque suo de nomine dicet.
His ego nec metas rerum nec tempora pono[8] :
imperium sine fine dedi.

Virgile, *Énéide*, I, 263 sqq.

1. ***dum*** : jusqu'au moment où...

2. ***viderit, transierint*** : futurs antérieurs.

3. ***dum... regno*** : tant que dura la puissance de Troie grâce à ses rois.

4. ***triginta... orbes*** : trente grands cycles entiers formés par le déroulement des mois (= trente ans).

5. ***regnabitur*** (passif impersonnel) : il y aura un royaume.

6. Hector, fils de Priam, est le héros troyen.

7. ***Marte gravis*** : fécondée par Mars ; ***Ilia*** (apposition) est le nom de la vestale (*sacerdos*), appelée ailleurs Rhéa Silvia.

8. ***nec... pono*** : je ne prescris ni bornes ni durée à leur puissance.

ÉTUDE

1. Un des traits du style poétique est la disjonction du nom et de son déterminant (adjectif épithète) ; relevez dans ce texte quelques exemples de cette disjonction. Quelle remarque peut-on faire sur les compléments de lieu **Italia** et **Latio** ?

2. Repérez quelques enjambements et étudiez leurs effets.

3. À quels événements légendaires Jupiter fait-il allusion lorsqu'il évoque Romulus ?

4. Pourquoi le fils d'Énée porte-t-il trois noms successifs ? Relevez, dans la prédiction de Jupiter, tout ce qui va par trois (ou par multiples de trois). Montrez qu'ainsi présentée, l'histoire à venir porte la marque du destin.

TEXTE

Brutus et l'oracle de Delphes

Aux premiers temps de l'histoire romaine, les grands hommes sont eux aussi protégés par les dieux, et des signes divins révèlent leur destin. **Brutus** *veut se venger de l'usurpateur* **Tarquin le Superbe**, *son oncle, et délivrer Rome d'une monarchie devenue tyrannique. Il deviendra le premier consul de la République* (509 *av.* J.-C.). *Mais il lui a fallu d'abord feindre l'imbécillité* (brutus, a, um : *idiot*), *puis lire clairement la volonté des dieux. Selon la légende, envoyé à Delphes avec deux fils de Tarquin pour consulter la Pythie, Brutus se montre en fait plus malin que tout le monde.*

< Junius Brutus >, cum primores civitatis, in quibus fratrem suum, ab avunculo interfectum audisset, neque in animo suo quicquam regi timendum neque in fortuna concupiscendum relinquere statuit contemptuque tutus esse, ubi in jure parum praesidii esset[1]. Ergo, ex industria factus ad imitationem stultitiae [...], Bruti quoque haud abnuit cognomen, ut sub ejus obtentu cognominis liberator ille populi Romani animus latens opperiretur tempora sua. [...]

Quo[2] postquam ventum est, perfectis patris mandatis cupido incessit animos juvenum sciscitandi ad quem eorum regnum Romanum esset venturum. Ex infimo specu vocem redditam ferunt : « imperium summum Romae habebit qui vestrum primus, o juvenes, osculum matri tulerit. » Tarquinii ut Sextus[3], qui Romae relictus fuerat, ignarus responsi expersque imperii esset[4], rem summa ope taceri jubent ; ipsi inter se uter prior, cum Romam redisset, matri osculum daret, sorti permittunt[5]. Brutus alio ratus spectare Pythicam vocem, velut si prolapsus cecidisset, terram osculo contigit, scilicet quod ea communis mater omnium mortalium esset[6].

Tite-Live, *Ab Urbe condita*, I, 55.

1. ***ubi... esset*** : puisqu'il y avait, dans la justice, trop peu de protection = puisque la justice ne suffisait point à le protéger.

2. ***Quo*** (adverbe relatif employé comme relatif de liaison) : là, à Delphes.

3. ***Sextus*** : le troisième fils de Tarquin.

4. ***expers imperii*** : écarté du pouvoir.

5. ***sorti permittunt uter...*** : ils laissent au hasard décider lequel des deux...

6. ***quod... esset*** : causale au subjonctif, *cf.* Grammaire, p. 83.

ÉTUDE

1. Par quel raisonnement Tite-Live explique-t-il la ruse de Brutus ?

▶ Quelle autre explication est ainsi écartée ?

▶ La **prudentia (<pro-videntia)** consiste à envisager lucidement une situation en se montrant prévoyant. Qu'est-ce qui permet de mettre la feinte de Brutus au compte de cette vertu ?

2. Documentez-vous sur l'oracle de Delphes, la Pythie, et la façon dont sont formulées ses réponses.

3. Les Romains ont très longtemps détesté les monarchies dynastiques Que révèle le comportement des deux fils de Tarquin présents à Delphes ?

▶ Quelles qualités révèle, en revanche, le comportement de Brutus ?

Grands voyageurs

Les plus grands héros de l'Antiquité ont beaucoup navigué : dans le temps du mythe, de grands « cycles » forgés par des conteurs relatent leurs lointains voyages, leurs aventures extraordinaires... et leurs escales amoureuses.

Thésée l'Athénien

◆ L'exploit le plus connu de Thésée, fils du roi Égée (ou de Poséidon), a été accompli en Crète, où le roi Minos obligeait les Athéniens à sacrifier sept jeunes gens et sept jeunes filles au **Minotaure**, monstre mi-homme mi-taureau enfermé dans le labyrinthe construit par **Dédale**. Grâce au fil que lui a donné **Ariane**, fille de Minos, il ressort vivant du labyrinthe après avoir tué le Minotaure. Il abandonne Ariane sur l'île de Naxos, fait escale à Délos puis rentre à Athènes.

◆ Ensuite, participant avec son ami Héraclès à l'expédition contre les **Amazones**, il épouse leur reine **Antiope**. Descendu aux Enfers avec son ami Pirithoos pour enlever **Perséphone**, il est délivré par Héraclès.

◆ Après avoir épousé **Phèdre**, sœur d'Ariane, il est assassiné sur l'île de Skyros. Héros protecteur d'Athènes, il faisait l'objet d'un culte au Théséion, sur l'agora.

Jason et les Argonautes

◆ Fils du roi Aeson, Jason est dépossédé de son héritage par son oncle **Pélias**. Pour récupérer son trône, il doit rapporter à Pélias la **Toison d'or**, dépouille d'un bélier magique suspendue dans le bois d'Arès, en Colchide. Jason s'embarque sur la nef **Argo** avec cinquante grands héros de la Grèce. À différentes époques, les conteurs ont ainsi mis au nombre des **Argonautes** Héraclès, Castor et Pollux, Orphée...

◆ Le voyage des Argonautes, riche en péripéties, les conduit au Nord, en mer Noire. Aidé par **Médée** la magicienne, fille du roi de Colchide, Jason réussit des **épreuves** a priori impossibles : atteler à une charrue des taureaux qui soufflent le feu, semer dans un champ les dents d'un dragon, d'où naissent des guerriers qui l'attaquent, etc.

◆ Rentré en Grèce avec Médée, il finit par l'abandonner avec leurs deux enfants. Pour se venger, elle les tue. Le cycle des Argonautes réunit pêle-mêle quantité de légendes : c'est le grand rendez-vous des héros.

Ulysse (Odysseus)

◆ Après la guerre de Troie, Ulysse, roi d'Ithaque, essaie de rentrer dans son île. Mais Poséidon le persécute et, malgré la protection d'Athéna, ce retour prendra dix années, que raconte l'*Odyssée*. Au pays des Lotophages, Ulysse risque de perdre la mémoire ; sur l'île des **Cyclopes**, il tue le monstrueux Polyphème ; il résiste aux chants des **Sirènes** en s'attachant à son mât ; il évite le tourbillon de Charybde et les crocs de Scylla ; la magicienne **Circé** transforme ses compagnons en cochons... et la nymphe **Calypso**, le retient sept ans prisonnier, en lui promettant l'immortalité s'il l'épouse !

◆ Mais Ulysse veut retrouver son épouse Pénélope, et après une troublante escale chez la belle princesse **Nausicaa**, il la délivre de ses prétendants. Son seul but est alors de ne plus jamais naviguer, après tant de tempêtes, de naufrages et de monstres. Ce marin courageux et séducteur aura parcouru toute la Méditerranée : on a pu reconstituer son périple sur nos cartes.

Fantastiques aventures

◆ Dans ces **grands cycles**, l'imaginaire antique exprime un certain nombre de **terreurs primitives** : peur de la mer, des territoires inconnus, des monstres, de la magie. Mais ces récits célèbrent aussi l'**hospitalité**, l'**amitié**, le **courage** et l'**endurance**. Avec ces valeurs fondatrices, c'est la civilisation grecque qui fraie sa voie dans le monde.

◆ Toutefois, ces héros **surhumains** sont souvent **inhumains**, et sacrifient tout à leur quête. Ils laissent derrière eux des drames : ces voyageurs ont séduit, épousé, abandonné des femmes qui les ont logés, nourris et aidés, fût-ce en trahissant les leurs. Ariane, Médée, Calypso, Nausicaa ont été leurs victimes... et préfigurent la malheureuse Didon.

Sol en mosaïque de la villa de Low-Ham, *Grande-Bretagne, Sommerset County Museum.*

ARRÊT SUR IMAGE

1. Histoire de l'art

Que ce soit en Afrique, en Italie ou comme ici en Angleterre, l'art de la mosaïque occupe une place essentielle dans tout le monde antique. Comparez la technique de cette mosaïque avec celles que vous avez rencontrées dans les pages précédentes : vous paraît-elle particulièrement élaborée ? Cette représentation vous paraît-elle plutôt réaliste ou symbolique ? Justifiez votre réponse.

2. Art et histoire

Découverte en 1945 dans une villa de Low-Ham (Sommerset), cette fresque témoigne de l'implantation romaine en Angleterre et du prestige de Virgile dans tout l'empire romain. On y trouve, autour de Vénus à sa toilette, entourée de deux Amours, une illustration de quatre scènes de l'épisode carthaginois de l'*Énéide* : identifiez-les.

3. Techniques et effets

Dans quel ordre les scènes se lisent-elles ? Pourquoi l'artiste a-t-il fait figurer la déesse Vénus dans le médaillon central ? Par quels procédés suggère-t-il sa fonction déterminante dans l'épisode ? Quels éléments (forme, thème et composition des scènes) créent une symétrie entre les deux panneaux latéraux ? et entre les deux autres scènes ? Comment est exprimé le contraste entre Didon et Énée (couleurs, vêtements, etc.) ?

TEXTE SUIVI

La dramatique escale à Carthage

Tout le chant IV de l'Énéide est consacré au récit dramatique des amours de **Didon** *et* **Énée***, qui symbolisent l'alliance impossible des deux cités-reines de la Méditerranée : faute de pouvoir s'aimer,* **Rome** *et* **Carthage** *se feront la guerre, et Carthage, comme Didon, périra dans les flammes…*

1. Didon séduite par Énée

Didon, venue jadis de Tyr pour fonder Carthage, écoute le récit de ce prince troyen qu'une tempête a jeté sur son rivage. Assis près d'elle, Cupidon qui, sur l'ordre de sa mère Vénus, a pris les traits du petit Ascagne, insuffle à la reine le poison de l'amour.

Mais la reine, blessée depuis longtemps d'un grave mal d'amour,
nourrit sa plaie de son propre sang et brûle d'un feu caché.
Elle songe encore et encore au grand courage de ce héros,
à la noblesse de sa lignée ; en elle restent gravés les traits
de son visage et ses paroles, et son tourment d'amour
ne lui permet plus de trouver la paix du sommeil […]
Alors, l'esprit égaré, elle parle ainsi, à sa sœur Anna,
qui partage les secrets de son âme :
« Anna soror, quae me suspensam insomnia terrent !
quis novus hic nostris successit sedibus hospes !
quem sese ore ferens[1] ! quam forti pectore et armis !
credo equidem, nec vana fides, genus[2] esse deorum.
Degeneres animos timor arguit. Heu, quibus ille
jactatus fatis ! quae bella exhausta canebat !
si mihi non animo fixum immotumque sederet
ne[3] cui me vinclo vellem sociare jugali,
postquam primus amor deceptam morte fefellit[4] ;
si non pertaesum thalami taedaeque fuisset[5],
huic uni forsan potui[6] succumbere culpae. »

Virgile, *Énéide*, IV, 1 sqq.

1. ***quem sese ore ferens*** : (portant) quelle assurance sur son visage.

2. ***genus*** = *generis*.

3. ***ne*** (+ Subj.) : la décison de ne pas…

4. Didon est veuve de Sychée, tué par son frère Pygmalion.

5. ***si non… pertaesum (me) fuisset*** (+ G.) : si je n'avais pris en dégoût…

6. ***potui*** = *potuissem* : j'aurais pu.

2. La trahison d'Énée

Séduite, Didon s'est unie à Énée. Mais celui-ci est rappelé à ses devoirs par Mercure, envoyé par Jupiter : la nouvelle ville que bâtit la reine n'est pas celle qu'il doit lui-même fonder. Il doit donc reprendre la mer, et prépare sans rien dire son départ. Mais Didon s'en aperçoit, et interpelle l'infidèle :

« As-tu pu espérer, homme sans foi, pouvoir
cacher un tel crime, et, sans un mot, quitter ma terre ?
Ni ton amour, ni tes serments d'hier ne t'arrêtent,
ni la cruelle mort dont mourra Didon ?
Pire, en pleine mauvaise saison, dans les tempêtes des Aquilons,

tu te hâtes de gagner le large, cruel ?
Mais quoi ! si tu n'étais point en quête d'une autre terre,
de palais encore inconnus, si l'antique Troie était encore là,
irais-tu avec ta flotte par la mer orageuse
chercher à gagner Troie ? Est-ce moi que tu fuis ? [...]
Si jamais je t'ai fait quelque bien, si de moi
quelque chose te fut cher, aie pitié de ma maison royale
que tu fais s'effondrer, et, je t'en supplie,
s'il est encore permis de te prier, change d'avis ! [...]
À cause de toi, les Libyens, les tyrans de Numidie
me haïssent, les Tyriens me détestent.
À cause de toi, encore, j'ai fait taire mes devoirs de veuve,
et d'abord cette renommée qui, seule, m'égalait aux astres !
À qui abandonnes-tu celle qui va mourir, toi, mon hôte,
puisque, de l'époux que tu as pu être, seul me reste ce nom ?
Pourquoi m'attarder à vivre ? [...] »
Ainsi parla-t-elle. Énée, obéissant à Jupiter,
sans ciller, obstiné, maîtrisait le tourment en son cœur.

Virgile, *Énéide*, IV, 305 sqq.

Énée accompagné de l'Amour se présente à Didon, G. B. Tiepolo (1696-1710), fresque de la villa Valmarana.

3. La mort héroïque de Didon

Énée a pris la mer, ses navires gagnent le large. Furieuse de douleur, Didon lance une terrible malédiction : « Je maudis, rivage contre rivage, mer contre mer, armes contre armes : que nos peuples se combattent, eux et leurs descendants ! » Puis elle se donne la mort.

Alors, frémissante, mise hors d'elle par sa terrible décision,
Didon, l'œil sanguinaire, tremblante, le rouge aux joues,
se précipite en son palais, et pâle de sa mort prochaine,
gravit, furieuse, les hauts degrés du bûcher
et tire l'épée d'Énée le Dardanien, ce présent
qu'il ne lui avait point offert pour cet usage.
Elle regarda la robe troyenne, son lit familier,
s'attarda un peu, en larmes et songeuse, puis
elle se jeta sur le lit et dit ces derniers mots :
« Ô chères dépouilles, aimées tant que dieux et destins le permirent,
recevez mon âme et libérez-moi de mon tourment.
Vixi, et quem dederat cursum Fortuna peregi
et nunc magna mei sub terras ibit imago[1].
Urbem praeclaram statui, mea moenia vidi,
ulta virum[2] poenas inimico a fratre recepi.
Felix, heu nimium felix, si litora tantum[3]
numquam Dardaniae tetigissent nostra carinae. »
Dixit, et os impressa toro « moriemur inultae,
sed moriamur ! » ait. « Sic, sic juvat ire sub umbras.
Hauriat hunc oculis ignem crudelis ab alto[4]
Dardanus, et nostrae secum ferat omina mortis ! »
Dixerat, atque illam media inter talia ferro
collapsam aspiciunt comites[5], ensemque cruore
spumantem sparsasque manus.

Virgile, *Énéide*, IV, 642 sqq.

1. Énée rencontrera cette « ombre pleine de grandeur » lors de sa descente aux Enfers (chant VI).
2. ***ulta virum*** : après avoir vengé, en vengeant mon époux.
3. ***si... tantum*** : si seulement.
4. ***ab alto*** : depuis la haute mer.
5. ***comites*** : ses suivantes.

ÉTUDE

1. En vous aidant d'une encyclopédie ou d'un dictionnaire de mythologie, comparez le destin de Didon à celui d'Ariane et de Médée, séduites et abandonnées par Thésée et Jason.
- Quel rôle jouent ces héroïnes dans la geste du héros qui débarque chez elles ?
- Quels sont les motifs qui rendent la conduite d'Énée plus ou moins pardonnable ?
- Quelle signification particulière revêt cependant l'épisode de l'*Énéide* ?

2. Quels sont, pour Virgile, les « symptômes » de la passion amoureuse ?

3. Montrez, dans les différents textes de cette lecture suivie, les constantes du personnage de Didon.
- Est-elle seulement une femme amoureuse ?
- Quels traits de son caractère relèvent de sa fonction de reine ?
- Commentez en particulier, de ce point de vue, la manière dont elle tombe amoureuse d'Énée, certains éléments de ses reproches à l'infidèle, et la « mise en scène » de son suicide (ses **ultima verba**, et sa façon de se donner la mort).
- En quoi cette mort est-elle « héroïque » ?

La mort de Didon, illustration d'un manuscrit, 1500, *Bibliothèque nationale de France.*

VERSION

Retrouvailles aux Enfers

Aux Enfers, dans les bois des Champs des Pleurs, Énée aperçoit Didon, « obscure, parmi les ombres, semblable à la lune que l'on voit ou que l'on croit avoir vue, à son lever, entre les nues… » Il lui adresse ces mots :

« Infelix Dido, verus mihi nuntius ergo
venerat[1] exstinctam ferroque extrema secutam ?
Funeris, heu, tibi causa fui ? Per sidera juro, […]
invitus, regina, tuo de litore cessi.
Sed me jussa deum[2], quae nunc has ire per umbras,
per loca senta situ[3] cogunt noctemque profundam,
imperiis egere suis ; nec credere quivi
hunc tantum tibi me discessu ferre dolorem.
Siste gradum teque aspectu ne subtrahe nostro :
quem fugis ? »

Virgile, *Énéide*, VI, 455 sqq.

1. ***venerat*** : était venu (me dire).
2. ***deum*** = *deorum*.
3. ***per loca senta situ*** : à travers ces ronciers hideux.

LECTURE

Cacus et Hercule

À l'époque d'Auguste, **Hercule** *est célébré par un culte à l'*Ara Maxima, *sur le* Forum Boarium *(le « marché aux bœufs »). Que fait Hercule parmi les vaches ? Arrivé dans le* Latium, *Énée rencontre* **Évandre**, *un Grec originaire d'Arcadie, qui, sur le site même de la future* Rome, *règne sur la ville de* Pallantée. *Évandre raconte le mythe d'***Hercule** *et* **Cacus**.

Il y avait là une caverne, à l'écart, au fond de ce vaste vallon, qu'un être mi-bête mi-homme, Cacus, à la face terrible, gardait inaccessible aux rayons du soleil ; le sol en était toujours tiède du sang d'un nouveau meurtre, et toujours, insolemment, étaient clouées aux portes des têtes humaines, blanchies d'une horrible pourriture. Ce monstre était fils de Vulcain : lorsqu'il bougeait la masse énorme de son corps, sa bouche vomissait les feux noirs de son père. [...] Fier de la mort et des dépouilles de Géryon aux trois têtes, Hercule était là : victorieux, il menait là ses bœufs, dont le troupeau occupait toute la vallée et le fleuve. Cacus déroba quatre taureaux d'immense stature, et autant de génisses d'une beauté d'exception. Et, pour que la direction des pas ne restât pas marquée en indice, il les traîna par la queue en inversant leurs traces, et les cacha dans l'obscurité de son antre rocheux. Pour qui chercherait, nul signe ne menait à la caverne. Cependant, tandis que le fils d'Amphitryon préparait son troupeau au départ, cette séparation fit mugir les bœufs, qui emplirent le bois et les collines de leurs plaintes et de leurs adieux. Une génisse, en réponse, mugit dans la caverne et cette prisonnière ruina les espoirs de Cacus.

Alors Hercule, dont une bile noire enflamma la furieuse colère, empoigna sa massue de chêne noueux et gravit en courant les escarpements de la colline. [...] Cacus, ne pouvant fuir désormais le danger, se mit à vomir une énorme fumée (quel miracle !) et arracha à la vue sa demeure obscurcie par cette nuée ; il amassa dans son antre une nuit fumeuse où le feu se mêle aux ténèbres. Hercule ne put contenir sa colère : d'un bond, il se jeta dans les plus forts remous de la fumée, là où la caverne bouillonne de nuées noires. Il saisit Cacus, qui exhalait ces feux inutiles, il tordit son cou comme pour faire un nœud, et sans le lâcher, il l'étrangla, faisant jaillir ses yeux et vidant sa gorge de son sang.

Virgile, *Énéide*, VIII, 190 sqq.

ÉTUDE

1. Montrez comment l'exagération et le merveilleux, fréquents dans l'épopée, interviennent dans le récit de Virgile. Quels autres traits confèrent au récit sa tonalité épique (comparez, par exemple, avec le récit de la tempête, p. 178) ?

2. Le nom de Cacus fait penser au grec *kakos*, « méchant, mauvais », et au latin *caecus* « aveugle, mal éclairé ». Quels détails du texte montrent que Virgile exploite ces ressemblances étymologiques ?

3. En quoi cette légende est-elle en accord avec la figure mythique d'Hercule (*cf.* p. 190), que les grecs appelaient *alexikakos*, « celui qui éloigne le Mal » ?

TEXTE

Hercule et Cacus

L'historien Tite-Live prend soin lui aussi de raconter cette légende.

D'après la tradition, c'est en ces lieux qu'Hercule, après avoir tué Géryon, amena ses bœufs d'une admirable beauté. Au bord du Tibre, il se coucha dans une prairie, pour repaître ses bœufs d'un gras pâturage et se reposer de la fatigue de la route. **Ibi cum eum cibo vinoque gravatum sopor oppressisset, pastor accola ejus loci, nomine Cacus, ferox viribus, captus pulchritudine boum[1], cum avertere eam praedam vellet, quia, si agendo armentum in speluncam compulisset, ipsa vestigia quaerentem dominum eo deductura erant, aversos boves eximium quemque[2] pulchritudine caudis in speluncam traxit. Hercules, ad primam auroram somno excitus, cum gregem perlustrasset oculis et partem abesse numero sensisset, pergit ad proximam speluncam, si forte[3] eo vestigia ferrent. Quae ubi omnia foras[4] versa vidit nec in partem aliam ferre, confusus atque incertus animi, ex loco infesto agere porro armentum occepit. Inde cum actae boves quaedam ad desiderium, ut fit, relictarum mugissent, reddita inclusarum ex spelunca boum vox Herculem convertit. Quem cum vadentem ad speluncam Cacus vi prohibere conatus esset, ictus clava, fidem pastorum nequiquam invocans, morte occubuit.**

Tite-Live, *Ab Urbe condita*, I, 7.

1. ***boum*** : gén. pl. de *bos, bovis*.
2. ***eximium quemque*** : les plus remarquables (*eximium* est traité comme un superlatif, *cf.* Grammaire, p. 139.)
3. ***si forte*** : pour le cas où, pour voir si...
4. ***foras*** (adv.) : vers l'extérieur.

ÉTUDE

1. Décomposez la première phrase, en isolant la proposition principale, puis en ajoutant les propositions circonstancielles. Une traduction acceptable suppose que l'on coupe cette longue phrase latine : essayez différentes solutions.

2. Montrez qu'à la différence de Virgile, l'historien essaie de rendre cette légende vraisemblable : étapes du récit, psychologie des personnages, environnement humain, explication des comportements.

3. Quels détails rattachent cet épisode à l'image traditionnelle d'Hercule ?

VERSION

Évandre reconnaît Hercule

Evander tum ea, profugus ex Peloponneso, auctoritate magis quam imperio regebat loca. [...] Is tum Evander, concursu pastorum trepidantium circa advenam, manifestae reum caedis, excitus, postquam facinus facinorisque causam audivit, habitum formamque viri aliquantum ampliorem augustioremque humana intuens, rogitat qui vir esset. Ubi nomen patremque ac patriam accepit, « Jove nate, Hercules, salve ! », inquit.

Tite Live, *Ab Urbe condita*, I, 7.

Fort comme Hercule !

Héraclès est le plus célèbre des héros grecs. Les Romains lui consacrèrent très tôt un culte, sous le nom d'Hercule. Les exploits de ce héros musclé ont inspiré l'imagination populaire bien après l'Antiquité : les péplums et la bande dessinée en témoignent…

Un sacré caractère

◆ Comme tous les grands héros grecs, **Héraclès** est un **demi-dieu** (*hémithéos*) : il est le fils d'une mortelle, **Alcmène**, et de **Zeus** qui a pris les traits d'Amphitryon pour la séduire. Au berceau, ce bébé costaud étrangle deux serpents envoyés par **Héra** (= Junon, épouse de Zeus). Héra poursuivra le héros de sa haine pendant toute sa vie, ce qui explique peut-être son nom (Héra-klès = la gloire d'Héra).

◆ Doué d'une stature impressionnante, d'une **force exceptionnelle** et d'un courage obstiné, Héraclès excelle au tir à l'arc, à la lutte, mais il connaît également les arts : réprimandé par son professeur de musique, Linos, il le tua d'un bon coup de luth… Personnage au tempérament très violent et porté à tous les excès (notamment de boisson), le géant a tout pour mal finir…

Le choix d'Héraclès

◆ Envoyé par Amphitryon garder les moutons, Héraklès voit lui apparaître deux femmes, allégories de la **Volupté** et de la **Vertu** : l'une lui proposait une vie de plaisir, l'autre une vie de labeur et de gloire. Après avoir bien hésité, Héraclès choisit la vertu. Désormais, il parcourt le monde pour **mettre sa force au service du bien.**

◆ Ce ne fut pas toujours facile : dans un accès de démence provoqué par Héra, il tue son épouse **Mégara** et ses enfants. Le héros repentant est condamné par l'oracle de Delphes à être pendant douze ans l'**esclave de son ennemi Eurysthée**, roi de Tirynthe, qui lui impose les fameux travaux.

Les Travaux d'Hercule

◆ La légende d'Hercule comporte un grand nombre de **variantes**, parfois fabriquées par les poètes mythologiques et tragiques. On le retrouve partout, accompagnant les Argonautes, filant la laine aux pieds d'Omphale, reine de Lydie, qui l'a réduit en esclavage amoureux, fondant des cités (en Gaule, il visita la région d'Orange…).

◆ Vers le IIIe siècle avant J.-C., des érudits d'Alexandrie dressèrent un « catalogue » de **douze Travaux**. Selon la liste la plus communément acceptée, ce sont : le lion de Némée (dont Hercule revêt la peau, la *léonté*) ; l'hydre ; le (très gros) sanglier d'Érymanthe ; la biche aux sabots d'airain de Cyrénie ; les oiseaux (anthropophages) du lac Stymphale ; les écuries d'Augias ; le taureau de Crète ; les chevaux (eux aussi anthropophages) de Diomède ; la ceinture d'Hippolyte, reine des Amazones ; les bœufs de Géryon, ogre espagnol à trois têtes (à cette occasion, le héros plante les Colonnes d'Hercule de chaque côté du détroit de Gibraltar) ; les pommes d'or des Hespérides ; le voyage aux Enfers, pour délivrer Thésée en enchaînant Cerbère.

Hercule entre le Vice et la Vertu, Batoni Pompeo (1708-1787), *Turin, galerie Sabauda.*

Hercule dit de Massicault, statue en marbre, IIIe s. ap. J.-C., *Tunis, musée national du Bardo.*

L'apothéose du bon géant

◆ Sa dernière épouse, **Déjanire**, lui offre une **tunique** qui, selon le centaure **Nessus**, devait lui procurer l'immortalité. Mais Nessus voulait se venger : il a empoisonné le vêtement, qui dévore la chair du héros dès qu'il la revêt. Pour mettre fin à ses horribles souffrances, Héraclès se fait transporter au sommet du mont Oeta et brûler vif sur un bûcher.

◆ Zeus accueille alors au nombre des dieux ce géant qui, à l'aide de son arme symbolique, la massue, et revêtu de sa peau de lion, a débarrassé le monde de ses monstres et a connu punitions, humiliations, souffrances. Les philosophes antiques verront en lui la personnification du combat pour la **Sagesse**. Mais il reste un héros populaire – et surtout spectaculaire.

ARRÊT SUR IMAGE

1. Histoire de l'art

Cette statue monumentale en marbre d'une hauteur de 2,02 m et d'une largeur d'environ 50 cm est sans doute un portrait funéraire du IIIe siècle après J.-C. Le schématisme du costume et l'abondance des symboles alliés à l'expression du regard chargé de spiritualité annoncent les débuts de l'art chrétien.

2. Art et histoire

Cette statue a été trouvée en Tunisie, dans une bourgade appelée Massicault, à 40 km à l'ouest de Tunis. Elle témoigne de l'enracinement en Afrique des cultes dits ésotériques : le personnage est représenté sous les traits d'Hercule, héros lié au mystère de la mort et de l'au-delà : à quels détails le reconnaît-on ? Quels éléments symbolisent ses victoires terrestres et infernales ?

3. Techniques et effets

Comment le sculpteur donne-t-il à son personnage un aspect imposant ? Étudiez en particulier les effets de symétrie et de variation (disposition des vêtements, position du personnage, répartition des éléments dans l'espace, etc.).

CHAPITRE

18 La guerre épique

*Depuis l'*Iliade, *la guerre est au cœur du genre épique, mais elle est aussi, pour les peuples antiques et particulièrement pour les* Romains, *l'occasion d'affirmer des vertus civiques. Et les héros de l'*Histoire *vont rivaliser avec ceux de l'épopée…*

Récits guerriers

Aux origines de l'épopée, il y a des **poèmes chantés par les aèdes**, au cours des banquets, devant les seigneurs de l'ancienne Grèce, qui tiennent leur autorité de leurs exploits guerriers. Un peu comme au Moyen Âge, cette culture belliqueuse se nourrit de récits plus ou moins légendaires qui célèbrent les vertus d'une « aristocratie de guerriers » : le **courage**, la **force**, le **sens de l'honneur**, mais aussi la **loyauté** face à l'adversaire et une certaine forme de « fair-play » chevaleresque. Les récits guerriers de l'épopée vantent des **héros exemplaires** dont l'idéal est d'être « le meilleur » (en grec, *aristos*).

À cause d'une femme

Alors que les guerres historiques sont généralement provoquées par des enjeux de pouvoir (territoires à conquérir ou à piller), la guerre épique est une **guerre d'honneur**, dans laquelle les dieux eux-mêmes prennent parti dès lors qu'ils soutiennent l'un ou l'autre camp. La **guerre de Troie** est menée par une coalition de rois achéens commandés par Agamemnon, roi de Mycènes, pour venger son frère Ménélas, roi de Sparte, dont le Troyen Pâris a enlevé l'épouse, Hélène. L'archéologie a montré que la ville de Troie a effectivement été détruite vers 1250 avant J.-C., ce qui n'est pas loin de la date légendaire de sa chute (1184). L'*Iliade* ne raconte que quelques journées du siège de Troie, qui dura dix ans : son vrai sujet est la colère d'Achille qui, se jugeant offensé parce qu'Agamemnon lui a repris Briséis, une belle captive, refuse de continuer le combat.

Rituels épiques

L'***Iliade*** contient des scènes dites « typiques » (***topoï***) caractéristiques de l'épopée : la description des armes des héros, superbes et parfois bénies des dieux ; la préparation au combat, lorsque le héros revêt ces armes ; les salutations rituelles entre héros, et les invectives échangées entre les armées ; la longue description des différents bataillons princiers ; au sein de la mêlée, l'affrontement des chefs, qui prend souvent l'allure d'un duel en forme (***aristie***) ; le respect des lois de la guerre qui donnent droit de vie ou de mort au vainqueur sur le vaincu et font de la vengeance un devoir sacré. Les héros de l'*Iliade*, qui s'expriment avec éloquence, sont caractérisés par des **expressions stéréotypées** (« épithètes homériques ») : Agamemnon « gardien de son peuple », Hector « au casque étincelant », Ménélas « chéri d'Arès (dieu de la guerre) », Achille « aux pieds légers »... On les compare aux forces de la nature : ce sont des fauves, des lions, et ils accomplissent des massacres terribles.

L'épopée romaine

Sans renoncer aux ornements du style épique et à la plupart des « rituels guerriers » du modèle homérique, les auteurs latins, dès Ennius, les transposent sur un **fond historique** beaucoup plus concret. Le véritable héros des ***Annales***, c'est un héros collectif, **le peuple romain**, servi par de grands hommes que les dieux inspirent, mais qui avant tout accomplissent leur devoir. La guerre permet de mettre en évidence non seulement le courage, mais encore des **vertus civiques**. L'***Énéide***, épopée légendaire, reprend des thèmes chers aux poètes homériques, mais elle évite les exagérations et fait du **sens du devoir** (***pietas***), de l'abnégation, de la fidélité les causes profondes de la vaillance du héros. On sent bien que, par rapport à l'imaginaire aristocratique des seigneurs de l'*Iliade*, l'ardeur d'Énée au combat manifeste son dévouement à un destin qui le dépasse, et qui, dans l'Histoire, sera celui de Rome.

Une épopée noire

Les Romains ont « historicisé » mythes et épopées, en inscrivant dans leur propre histoire leur conception de l'héroïsme. L'Histoire, et même l'histoire récente, fournit à **Lucain** le sujet d'une **sombre épopée** : une centaine d'années à peine après la guerre civile qui opposa César et Pompée, il entreprit de raconter ce **duel entre deux chefs prestigieux** qui, chacun à sa manière, incarnaient Rome, et dont l'affrontement marqua la fin de la République. Au-delà de la bataille de Pharsale, c'est le triomphe injuste de César qui se bâtit par une guerre tragique. Nostalgique de la République, Lucain considère que Pompée avait pour lui la légalité, et César le destin : la ***Pharsale*** est l'épopée d'une **folie meurtrière** (*furor*) arbitrée par les dieux. Mais seul le ton épique pouvait rendre sensible l'intensité de ce drame historique.

Lucain (Marcus Annaeus Lucanus) 39-65 ap. J.-C.

D'origine espagnole comme son oncle le philosophe Sénèque, il est remarqué par l'empereur Néron, grand amateur de poésie, et devient un de ses favoris. En 62 ou 63, il publie les trois premiers chants de la ***Pharsale***. Il tombe ensuite en disgrâce, et Néron le contraint à se suicider. Le titre original de son épopée était sans doute *De bello civili*. Le poème se termine brutalement au chant X : on le suppose inachevé. Sous l'influence de la rhétorique, Lucain écrit dans un **style puissant**, très riche en images, et parfois obscur.

TEXTE

Les saintes armes d'Énée

Toujours inquiète pour son fils chéri, **Vénus** *charge son époux divin,* **Vulcain**, *de lui forger une panoplie magnifique pour affronter ses ennemis dans le* Latium, *puis elle offre ces armes à* Énée.

« En perfecta mei promissa conjugis[1] arte
munera[2], ne mox aut Laurentes[3], nate, superbos
aut acrem dubites in proelia poscere Turnum ! »
Dixit, et amplexus nati Cytherea petivit,
arma sub adversa posuit radiantia quercu[4].
Ille deae donis et tanto laetus honore,
expleri[5] nequit atque oculos per singula volvit,
miraturque interque manus et bracchia versat
terribilem cristis galeam flammasque vomentem,
fatiferum ensem, loricam ex aere rigentem,
sanguineam[6], ingentem, qualis cum caerula nubes
solis inardescit radiis longeque refulget;
tum leves ocreas electro[7] auroque recocto,
hastamque et clipei non enarrabile textum[8].

C'était l'histoire de l'Italie et les triomphes des Romains; instruit des chants des prophéties et des âges futurs, le maître du feu les avait tracés là, avec aussi toute la race des descendants d'Ascagne, et dans leur ordre les guerres qu'ils feraient. Il montrait, couchée dans l'antre vert de Mars, la louve et ses deux petits, jouant, pendus à ses mamelles tétant leur mère sans effroi; elle, tournant vers eux son cou arrondi, les léchait tour à tour et façonnait leurs corps de sa langue. Tout près, il avait placé Rome, et le rapt insolent des Sabines. [...] Au centre se déployait en grand l'image toute d'or d'une mer agitée, d'un bleu sombre écumant de crêtes blanches et alentour, en cercle, de clairs dauphins d'argent balayaient la mer de leurs queues et fendaient la houle. Au milieu, des flottes de bronze, la guerre d'Actium. [...] D'un côté, Auguste César conduisant au combat les Italiens avec les Pères et le peuple, les Pénates et les grands dieux, debout sur la haute poupe; deux flammes jaillissaient de ses tempes radieuses.

Virgile, *Énéide*, VIII, 609 sqq.

1. ***mei conjugis*** : Vulcain, époux de Vénus.

2. Relier ***perfecta munera***.

3. Les Laurentes sont une tribu du peuple des Rutules, dont Turnus, rival d'Énée pour épouser la fille du roi Latinus, est le prince.

4. ***sub adversa... quercu*** : les noms d'arbres sont féminins en latin.

5. ***expleri*** : se rassasier.

6. La comparaison avec les reflets du soleil sur des nuages d'un bleu sombre (*caerula nubes*) explique ***sanguineam*** (couleur de sang).

7. ***electro*** : l'électrum est un alliage d'argent et d'or, léger et durci au feu (*recocto*).

8. ***clipei... textum*** : l'assemblage du bouclier = le bouclier, dont l'agencement ne saurait être décrit (***non enarrabile***).

ÉTUDE

1. Expliquez la formation et le sens de l'adjectif **fatiferum**.

2. Scandez les deux premiers vers : à quoi voyez-vous qu'il faut relier **perfecta** à **munera** ?

3. Quels traits du texte soulignent l'attitude maternelle de Vénus, et, de la part d'Énée, un émerveillement un peu enfantin ?

4. Montrez que les armes d'Énée sont à la fois très belles et très « techniques ». Pourquoi Vulcain a-t-il été choisi par Vénus comme artisan pour les fabriquer ?

5. Couleurs, substances, symboles : montrez que la description épique combine ces éléments.

LECTURE

Les armes d'Achille

Dans l'Iliade, à la demande de sa mère Thétis, **Héphaïstos** *forge des armes pour le héros, avant son duel avec le* Troyen Hector.

Il fabriqua d'abord un bouclier grand et solide
Qu'il garnit de motifs ; puis il y fixa trois bordures
Aux reflets chatoyants, ainsi qu'un baudrier d'argent.
Il le recouvrit de cinq épaisseurs et y créa
De multiples sujets, fruits de ses savantes pensées.
Il y représenta la terre et le ciel et la mer
Et le soleil infatigable et la lune en son plein [...]
Il y représenta aussi deux belles cités d'hommes [...]
Il y plaça une jachère grasse et meuble,
Exigeant trois façons, et où de nombreux laboureurs
Faisaient, en les pressant, aller et revenir leurs bêtes [...]
Il y plaça aussi un clos royal. Des ouvriers
Y moissonnaient, tenant en main des faucilles tranchantes [...]
Il y plaça aussi un beau vignoble lourd de grappes [...]
Il y plaça aussi un troupeau de bœufs encornés [...]
Il y représenta aussi une place de danse
Pareille à celle que jadis, dans le vaste Cnossos,
Dédale construisit pour Ariane aux belles tresses,
Et où les garçons et les filles les plus recherchées
Dansaient en se tenant la main au-dessus du poignet [...]
Pour finir, à l'extrême bord du bouclier solide,
Il plaça l'Océan, le vaste fleuve aux eaux puissantes.

Homère, *Iliade*, XVIII, 474 sqq, trad. F. Mugler, © Actes Sud.

ÉTUDE COMPARÉE

1. Comparez le texte d'Homère et celui de Virgile.
▶ Montrez que Virgile s'inspire de son modèle, mais s'en écarte radicalement.

2. Quel est le sujet d'ensemble des décors que place Héphaïstos ?

▶ Qu'est-ce qui est représenté sur le bouclier d'Énée ?
▶ En quoi le choix de Virgile s'inscrit-il dans l'esprit de l'*Énéide* ?

3. En faisant figurer la bataille d'Actium au centre du bouclier, que célèbre Virgile ?

LECTURE

Une guerrière : Camille

Dans l'univers guerrier de l'épopée, rares sont les figures féminines.
Voici pourtant **Camille**, *reine des Volsques, alliée de* **Turnus** *contre* **Énée**.
Virgile célèbre aussi bien sa noble beauté que son courage au combat…

Après eux arrive, de la nation des Volsques, Camille, à la tête de sa colonne de cavaliers et de ses bataillons resplendissants d'airain, une guerrière, dont les mains de femme n'ont point l'habitude de manier la quenouille ni les corbeilles chères à Minerve : cette vierge est rompue à endurer les combats et à courir plus vite que le vent. Elle volerait sur les cimes d'une moisson sans même l'effleurer ni blesser, par sa course, les tendres épis, elle traverserait la mer aux flots gonflés sans même mouiller la plante de ses pieds rapides. Des champs et des maisons sortent les jeunes gens et une foule de mères, pour la voir s'avancer et admirer, bouche bée d'étonnement, la façon dont la pourpre du manteau royal qui l'honore couvre ses frêles épaules, l'agrafe d'or qui tient noués ses cheveux, et sa grâce à porter le carquois de Lycie et sa lance de myrte, un bâton de berger, armée d'un fer acéré.

Énéide, VII, 803 sq.

Mais la belle guerrière, alors qu'elle combat à cheval contre Énée et les siens, tombe frappée d'une javeline. Entourée de ses compagnes de combat, elle expire héroïquement.

Mourante, elle tente d'arracher le trait avec sa main, mais la pointe de fer de la javeline, entre les os de ses côtes, reste plantée dans la profonde plaie. Elle défaille, exsangue, et défaillent ses yeux pris du froid de la mort, le rose quitte ses joues, son visage pâlit. Alors, expirante, à Acca, de toutes ses suivantes la plus fidèle, la seule qui partageait les peines de Camille, elle dit : « Acca, ma sœur, jusqu'ici, j'ai pu tenir ; mais voici que cette cruelle blessure m'achève, et tout, autour de moi, fond dans le noir des ténèbres. Fuis, et rapporte à Turnus mes dernières consignes : qu'il me remplace au combat, qu'il repousse les Troyens de la ville. À présent, adieu ! » Et en disant ces mots, laissant échapper ses rênes, elle glissait malgré elle jusqu'à terre. Alors, gagnée par le froid, elle se délia de son corps et, lâchant ses armes, laissa reposer son cou languissant et sa tête dont la mort s'est emparée. Et sa vie, courroucée, en un gémissement, s'enfuit chez les ombres.

Énéide, VIII, 815 sq.

ÉTUDE

1. Dans les mythes antiques, quelles guerrières légendaires, qui combattaient à cheval et étaient armées d'un arc, sont passées à la postérité ?

2. Comparez la mort de Camille avec les extraits de ce chapitre qui racontent la blessure et la mort des héros de l'*Énéide*. Où retrouvez-vous le vers final ?

3. Quels traits du récit, cependant, marquent de grâce féminine le courage viril de Camille face à la mort ?

TEXTE TRADUCTION

Énée blessé

Pour éviter des morts inutiles, **Énée** *et* **Turnus** *ont convenu par traité* (foedus) *de se rencontrer en combat singulier. Mais les Rutules et Turnus, au mépris de cet accord, violent la trêve et massacrent les troupes d'Énée.*

At pius Aeneas dextram tendebat inermem
nudato capite atque suos clamore vocabat :
« Quo ruitis ? quaeve ista repens discordia surgit ?
O cohibete iras ! ictum jam foedus et omnes
compositae leges. Mihi jus concurrere soli ;
me sinite atque auferte metus. Ego foedera faxo
firma manu ; Turnum debent haec jam mihi sacra ! »
Has inter uoces, media inter talia verba
ecce viro stridens alis adlapsa sagitta est.
Incertum qua pulsa manu, quo turbine adacta,
quis tantam Rutulis laudem, casusne deusne,
attulerit. Pressa est insignis gloria facti,
nec sese Aeneae jactavit vulnere quisquam. [...]
Atque ea dum campis victor dat funera Turnus,
interea Aenean Mnestheus et fidus Achates
Ascaniusque comes castris statuere cruentum
alternos longa nitentem cuspide gressus.
saevit et infracta luctatur harundine telum
eripere auxilioque viam, quae proxima, poscit :
ense secent lato vulnus telique latebram
rescindant penitus, seseque in bella remittant !

Virgile, *Énéide*, XII, 313 sqq.

Mais le pieux Énée tendait son bras désarmé, et, tête nue, appelait à grands cris les siens : « Où courez-vous ? que signifie cette discorde qui soudain a surgi ? Ô mes amis, réfrénez votre furieuse colère ! Un pacte a été conclu, désormais, toutes les clauses en sont arrêtées : moi seul, j'ai le droit d'aller au combat. Laissez-moi faire, et écartez toute peur. C'est moi qui exécuterai ce pacte, et mon bras ne tremblera pas. Par nos engagements sacrés, c'est à moi que Turnus est dû ! » Pendant ces appels, au milieu de ces mots, une flèche stridente a volé jusqu'au héros. Lancée par quelle main ? poussée par quel tourbillon ? qui, hasard ou dieu, a procuré aux Rutules un tel motif d'honneur ? On ne sait. La gloire de ce haut fait fut étouffée, et nul ne se vanta d'avoir blessé Énée. [...]
Et tandis que Turnus, victorieux, sème le massacre sur le champ de bataille, Énée, par Mnesthée, le fidèle Achate et Ascagne qui les accompagne, est installé debout dans le camp. Perdant son sang, il soutient sa marche en s'appuyant, un pas sur deux, sur sa longue lance. Furieux, il lutte pour arracher le trait dont le bois s'est brisé, et demande qu'on l'aide par le plus simple moyen : qu'ils coupent largement la plaie, qu'ils entaillent profondément l'endroit où se cache la pointe, et qu'ils le renvoient au combat !

ÉTUDE

1. Faites correspondre, groupe de mots par groupe de mots, traduction et texte latin. Quelles libertés s'est accordées le traducteur ?

2. En quoi Énée mérite-t-il particulièrement d'être nommé **pius Aeneas** dans cet épisode ? Quelles autres qualités du héros cette péripétie met-elle en valeur ?

3. La blessure du héros est une péripétie fréquente dans d'autres œuvres d'inspiration épique (films de guerre ou d'aventures, westerns, etc.).
Citez des exemples de votre connaissance qui montrent le caractère désormais stéréotypé du comportement du héros et de ses paroles.

TEXTE & TRADUCTION

Vénus guérit son fils

Victime de la félonie de Turnus, ***Énée*** *est pris en mains par son compagnon* ***Iapyx****, qui est médecin. Mais seule une intervention divine peut, sur l'heure, guérir sa blessure.*

Stabat, acerba fremens, ingentem nixus in hastam Aeneas magno juvenum et maerentis Iuli concursu, lacrimis immobilis. Ille retorto Paeonium in morem senior succinctus amictu multa manu medica Phoebique potentibus herbis nequiquam trepidat, nequiquam spicula dextra sollicitat prensatque tenaci forcipe ferrum. [...]
Hic Venus indigno nati concussa dolore dictamnum genetrix Cretaea carpit ab Ida. [...]
Hic Venus obscuro faciem circumdata nimbo detulit, hoc fusum labris splendentibus amnem inficit occulte medicans, spargitque salubres ambrosiae sucos et odoriferam panaceam.
Fovit ea vulnus lympha longaevus Iapyx ignorans, subitoque omnis de corpore fugit quippe dolor, omnis stetit imo vulnere sanguis.
Jamque secuta manum nullo cogente sagitta excidit, atque novae rediere in pristina vires.
« arma citi properate viro ! quid statis ? », Iapyx conclamat primusque animos accendit in hostem :
« Non haec humanis opibus, non arte magistra proveniunt, neque te, Aenea, mea dextera servat : major agit deus atque opera ad majora remittit. »

Virgile, *Énéide*, XII, 395 sqq.

Énée était debout, murmurant d'amères paroles, appuyé sur sa lance immense, entouré des jeunes guerriers et de Iule, éploré, qui étaient venus en masse l'entourer, sans se laisser émouvoir par leurs larmes. Le vieux Iapyx, sa tunique retroussée à la façon de Péon, s'évertue en vain de sa main qui soigne et en usant des herbes efficaces d'Apollon, en vain il fait bouger la pointe du trait et saisit son métal dans une forte pince. [...]
Lors, Vénus, bouleversée par l'injuste douleur de son fils, en bonne mère, va cueillir sur l'Ida de Crète le dictame. [...] *Lors, cachant sa présence d'une opaque nuée, Vénus a descendu ce remède, elle en imprègne l'eau versée dans les bassins étincelants, comme un médecin invisible, elle répand les sucs salutaires de l'ambroisie et l'odorante panacée. Le vieux Iapyx, sans le savoir, a baigné la blessure de cette eau et soudain, en effet, toute douleur a quitté le corps d'Énée, du fond de la plaie ne coule plus le sang. Et voici que, docile sous les doigts, sans que nul ne la force, la flèche sort de la plaie, et des forces renouvellent la vigueur d'antan. « Vite, apportez ses armes à notre héros ! Pourquoi restez-vous immobiles ? », crie Iapyx et, le premier, il s'échauffe contre l'ennemi : « Ces effets que nous voyons ne proviennent pas de pouvoirs humains, ni d'un art magistral ! Non, Énée, ce n'est pas ma main qui te sauve : c'est un dieu supérieur qui agit, et te libère pour de plus grands exploits ! »*

ÉTUDE

1. Étudiez, dans ce passage, l'emploi et le sens des adverbes **hic** et du pronom-adjectif **hic, haec, hoc**.

2. En comparant le texte latin et la traduction, précisez comment sont traduits les mots et expressions : **lacrimis immobilis** (*cf.* les sens de **movere**) ; **Phoebi** ; **trepidat** ; **indigno dolore** ; **genitrix** ; **occulte medicans** ; **stetit sanguis** ; **citi** ; **statis** ; **remittit**.
▶ Comment s'expliquent les choix du traducteur ?
▶ Proposez éventuellement d'autres solutions que celles qu'il a retenues.

3. Qu'est-ce que le dictame ? Qui est Péon ? Qu'est-ce que l'ambroisie et la panacée ?

4. Comment sont ici présentées les relations affectives entre Vénus et Énée ?
▶ Pourquoi Vénus reste-t-elle invisible ?
▶ Que pensez-vous de l'attitude de Iapyx ?

Combat entre les Troyens et les Rutules, illustration d'un manuscrit du IVe s. ap. J.-C.

VERSION

Avant le combat : Énée à son fils

Aussitôt guéri, **Énée** *ceint ses armes et repart au combat. Mais avant d'affronter* **Turnus**, *le héros embrasse son fils, pour qui ces combats dans le Latium sont l'apprentissage de la guerre. Il est à bonne école…*

« Disce, puer, virtutem ex me verumque laborem,
fortunam ex aliis. Nunc te mea dextera bello
defensum dabit et magna inter praemia ducet.
Tu facito, mox cum matura adoleverit aetas,
sis memor[1] et te animo repetentem exempla tuorum
et pater Aeneas et avunculus excitet Hector ! »

Virgile, *Énéide*, XII, 434 sqq.

1. ***Facito… sis memor*** : tâche de te souvenir.

Épopée et culture

Certains textes épiques de l'Antiquité ne sont pas seulement des œuvres littéraires : ils jouent un rôle essentiel dans la culture grecque et latine, et alimentent aussi bien l'imaginaire que certains apprentissages essentiels.

La « philosophie » d'Homère

◆ Dans les cités grecques, et notamment à Athènes, les poèmes homériques étaient souvent appris par cœur. Certains épisodes étaient appréciés non seulement pour leurs **qualités littéraires**, ou pour les **extraordinaires aventures** qu'ils contaient, mais pour l'**enseignement** qu'ils procuraient. C'est ainsi que l'on a pu très tôt considérer ces textes comme une **« épopée à message »** : l'***Iliade***, par exemple, enseigne que chaque homme, fût-il un héros, a sur terre une part de **destin** (***moïra***) à accomplir, et qu'il ne doit pas se laisser aller à l'excès (*hubris*). Ces thèmes seront repris dans plusieurs **tragédies grecques**.

◆ Dans l'***Odyssée***, Ulysse bascule sans cesse du monde des monstres à celui des hommes, dont la caractéristique est l'hospitalité, règle essentielle de la vie civilisée. Et le héros renonce à l'immortalité pour regagner son foyer et faire son devoir d'époux, tandis que son fils, Télémaque, parti à la recherche de son père, accomplit les devoirs sacrés de l'amour filial.

Fortune littéraire

◆ Reste que les textes homériques ont brillamment assuré le rôle de **modèle littéraire** primordial. Dès l'époque alexandrine, les savants travaillent à un immense chantier : établir une **« version officielle »** de ce texte fondateur, expliquer sa langue désormais archaïque, le commenter sans cesse ou le compléter : c'est ainsi que le poète **Quintus de Smyrne** prit l'initiative, au IVe siècle après J.-C., de composer quatorze chants de *Posthomerica* qui comblent l'interruption du récit entre l'*Iliade* et l'*Odyssée*.

Ennius, puis Virgile

◆ À Rome, on apprit pendant longtemps à lire dans les ***Annales*** d'Ennius, et Cicéron le cite très souvent (de mémoire, sans doute). Par la suite, les grammairiens commentèrent inlassablement les moindres vers de l'*Énéide*. Car ces textes, aux yeux des Romains, ne sont pas seulement l'œuvre d'habiles poètes (***poetae***) : ils sont écrits par des ***vates***, des poètes animés par une **inspiration sacrée** qui fait d'eux de véritables **prophètes**.

◆ Ils connurent sans doute une popularité équivalente à celle que rencontra plus tard Victor Hugo, dont *Les Misérables* et *La Légende des Siècles* furent les livres de chevet incontournables de plusieurs générations, et systématiquement étudiés dans les écoles de la République. Il faut rappeler qu'à l'époque où Hugo lui-même étudiait, Virgile était encore le poète par excellence.

Ulysse sortant de la caverne du Cyclope caché sous un bélier, Ier s. av. J.-C., *Karlsruhe, musée* Badois.

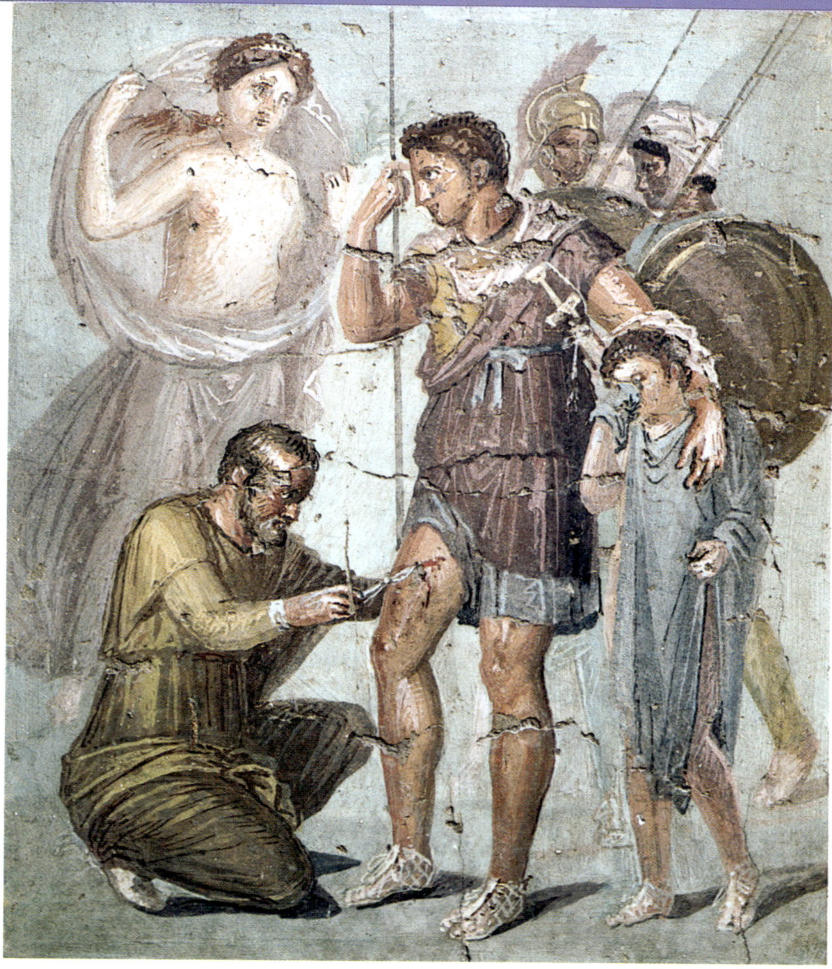

Énée blessé, fresque de Pompéi, *musée archéologique de Naples*.

Un trésor d'images

◆ Les poèmes homériques, dans lesquels les objets familiers, les gestes techniques, les décors sont souvent présentés de façon très concrète et avec force détails, se prêtent à des **« mises en image » réalistes**. Les scènes tirées de l'*Iliade* et de l'*Odyssée* offrent aux **artistes grecs** une multitude de sujets (le sac de Troie, les Sirènes, le duel entre Achille et Hector, le Cyclope...).

◆ Chez les Romains, l'*Énéide* inspire à son tour les artistes. Par la suite, l'art académique, jusqu'au XIXe siècle, empruntera autant de scènes à Virgile qu'à Tite-Live : les palais de Louis XIV regorgent de panneaux ou de tableaux qui représentent les aventures du fils de Vénus – dont le Roi-Soleil affirmait être un descendant...

ARRÊT SUR IMAGE

1. Histoire de l'art

Cette fresque trouvée dans une riche villa est caractéristique du quatrième style des peintures pompéiennes. Que désigne-t-on ainsi ?

2. Art et histoire

Avec l'avènement d'Auguste se multiplient les représentations liées aux origines de Rome et en particulier aux épisodes racontés par Virgile dans l'*Énéide*. Cette fresque illustre avec précision le passage du chant XII qui évoque comment Énée, blessé par la flèche d'un Rutule anonyme, est soigné par Iapyx auquel Vénus apporte l'herbe magique qui le guérira. Comparez précisément cette peinture avec le texte de Virgile (p. 198) : quels détails s'en écartent ?

3. Techniques et effets

Étudiez la composition de la scène : où se trouvent les protagonistes ? À quoi les reconnaissez-vous ? Étudiez le jeu de regards des personnages : qui chacun regarde-t-il ? avec quel effet ? Comment le peintre suggère-t-il le contraste entre la déesse et les hommes ? entre la vie quotidienne et la guerre ?

TEXTE SUIVI

Un combat de Titans

Finalement, **Énée** *se retrouve face à* **Turnus**, *descendant de* Daunus *et roi des* Rutules : *ce duel sera l'ultime épisode de l'*Énéide, *qui s'achève sur le dernier vers de ce passage plein de violence et d'émotions. En effet,* Turnus *porte les dépouilles qu'il a prises sur le corps de* Pallas, *fils d'*Évandre, *quand il l'a tué. Or* **Pallas** *était l'ami d'*Énée*…*

1. La victoire d'Énée

Aeneas instat contra telumque coruscat
ingens arboreum[1], et saevo sic pectore fatur :
« Quae nunc deinde mora est ? aut quid jam, Turne, retractas ?
non cursu, saevis certandum est comminus armis ! » […]
Ille, caput quassans : « Non me tua fervida terrent
dicta, ferox ! di me terrent et Juppiter hostis ! »

Sans en dire davantage, Turnus regarde autour de lui et voit une énorme pierre, une pierre antique, qui par hasard se trouvait là, placée dans la plaine pour borner les champs et éviter tout procès. C'est à peine si douze hommes d'élite, de ces hommes qui aujourd'hui peuplent la terre, pourraient la soulever sur leurs épaules ; mais lui, l'ayant saisie de sa main frémissante, la faisait tournoyer contre son ennemi, se dressant de toute sa hauteur, en vrai héros, en courant contre son adversaire. Mais […] il ne se reconnaît pas lui-même ; ses genoux fléchissent, son sang glacé s'est figé de froid. Alors la pierre du guerrier, roulant dans l'air vide, ne franchit pas tout l'espace et ne frappa point Énée. Et comme dans les rêves, quand la langueur du repos a, la nuit, pressé nos yeux, nous avons l'impression de vouloir en vain prolonger notre course avide, et nous nous affaissons, impuissants, au milieu de nos efforts ; notre langue est paralysée, notre corps manque des forces que nous lui connaissions : c'est ce qui arrive à Turnus, de quelque côté qu'il tente courageusement d'aller, la sinistre déesse[2] lui refuse le succès. […] Contre lui, qui hésite, Énée brandit le trait fatal, ayant vu l'occasion favorable, et de toute sa force il le lance de loin. […] Sous le coup, l'immense Turnus tombe à terre, ployant le jarret. Les Rutules debout lancent un gémissement, toute la montagne alentour y répond, et au loin les forêts profondes en renvoient l'écho.

1. ***ingens arboreum*** : une lance grande comme un arbre.
2. Cette sinistre déesse est la Mort, que Jupiter, pour en finir avec la guerre, a dépêchée auprès de Turnus.

1. ***merui*** : j'ai fini ma tâche. C'est un mot de soldat : dans le vocabulaire militaire, *merere* signifie « faire son temps de service ».

2. ***utere*** (et, plus bas, ***miserere***) : impératif.

3. ***me, seu... mavis*** : moi vivant, ou, si tu préfères, mon corps...

4. ***videre*** = *viderunt*.

5. ***ulterius ne tende odiis*** : ne va pas plus loin dans la haine.

2. Turnus s'avoue vaincu

Ille humilis supplex oculos dextramque precantem
protendens « equidem merui[1] nec deprecor », inquit ;
« utere[2] sorte tua ! miseri te si qua parentis
tangere cura potest, oro (fuit et tibi talis
Anchises genitor), Dauni miserere senectae
et me, seu corpus spoliatum lumine mavis[3],
redde meis. Vicisti et victum tendere palmas
Ausonii videre[4] ; tua est Lavinia conjunx,
ulterius ne tende odiis[5] ! »

1. ***indignata*** : écœurée, révoltée, courroucée...

3. L'implacable Énée

Énée, plein d'ardeur sous ses armes, s'arrêta, le regard incertain, et il retint son bras ; il hésitait, et, de plus en plus, les paroles de Turnus avaient commencé à l'émouvoir, lorsqu'apparut par-dessus son épaule le malheureux baudrier [...] du jeune Pallas, que Turnus avait terrassé d'un coup fatal alors qu'il était vaincu, trophée pris à son ennemi, qu'il portait sur son torse. Énée emplit ses yeux de ces dépouilles qui ravivaient en lui une douleur cruelle, et, enflammé par les Furies, terrible en sa colère, s'écria : « Toi qui es revêtu des dépouilles des miens, tu m'échapperais ?

Pallas te hoc vulnere, Pallas
immolat et poenam scelerato ex sanguine sumit ! »
Hoc dicens ferrum adverso sub pectore condit
fervidus ; ast illi solvuntur frigore membra
vitaque cum gemitu fugit indignata[1] sub umbras.

Virgile, *Énéide*, XII, 887 – fin.

ÉTUDE

1. Le combat

Quels éléments du texte, qui relèvent de l'amplification épique, présentent les adversaires comme des « surhommes » ?

▶ Turnus, condamné par Jupiter, a perdu sa force héroïque : expliquez la comparaison avec l'état de rêve. Pourquoi, en définitive, Énée sera-t-il vainqueur ?

2. Les supplications de Turnus

▶ Au nom de quelles valeurs Turnus implore-t-il Énée ?

▶ Pourquoi cette supplique peut-elle toucher Énée ?

▶ Dans quelles circonstances, familières aux Romains, le combat s'arrête-t-il ainsi avant le coup fatal, permettant au vaincu de demander grâce ?

3. La mise à mort

▶ Entre quels sentiments Énée est-il partagé ?

▶ Comment et pourquoi Virgile ménage-t-il un rebondissement dramatique puissant ?

▶ Relevez deux enjambements et expliquez leur effet.

▶ À Rome, les lois de la guerre étaient impitoyables : les Romains anéantissaient tout ennemi qui avait laissé passer l'occasion de se rendre. Quel autre devoir, dont l'épopée fait grand cas, semble ici légitimer la violence inutile du vainqueur ?

4. Comparez ces textes avec la fin de l'*Iliade* (le duel entre Achille et Hector, chant XXII ; l'entrevue d'Achille et de Priam, chant XXIV).

TEXTE SUIVI

Duel entre un Romain et un Gaulois

Le duel, grand moment épique, mais procédure étrangère aux « guerres historiques » qui voient s'affronter non des héros, mais des armées, procure l'occasion de mettre en évidence, chez des soldats d'élite, un « héroïsme civique ». Pour résister à une invasion gauloise (vers 361 av. J.-C.), les Romains ont bien besoin de ces vertus… En l'occurrence, de chaque côté d'une rivière, les ennemis s'observent sans oser s'engager sur le pont qui les sépare. Comment débloquer la situation ?

1. Le défi

Tum eximia corporis magnitudine in vacuum pontem Gallus processit et quantum maxima voce[1] potuit « quem nunc », inquit, « Roma virum fortissimum habet, procedat agedum ad pugnam, ut noster duorum eventus ostendat utra gens bello sit melior ! ». Diu inter primores juvenum Romanorum silentium fuit, cum et abnuere certamen vererentur et praecipuam sortem periculi petere nollent ; tum T. Manlius L. filius […] ex statione ad dictatorem[2] pergit ; « injussu tuo », inquit, « imperator, extra ordinem nunquam pugnaverim[3], non si[4] certam victoriam videam : si tu permittis, volo ego illi beluae ostendere, quando adeo ferox praesultat hostium signis, me ex ea familia ortum quae Gallorum agmen ex rupe Tarpeia dejecit.[5] »

Le dictateur donne son accord.

1. *quantum maxima voce* = *quam maxima voce*.

2. *dictatorem* : la conduite de la guerre a été confiée au dictateur T. Quinctius.

3. *pugnaverim* : je ne saurais combattre.

4. *non si* : pas même si.

5. Allusion à l'exploit de M. Manlius Capitolinus (390 av. J.-C).

2. Les deux combattants

Armant inde juvenem aequales ; pedestre scutum capit, hispano cingitur gladio[1] ad propiorem habili pugnam. Armatum adornatumque adversus Gallum stolide laetum et – quoniam id quoque memoria dignum antiquis visum est – linguam etiam ab irrisu[2] exserentem producunt. Recipiunt inde se ad stationem ; et duo in medio armati spectaculi magis more quam lege belli destituuntur[3], nequaquam visu ac specie aestimantibus pares. Corpus alteri magnitudine eximium, versicolori veste pictisque et auro caelatis refulgens armis ; media in altero militaris statura modicaque in armis habilibus magis quam decoris species ; non cantus, non exsultatio armorumque agitatio vana, sed pectus animorum iraeque tacitae plenum ; omnem ferociam in discrimen ipsum certaminis distulerat.

1. *hispano gladio* : le « glaive espagnol » court est l'arme règlementaire du fantassin romain.

2. *ab irrisu* : par moquerie.

3. *destituuntur* : sont debout face à face.

1. ***velut moles superne imminens*** : qui, pour ainsi dire, surplombait son adversaire de toute sa masse.

2. ***caesim*** : en frappant avec le tranchant.

3. ***mucrone subrecto*** : la pointe de son glaive légèrement relevée.

4. ***interior... factus*** : s'étant placé trop près (de son adversaire) pour risquer de recevoir un coup.

3. Manlius, habile vainqueur

Ubi constitere inter duas acies tot circa mortalium animis spe metuque pendentibus, Gallus velut moles superne imminens[1], projecto laeva scuto, in advenientis arma hostis vanum caesim[2] cum ingenti sonitu ensem dejecit ; Romanus, mucrone subrecto[3], cum scuto scutum imum perculisset totoque corpore interior periculo vulneris factus[4] insinuasset se inter corpus armaque, uno alteroque subinde ictu ventrem atque inguina hausit et in spatium ingens ruentem porrexit hostem.

1. ***carminum prope modo incondita quaedam*** : des couplets amusants pour ainsi dire improvisés.

2. = ***auditum*** (*est*).

4. Gloire au vainqueur !

Jacentis inde corpus ab omni alia vexatione intactum uno torque spoliavit, quem respersum cruore collo circumdedit suo. Defixerat pavor cum admiratione Gallos ; Romani alacres, ab statione obviam militi suo progressi, gratulantes laudantesque ad dictatorem perducunt. Inter carminum prope modo incondita quaedam[1] militariter joculantes Torquatum cognomen auditum[2] ; celebratum deinde posteris, etiam familiae, honori fuit. Dictator coronam auream addidit donum mirisque pro contione eam pugnam laudibus tulit.

Tite-Live, *Ab Urbe condita*, VII, 9-10.

ÉTUDE

1. Un singulier combat

▶ Qu'est-ce qui oppose l'attitude du Gaulois et celle du Romain ?

▶ Pourquoi et comment Manlius demande-t-il l'autorisation du dictateur ?

▶ Pourquoi rappelle-t-il l'exploit de son ancêtre ?

▶ Quel est, pour le Gaulois, l'enjeu du combat ? et pour le Romain ?

▶ Quels traits épiques marquent ce défi ?

2. Préparatifs

▶ Pourquoi Manlius ne s'équipe-t-il pas tout seul ?

▶ Que pensez-vous de son armement ?

▶ Que suggèrent l'allure du Gaulois, sa tenue et sa grimace ?

▶ Pourquoi Tite-Live feint-il d'hésiter à raconter ce dernier détail ?

▶ Caractérisez, en regard, l'allure et l'attitude du Romain.

3. Le combat

▶ Quelle est la « tactique » du Gaulois ?

▶ Et celle de Manlius ? Expliquez (en le mimant) son mouvement vers son adversaire : quel avantage procure ce geste technique ?

4. Récompenses

▶ Quelle coutume romaine rappellent les chants railleurs des camarades de Manlius ?

▶ Expliquez son **cognomen** « Torquatus ».

5. À quel combat mythique fameux fait songer cet épisode ?

▶ Comment Tite-Live souligne-t-il le caractère exceptionnel d'un combat de ce type ?

▶ Quel autre « duel » célèbre de l'histoire de Rome connaissez-vous ?

6. Manlius est-il un héros épique ou historique ?

▶ Que montre, en définitive, l'épisode ?

▶ Quelles vertus, essentielles dans la conception romaine de la guerre, incarne Manlius ?

LECTURE

Le duel des « imperatores »

La guerre civile qui éclate en janvier 49 va déchirer la République romaine. Lucain y reconnaît un duel entre deux hommes, **César** *et* **Pompée**, *qui entraînent derrière eux des partis, mais qui s'affrontent personnellement. Les deux adversaires, cependant, ne luttent pas à armes égales : ils incarnent des valeurs et des forces différentes…*

Combat inégal : l'un, Pompée, presque un vieillard,
Pendant son long repos sous la toge civile,
En paix, a désappris à être général :
Quêtant la renommée, comblant de dons le peuple,
Il se laisse porter par le vent populaire,
Se complaît aux bravos que lui vaut son théâtre,
Ne renouvelle plus ses forces, et se fie
À sa fortune d'hier. Il se tient là, debout,
Ombre de son grand nom, tel un chêne dressé
Domine un champ de blé, et porte le butin
De vieux peuples vaincus et les dons de leurs chefs.
Il ne tient plus au sol par de fortes racines :
Ancré par son seul poids, il jette dans les airs
Ses branches dénudées – son tronc, faute de feuilles,
Seul, fait de l'ombre. Il va tomber au premier vent,
Cent forêts alentour se dressent, vigoureuses,
Mais, seul, on le vénère. Faute d'un si grand nom,
César était pour tous un fameux chef de guerre :
Valeureux général, il ne tient pas en place,
Redoutant seulement de vaincre sans combat.
Indomptable, violent, répondant aux appels
Tantôt de ses espoirs, tantôt de ses colères,
Il frappe et ne craint pas de souiller son épée,
Il presse ses succès et la faveur des dieux,
Renverse tout obstacle à son pouvoir suprême,
Et il fait son chemin, heureux, de ruine en ruine.
Ainsi l'on voit jaillir, sous la force des vents,
La foudre au cœur des nues : elle a fait résonner
L'éther de son fracas en grondant par le monde,
Et déchiré le jour, en traversant le ciel,
Pour terrasser d'effroi les peuples paniqués
Dont l'éclat de sa flamme a ébloui les yeux.
Les lieux qu'elle meurtrit, elle se les consacre,
Puis, nul corps ne saurait la tenir enfermée :
Elle fait grand massacre en tombant, aussi grand
En remontant au ciel, et rassemble ses feux.

Lucain, *Pharsale*, I, 137-157.

Pompée (Gnaeus Pompeius Magnus, 106-48 av. J.-C.)

Après avoir restauré la légalité républicaine au lendemain de la dictature de Sylla (81), Pompée s'impose sur la scène politique grâce à ses **talents de général**. Il s'illustre en Espagne, aide à la répression de la révolte de Spartacus (71), élimine les pirates qui sévissent en Méditerranée, puis gagne la guerre contre Mithridate, roi du Pont. En 61, il célèbre un triomphe sans précédent pour ses victoires remportées sur trois continents, Europe, Asie et Afrique. Il passe alors un accord avec **Crassus**, l'autre grand général du moment, et **César**, dont il épouse la fille : c'est le « **premier triumvirat** », par lequel les trois ***imperatores*** mettent en commun leurs intérêts personnels.

Très populaire, aimant être comparé à Alexandre le Grand (son surnom de *Magnus* en témoigne), il construit à Rome le premier théâtre en pierre (55 av. J.-C.). Représentant attitré des **conservateurs**, il s'oppose à la réélection de César au consulat en 49. Une tactique maladroite – il quitte l'Italie avec ses légions pour l'Illyrie – fera de lui le **vainqu de Pharsale**. Réfugié en Égypte, il est assassiné à Alexandrie.

Médaille à l'effigie de Pompée, *Rome, musée Napoleonico.*

César (Gaius Julius Caesar, 101 ?-44 av. J.-C.)

Médaille à l'effigie de César, *Rome, musée Napoleonico.*

Issu d'une très vieille famille, la ***gens Julia***, qui prétendait descendre de Iule, fils d'Énée, donc de Vénus, César s'appuie sur le **parti « populaire »** pour faire sa carrière politique. Ses campagnes en Espagne (61) révèlent ses talents de général (notamment, sa ***celeritas***, art d'agir vite et bien). Activiste, viveur, porté aux solutions radicales, il s'impose en entretenant tout un **réseau d'agents** et d'agitateurs. Nommé **consul** après le premier triumvirat, il reçoit un ***imperium*** extraordinaire de cinq ans pour pacifier la Gaule, mission renouvelée en 55. Pendant neuf années, de 58 à 49, il assure la **« conquête de l'Ouest »** en matant les Gaulois, puis se rebelle contre le Sénat qui, en 49, lui refuse un second consulat. En franchissant le **Rubicon** avec ses légions (janvier 49) il rend inévitable la **guerre civile**. Vainqueur de Pompée à Pharsale, il achève la guerre en Égypte, puis en Afrique, enfin en Espagne. **Autoproclamé dictateur à vie**, hésitant à devenir roi, il est assassiné aux Ides de mars 44. Homme d'une grande culture littéraire, César croit aux vertus de la propagande : il écrit et diffuse dans cette intention ses *Commentaires de la Guerre des Gaules* (huit livres) puis *De la Guerre civile* (trois livres), dans lesquels il raconte

ÉTUDE

1. Étudiez la composition du passage. Lucain évoque chaque chef de deux manières successives : lesquelles ?

▶ Expliquez, élément par élément, la comparaison de Pompée avec un chêne et celle de César avec la foudre.

▶ Pourquoi peut-on parler ici d'allégorie ?

2. En étudiant la vie et l'œuvre de César et de Pompée, éclairez les allusions du texte à leurs carrières et à leurs caractères.

▶ Quel était le surnom de Pompée ?

▶ Ne pourrait-on pas traduire différemment l'expression **magni nominis umbra** (v. 9) ?

3. Montrez que ces deux allégories en forment une troisième, celle de l'issue de la guerre civile entre ces deux chefs.

4. Qu'apporte la rhétorique sophistiquée de Lucain à son projet d'écrire une épopée sur un événement historique ?

TEXTE & LECTURE

Le passage du Rubicon

En franchissant le Rubicon, petit fleuve côtier au nord de Rimini, César entre dans l'illégalité. Moment crucial, dont Lucain fait un récit… épique.

Fonte cadit modico parvisque impellitur undis
puniceus Rubicon, cum fervida canduit aestas
perque imas serpit valles et Gallica, certus
limes, ab Ausoniis[1] disterminat arva colonis.
Tum vires praebebat hiems, atque auxerat undas
tertia iam gravido pluvialis Cynthia cornu[2]
et madidis Euri resolutae flatibus Alpes.
Primus in obliquum sonipes opponitur amnem,
excepturus aquas ; molli tunc cetera rumpit
turba vado faciles jam fracti fluminis undas.
Caesar ut adversam, superato gurgite, ripam
attigit, Hesperiae[3] vetitis et constitit arvis :
« Hic, ait, hic pacem temerataque jura relinquo.
Te, Fortuna, sequor. Procul hinc jam foedera sunto[4].
Credidimus fatis : utendum est judice bello ! »

Lucain, *Pharsale*, I, 213-227.

1. **Ausoniis** = *Italicis*. Les Ausoniens sont les anciens habitants de l'Italie.
2. **Cynthia** = *Diane* : la lune. ***Tertia Cynthia*** : la troisième lune, le troisième mois de l'hiver. ***Gravido cornu*** : de son croissant chargé de pluie.
3. **Hesperia** : l'Italie.
4. ***sunto*** (forme d'impératif) = *sint*.

César franchissant le Rubicon, gravure sur bois, 1863.

ÉTUDE COMPARÉE

1. Comparez le texte latin et sa traduction par Hugo ci-contre (dans les 14 derniers vers). Quels écarts – souvent considérables ! – observez-vous ?

2. Commentez l'expression de Lucain **superato gurgite** (quelques vers plus haut, il parle du **parvus Rubicon**). En examinant l'ensemble de la traduction de Hugo, relevez, dans la continuité du texte, d'autres traits épiques.

3. Les traductions très littéraires sont souvent appelées des « belles infidèles ». Ces deux épithètes vous semblent-ils justifiés pour qualifier la traduction de Hugo ?

C'est à quinze ans que le jeune **Hugo** *fit une traduction de ce passage célèbre de Lucain. Cette traduction commence avant l'extrait du texte latin précédent.*

César a frissonné d'horreur ;
Sur la rive longtemps l'enchaîne sa terreur.
« Ô toi, dit-il enfin, qui vois Rome et la terre
De ce roc Tarpéien où gronde ton tonnerre ;
Vous, dieux puissants d'Iule ; et toi, grand Quirinus ;
Jupiter, dont l'œil veille aux murs de Latinus ;
Feux sacrés de Vesta ; toi, devant qui tout tremble,
Toi, qui peux plus sur moi que tous les dieux ensemble,
Rome, écoute ma voix : César victorieux
Ne veut point t'accabler sous son bras furieux.
Ô Rome ! heureux vainqueur de la terre et de l'onde,
Ton esclave ne veut que t'asservir le monde.
Parle et César encor peut être ton soutien ;
C'est ton ennemi seul qui me rendra le tien. »
Il dit et sans tarder, fendant les flots rapides,
Il plante à l'autre bord ses aigles intrépides.
Ainsi quand un lion, dans ses déserts brûlants,
Voit de loin l'ennemi s'avancer à pas lents ;
Par de longs coups de queue excitant son courage,
Il s'arrête incertain, et rassemble sa rage.
Sa vaste gueule exhale un sourd rugissement,
Sa crinière à grands flots couvre son corps fumant,
Il la dresse, il bondit, et si le dard d'un Maure,
Dans son flanc enfoncé, de son sang se colore,
Blessé, mais fier encor, vainqueur en succombant,
Il fond sur le chasseur et l'écrase en tombant.
Le Rubicon pourpré, sortant d'une humble source,
Roule en de beaux vallons qu'il arrose en sa course ;
Ses eaux, marquant les bords asservis à nos lois
Quand l'été les tarit, bornent les champs Gaulois.
Alors, des noirs torrents de leurs neiges fangeuses
Les Alpes grossissaient ses vagues orageuses ;
Chaque escadron, brisant leur cours impétueux,
Oppose un front oblique aux flots tumultueux,
Et l'armée, avançant dans l'onde ralentie,
Guide au sein du courant sa marche appesantie.
César, touchant ces bords qu'il n'eût point dû revoir
« Loin, dit-il, vains traités ! vaines lois du devoir !
Fortune, je te suis ; la victoire est mon titre.
J'ai trop cru les destins, que Mars soit mon arbitre ! »

Traduction de Victor Hugo, 1817.

TEXTE

Les dés sont jetés !

L'historien Suétone, dans ses Vies des douze Césars, *raconte lui aussi le passage du* Rubicon. *C'est moins grandiose que chez* Lucain, *mais il serait décevant qu'une touche de merveilleux ne vienne pas enrichir ce moment historique…*

Consecutusque cohortes ad Rubiconem flumen, qui provinciae ejus finis erat, paulum constitit, ac reputans quantum moliretur[1], conversus ad proximos : « Etiam nunc », inquit, « regredi possumus ; quod si[2] ponticulum transierimus, omnia armis agenda erunt. » Cunctanti ostentum tale factum est. Quidam eximia magnitudine et forma in proximo sedens repente apparuit harundine canens ; ad quem audiendum cum praeter pastores plurimi etiam ex stationibus milites concurrissent, interque eos et aeneatores, rapta ab uno tuba prosiliuit ad flumen et ingenti spiritu classicum exorsus[3] pertendit ad alteram ripam. Tunc Caesar : « Eatur[4] », inquit, « quo deorum ostenta et inimicorum iniquitas vocat. Jacta alea est ! » inquit.

Suétone, *Vies des douze Césars*, 31-32.

1. ***quantum moliretur*** : l'importance de ce qu'il entreprenait.
2. ***quod si*** : mais si.
3. ***classicum exorsus*** : sonnant la marche. Le *classicum* est l'air de clairon qui transmet à l'armée l'ordre de se mettre en marche.
4. **Eatur… *quo*** : Il faut aller, allons là où…

Dés à jouer en os, *musée d'Ostie.*

ÉTUDE

1. À quel verbe appartient la forme **eatur** ? Expliquez son emploi, et justifiez les traductions qui vous sont proposées en note.

2. Comment Suétone explique-t-il l'hésitation de César ? Est-elle vraisemblable ?

3. Quels détails suggèrent que l'« homme à la flûte » est une vision miraculeuse ? Quelle était l'attitude des Romains vis-à-vis des prodiges ?

4. À moment historique, mots historiques : expliquez le fameux **alea jacta est**. Quel trait de caractère de César laisse-t-il transparaître ?

5. Dans son *Commentaire de la Guerre civile* (où il parle de lui à la troisième personne), César écrit simplement : **« Cognita militum voluntate, Ariminum cum ea legione proficiscitur »**. Commentez cette sobriété.

TEXTE

César à ses soldats, avant la bataille

La stratégie de Pompée a déconcerté les contemporains : pour pouvoir rassembler ses troupes alliées, et peut-être pour ne pas guerroyer sur le sol italien, il a traversé l'Adriatique. La bataille décisive se fera en Thessalie, dans le nord de la Grèce. Le 9 août 48, les deux armées sont face à face dans la plaine de Pharsale. Selon l'usage, César harangue ses soldats…

« O domitor mundi, rerum fortuna mearum[1],
miles, adest totiens optatae copia[2] pugnae.
Nil opus est votis[3], jam fatum arcessite ferro.
In manibus vestris quantus sit Caesar habetis[4].
Haec est illa dies, mihi quam Rubiconis ad undas
promissam memini, cujus spe movimus arma,
in quam distulimus vetitos remeare triumphos ;
haec, fato quae teste probet quis justius arma
sumpserit ; haec acies victum factura nocentem.
Si pro me patriam ferro flammisque petistis,
nunc pugnate truces[5] gladiosque exsolvite culpa[6] :
nulla manus belli mutato judice[7] pura est.
Non mihi res agitur[8], sed vos ut libera sitis
turba precor, gentes ut jus habeatis in omnes ! »

Lucain, *Pharsale*, VII, 250 sqq.

1. = ***res meae*** : mes exploits.

2. ***copia*** : l'occasion.

3. ***Nil opus est*** (+ Abl.) = *non opus est.*

4. : La grandeur de César est entre vos mains.

5. ***truces*** : l'adjectif apposé au sujet de *pugnate* équivaut à l'adverbe farouchement.

6. ***culpa*** (Abl.) : absolvez vos glaives de toute faute.

7. ***mutato judice*** : puisque l'arbitre de la guerre a changé (dans une guerre civile, les « lois de la guerre » habituelles ne s'appliquent plus…).

8. ***Non mihi res agitur*** : ce n'est pas mon intérêt personnel qui est en jeu.

ÉTUDE

1. Relevez les procédés rhétoriques mis en œuvre par Lucain, et analysez les principales allitérations du texte.

2. Étudiez, dans le texte, les champs lexicaux de la destinée et de la culpabilité.

3. Commentez la référence que fait César au passage du Rubicon.

4. Montrez l'ambiguïté ce cette harangue : quels sont les rapports entre César et ses soldats, mais aussi entre ses ambitions personnelles et l'interêt collectif?

LECTURE

Une guerre épique ?

Lucain consacre plus de cent cinquante vers au récit de la terrible bataille de Pharsale – puis s'interrompt brusquement…

Honte me prend de verser des larmes, en ce deuil qui frappe tout l'univers, sur ces morts qu'on ne saurait compter, et, m'attachant au destin de chacun, de chercher qui, en ses entrailles, a livré passage au fer meurtrier, qui foule de ses pas ces chairs vitales répandues au sol, qui a, d'un dernier souffle, repoussé l'épée plongée dans sa gorge, qui s'effondre sous le coup, qui reste encore debout quand ses membres tombent à terre, qui est transpercé, en pleine poitrine, par un trait, ou qui reste cloué dans la plaine par une lance, quel sang, giclant des veines, a traversé l'air pour éclabousser les armes de l'ennemi, qui frappe la poitrine d'un frère et, pour pouvoir dépouiller ce cadavre qu'il reconnaît, coupe sa tête et la lance au loin, qui lacère le visage de son propre père, et cherche à prouver à ceux qui voient son geste, en exagérant sa violence, que l'homme qu'il égorge ne peut être son père. Aucune de ces morts n'est plus qu'une autre digne d'être plainte, et nous n'aurions le temps de pleurer aucun de ces hommes. Non, Pharsale n'implique point la même chose que les autres massacres. [...] Cette bataille frappe les peuples d'une blessure trop grave pour que les générations à venir puissent la supporter ; c'est plus que des vies qui ont péri : pour l'éternité du monde, nous gisons à terre. Tous les âges, vaincus par ces glaives, tombent en servitude. Qu'ont fait nos enfants, qu'ont fait nos descendants pour naître sujets d'un tyran ? Avons-nous combattu comme des couards, ou mis nos gorges à l'abri ? Sur nos nuques pèse encore le châtiment de la lâcheté d'autrui.

Lucain, *Pharsale*, VII, 617 sq.

La déesse de la Fortune, avec sa corne d'abondance, *Glyptothèque de Copenhague.*

ÉTUDE

1. La traduction s'efforce de respecter la grande complexité de ce texte, très difficile en latin : comment vous semble progresser la pensée de Lucain ?

2. Paradoxalement, dans ce moment épique, le poète exprime son dégoût. Pourquoi ?

3. Plus haut, Lucain écrivait : « *La liberté, que nous avons tant de fois recherchée, erre à l'aventure [...] Je voudrais que mon pays ne l'eût jamais connue : depuis le jour où Romulus aperçut des vautours sur sa gauche et fonda ses murailles [...], jusqu'à la catastrophe de Pharsale, Rome, tu aurais été esclave [...] Parmi les peuples qui supportent des rois, notre sort est le pire : être esclave nous fait honte.* » Montrez que l'aversion de Lucain pour la monarchie impériale commande sa vision de la guerre civile.

4. La **Fortuna** est-elle ici une notion positive, comparable au **fatum** dans l'*Énéide* ?

TEXTE

Après la bataille

Dans ses Commentaires, César, vainqueur sur le champ de bataille, est impitoyable pour ses adversaires. Le camp des Pompéiens est caricatural, la fuite de Pompée est lamentable…

In castris Pompei videre licuit trichilas structas, magnum argenti pondus expositum, recentibus caespitibus[1] tabernacula constrata, Lucii etiam Lentuli et nonnullorum tabernacula protecta hedera[2], multaque praeterea quae nimiam luxuriam et victoriae fiduciam designarent, ut facile existimari posset nihil eos de eventu ejus diei timuisse, qui non necessarias conquirerent voluptates. At[3] hi miserrimo ac patientissimo exercitui Caesaris luxuriem objiciebant, cui semper omnia ad necessarium usum defuissent.

Pompeius, jam cum intra vallum[4] nostri versarentur, equum nactus, detractis insignibus imperatoris, decumana porta se ex castris ejecit protinusque equo citato Larissam[5] contendit. Neque ibi constitit, sed eadem celeritate, paucos suos ex fuga nactus, nocturno itinere non intermisso, comitatu[6] equitum ad mare pervenit navemque frumentariam conscendit, saepe, ut dicebatur, querens tantum[7] se opinionem fefellisse, ut a quo genere hominum victoriam sperasset, ab eo[8] initio fugae facto paene proditus videretur.

César, *Commentaires sur la Guerre civile*, III, 96.

1. ***caespitibus… constrata*** : des mottes de gazon ont été étalées sur le sol des tentes pour faire une sorte de tapis naturel.
2. ***hedera*** : ablatif.
3. **At** : Et pourtant…
4. ***intra vallum*** : à l'intérieur du retranchement du camp de Pompée.
5. Larissa est la ville de Thessalie la plus proche de Pharsale.
6. ***comitatu*** : avec une escorte.
7. ***tantum… ut*** : au point que…
8. ***ab eo*** (*genere hominum*) : complément d'agent de *facto* et de *proditus*.

ÉTUDE

1. Étudiez les relatives au subjonctif du texte.

2. Quelle image César entend-il donner de l'état-major de Pompée ?

▶ Lucius Cornelius Lentulus avait été élu consul en 49, après avoir pendant des années combattu César et ses amis : pourquoi est-il nommément cité ici ?

▶ Sur quels sentiments de l'opinion romaine le futur dictateur cherche-t-il à bâtir sa propre image ?

3. Dans le récit de la fuite de Pompée, quelles précisions accablantes sont accumulées par César ?

▶ Montrez qu'il cherche à détruire complètement la réputation de son adversaire.

▶ Quel détail, impliquant une qualité militaire habituellement concédée à César, laisse paraître une ironie particulièrement cruelle du vainqueur ?

4. Au vu de ce texte, César peut-il être considéré comme un historien ?

LES NOMS

1re *déclinaison* Génitif singulier : -ae

	Singulier	Pluriel
N/V	rosa	rosae
Acc.	rosam	rosas
G	rosae	rosarum
D	rosae	rosis
Abl.	rosa	rosis

2e *déclinaison* Génitif singulier : -i

	Masculin/Féminin		Neutre	
	Singulier	Pluriel	Singulier	Pluriel
N	dominus	domini	templum	templa
V	domine	domini	templum	templa
Acc.	dominum	dominos	templum	templa
G	domini	dominorum	templi	templorum
D	domino	dominis	templo	templis
Abl.	domino	dominis	templo	templis

2e *déclinaison* Noms en -er

	Singulier	Pluriel
N/V	puer	pueri
Acc.	puerum	pueros
G	pueri	puerorum
D	puero	pueris
Abl.	puero	pueris

	Singulier	Pluriel
N/V	ager	agri
Acc.	agrum	agros
G	agri	agrorum
D	agro	agris
Abl.	agro	agris

3e *déclinaison* Génitif singulier : -is

	Masculin/Féminin		Masculin/Féminin		Neutre	
	Singulier	Pluriel	Singulier	Pluriel	Singulier	Pluriel
N/V	consul	consules	civis	cives	corpus	corpora
Acc.	consulem	consules	civem	cives	corpus	corpora
G	consulis	consulum	civis	civium	corporis	corporum
D	consuli	consulibus	civi	civibus	corpori	corporibus
Abl.	consule	consulibus	cive	civibus	corpore	corporibus

4e *déclinaison* Génitif singulier : -us

	Masculin/Féminin	
	Singulier	Pluriel
N/V	manus	manus
Acc.	manum	manus
G	manus	manuum
D	manui	manibus
Abl.	manu	manibus

domus

	Singulier	Pluriel
N/V	domus	domus
Acc.	domum	domus / domos
G	domus	domuum / domorum
D	domui	domibus
Abl.	domo	domibus
Loc.	domi	

5e *déclinaison* Génitif singulier : -ei

	Singulier	Pluriel	Singulier	Pluriel
N/V	res	res	dies	dies
Acc.	rem	res	diem	dies
G	rei	rerum	diei	dierum
D	rei	rebus	diei	diebus
Abl.	re	rebus	die	diebus

LES ADJECTIFS

1re classe
type bonus

	Singulier			Pluriel		
	M	F	N	M	F	N
N	bonus	bona	bonum	boni	bonae	bona
V	bone	bona	bonum	boni	bonae	bona
Acc.	bonum	bonam	bonum	bonos	bonas	bona
G	boni	bonae	boni	bonorum	bonarum	bonorum
D	bono	bonae	bono	bonis	bonis	bonis
Abl.	bono	bona	bono	bonis	bonis	bonis

2e classe
type omnis

parisyllabique

	Singulier		Pluriel	
	M/F	N	M/F	N
N/V	omnis	omne	omnes	omnia
Acc.	omnem	omne	omnes	omnia
G	omnis	omnis	omnium	omnium
D	omni	omni	omnibus	omnibus
Abl.	omni	omni	omnibus	omnibus

type ingens

	Singulier		Pluriel	
	M/F	N	M/F	N
N/V	ingens	ingens	ingentes	ingentia
Acc.	ingentem	ingens	ingentes	ingentia
G	ingentis	ingentis	ingentium	ingentium
D	ingenti	ingenti	ingentibus	ingentibus
Abl.	ingenti/e	ingenti	ingentibus	ingentibus

type vetus
(et comparatifs)

imparisyllabique

	Singulier		Pluriel	
	M/F	N	M/F	N
N/V	vetus	vetus	veteres	vetera
Acc.	veterem	vetus	veteres	vetera
G	veteris	veteris	veterum	veterum
D	veteri	veteri	veteribus	veteribus
Abl.	vetere	vetere	veteribus	veteribus

Les adjectifs numéraux

	M	F	N	M	F	N	M/F	N
N/V	unus	una	unum	duo	duae	duo	tres	tria
Acc.	unum	unam	unum	duos	duas	duo	tres	tria
G	unius	unius	unius	duorum	duarum	duorum	trium	trium
D	uni	uni	uni	duobus	duabus	duobus	tribus	tribus
Abl.	uno	una	uno	duobus	duabus	duobus	tribus	tribus

LES PRONOMS

Pronoms personnels

	1re pers. sing.	2e pers. sing.	1re pers. pl.	2e pers. pl.	Réfléchi
N	**ego**	**tu**	**nos**	**vos**	
Acc.	**me**	**te**	**nos**	**vos**	**se**
G	**mei**	**tui**	**nostrum**	**vestrum**	**sui**
D	**mihi**	**tibi**	**nobis**	**vobis**	**sibi**
Abl.	**me**	**te**	**nobis**	**vobis**	**se**

Pronom relatif

	Singulier			Pluriel		
	M	F	N	M	F	N
N	**qui**	**quae**	**quod**	**qui**	**quae**	**quae**
Acc.	**quem**	**quam**	**quod**	**quos**	**quas**	**quae**
G	**cujus**	**cujus**	**cujus**	**quorum**	**quarum**	**quorum**
D	**cui**	**cui**	**cui**	**quibus**	**quibus**	**quibus**
Abl.	**quo**	**qua**	**quo**	**quibus**	**quibus**	**quibus**

Pronom-adjectif interrogatif

Pronom-adjectif indéfini

	Singulier			Pluriel		
	M	F	N	M	F	N
N	**quis** (qui)	**quae**	**quid** (quod)	**qui**	**quae**	**quae**
Acc.	**quem**	**quam**	**quid**	**quos**	**quas**	**quae**
G	**cujus**	**cujus**	**cujus**	**quorum**	**quarum**	**quorum**
D	**cui**	**cui**	**cui**	**quibus**	**quibus**	**quibus**
Abl.	**quo**	**qua**	**quo**	**quibus**	**quibus**	**quibus**

(Les formes *qui* et *quod* sont celles de l'adjectif.)

Pronom-adjectif

is, ea, id

	Singulier			Pluriel		
	M	F	N	M	F	N
N	**is**	**ea**	**id**	**ei (ii)**	**eae**	**ea**
Acc.	**eum**	**eam**	**id**	**eos**	**eas**	**ea**
G	**ejus**	**ejus**	**ejus**	**eorum**	**earum**	**eorum**
D	**ei**	**ei**	**ei**	**eis (iis)**	**eis (iis)**	**eis (iis)**
Abl.	**eo**	**ea**	**eo**	**eis (iis)**	**eis (iis)**	**eis (iis)**

Pronoms-adjectifs démonstratifs :

hic

	Singulier			Pluriel		
	M	F	N	M	F	N
N	**hic**	**haec**	**hoc**	**hi**	**hae**	**haec**
Acc.	**hunc**	**hanc**	**hoc**	**hos**	**has**	**haec**
G	**hujus**	**hujus**	**hujus**	**horum**	**harum**	**horum**
D	**huic**	**huic**	**huic**	**his**	**his**	**his**
Abl.	**hoc**	**hac**	**hoc**	**his**	**his**	**his**

iste

	Singulier			Pluriel		
	M	F	N	M	F	N
N	iste	ista	istud	isti	istae	ista
Acc.	istum	istam	istud	istos	istas	ista
G	istius	istius	istius	istorum	istarum	istorum
D	isti	isti	isti	istis	istis	istis
Abl.	isto	ista	isto	istis	istis	istis

ille

	Singulier			Pluriel		
	M	F	N	M	F	N
N	ille	illa	illud	illi	illae	illa
Acc.	illum	illam	illud	illos	illas	illa
G	illius	illius	illius	illorum	illarum	illorum
D	illi	illi	illi	illis	illis	illis
Abl.	illo	illa	illo	illis	illis	illis

Ipse

	Singulier			Pluriel		
	M	F	N	M	F	N
N	ipse	ipsa	ipsum	ipsi	ipsae	ipsa
Acc.	ipsum	ipsam	ipsum	ipsos	ipsas	ipsa
G	ipsius	ipsius	ipsius	ipsorum	ipsarum	ipsorum
D	ipsi	ipsi	ipsi	ipsis	ipsis	ipsis
Abl.	ipso	ipsa	ipso	ipsis	ipsis	ipsis

Idem

	Singulier			Pluriel		
	M	F	N	M	F	N
N	idem	eadem	idem	eidem	eaedem	eadem
Acc.	eumdem	eamdem	idem	eosdem	easdem	eadem
G	ejusdem	ejusdem	ejusdem	eorumdem	earumdem	eorumdem
D	eidem	eidem	eidem	eisdem	eisdem	eisdem
Abl.	eodem	eadem	eodem	eisdem	eisdem	eisdem

Nemo – Nihil

N	nemo	nihil
Acc.	neminem	nihil
G	(nullius)	(nullius rei)
D	nemini	(nulli rei)
Abl.	(nullo)	(nulla re)

Nullus – Alter

	Singulier			Pluriel		
	M	F	N	M	F	N
N	nullus	nulla	nullum	alter	altera	alterum
Acc.	nullum	nullam	nullum	alterum	alteram	alterum
G	nullius	nullius	nullius	alterius	alterius	alterius
D	nulli	nulli	nulli	alteri	alteri	alteri
Abl.	nullo	nulla	nullo	altero	altera	altero

LES VERBES

Infectum actif

Indicatif

	1re conj.	2e conj.	3e conj.	3e mixte	4e conj.
Présent	amo amas amat amamus amatis amant	deleo deles delet delemus deletis delent	lego legis legit legimus legitis legunt	capio capis capit capimus capitis capiunt	audio audis audit audimus auditis audiunt
Imparfait	amabam amabas amabat amabamus amabatis amabant	delebam delebas delebat delebamus delebatis delebant	legebam legebas legebat legebamus legebatis legebant	capiebam capiebas capiebat capiebamus capiebatis capiebant	audiebam audiebas audiebat audiebamus audiebatis audiebant
Futur	amabo amabis amabit amabimus amabitis amabunt	delebo delebis delebit delebimus delebitis delebunt	legam leges leget legemus legetis legent	capiam capies capiet capiemus capietis capient	audiam audies audiet audiemus audietis audient

Subjonctif

Présent	amem ames amet amemus ametis ament	deleam deleas deleat deleamus deleatis deleant	legam legas legat legamus legatis legant	capiam capias capiat capiamus capiatis capiant	audiam audias audiat audiamus audiatis audiant
Imparfait	amarem amares amaret amaremus amaretis amarent	delerem deleres deleret deleremus deleretis delerent	legerem legeres legeret legeremus legeretis legerent	caperem caperes caperet caperemus caperetis caperent	audirem audires audiret audiremus audiretis audirent

Infinitif

Présent Futur	amare amaturum esse	delere deleturum esse	legere lecturum esse	capere capturum esse	audire auditurum esse

Participe

Présent Futur	amans, amantis amaturus, a, um	delens, delentis deleturus, a, um	legens, legentis lecturus, a, um	capiens, capientis capturus, a, um	audiens, audientis auditurus, a, um

Impératif

Présent	ama, amate	dele, delete	lege, legite	cape, capite	audi, audite

Perfectum actif

Infinitif : amavisse

Indicatif			Subjonctif	
Parfait	Plus-que-parfait	Futur antérieur	Parfait	Plus-que-parfait
amavi amavisti amavit amavimus amavistis amaverunt	amaveram amaveras amaverat amaveramus amaveratis amaverant	amavero amaveris amaverit amaverimus amaveritis amaverint	amaverim amaveris amaverit amaverimus amaveritis amaverint	amavissem amavisses amavisset amavissemus amavissetis amavissent

Infectum passif

Indicatif

	1re conj.	2e conj.	3e conj.	3e mixte	4e conj.
Présent	amor amaris amatur amamur amamini amantur	deleor deleris deletur delemur delemini delentur	legor legeris legitur legimur legimini leguntur	capior caperis capitur capimur capimini capiuntur	audior audiris auditur audimur audimini audiuntur
Imparfait	amabar amabaris amabatur amabamur amabamini amabantur	delebar delebaris delebatur delebamur delebamini delebantur	legebar legebaris legebatur legebamur legebamini legebantur	capiebar capiebaris capiebatur capiebamur capiebamini capiebantur	audiebar audiebaris audiebatur audiebamur audiebamini audiebantur
Futur	amabor amaberis amabitur amabimur amabimini amabuntur	delebor deleberis delebitur delebimur delebimini delebuntur	legar legeris legetur legemur legemini legentur	capiar capieris capietur capiemur capiemini capientur	audiar audieris audietur audiemur audiemini audientur

Subjonctif

Présent	amer ameris ametur amemur amemini amentur	delear dearis deleatur deleamur deleamini deleantur	legar legaris legatur legamur legamini legantur	capiar capiaris capiatur capiamur capiamini capiantur	audiar audiaris audiatur audiamur audiamini audiantur
Imparfait	amarer amareris amaretur amaremur amaremini amarentur	delerer delereris deleretur deleremur deleremini delerentur	legerer legereris legeretur legeremur legeremini legerentur	caperer capereris caperetur caperemur caperemini caperentur	audirer audireris audiretur audiremur audiremini audirentur

Infinitif

Présent	amari	deleri	legi	capi	audiri

MÉMENTO GRAMMATICAL

Perfectum passif

Infinitif : amatum, am, um esse

Indicatif			Subjonctif	
Parfait	Plus-que-parfait	Futur antérieur	Parfait	Plus-que-parfait
amatus, a, um…	amatus, a, um…	amatus, a, um…	amatum, am, um…	amatus, a, um…
sum	eram	ero	sim	essem
es	eras	eris	sis	esses
est	erat	erit	sit	esset
amati, ae, a…	amati, ae, a…	amati, ae, a…	amati, ae, a…	amati, ae, a…
sumus	eramus	erimus	simus	essemus
estis	eratis	eritis	sitis	essetis
sunt	erant	erunt	sint	essent

sum

Infectum

	Indicatif	Subjonctif
Présent	sum es est sumus estis sunt	sim sis sit simus sitis sint
Imparfait	eram eras erat eramus eratis erant	essem esses esset essemus essetis essent
Futur	ero eris erit erimus eritis erunt	**Infinitif présent** esse

Perfectum

	Indicatif	Subjonctif
Parfait	fui fuisti fuit fuimus fuistis fuerunt	fuerim fueris fuerit fuerimus fueritis fuerint
Plus-que-parfait	fueram fueras fuerat fueramus fueratis fuerant	fuissem fuisses fuisset fuissemus fuissetis fuissent
Futur antérieur	fuero fueris fuerit fuerimus fueritis fuerint	**Infinitif parfait** fuisse

possum

	Indicatif	Subjonctif	Infinitif
Présent	possum potes potest possumus potestis possunt	possim possis possit possimus possitis possint	posse
Imparfait	poteram poteras …	possem posses …	
Futur	potero poteris …		

eo

	Indicatif	Subjonctif	Impératif	Infinitif	Participe
Présent	eo is it imus itis eunt	eam eas eat eamus eatis eant	i ite	ire	iens, euntis
Imparfait	ibam ibas …	irem ires …			
Futur	ibo ibis …			iturum, am, um esse	iturus, a, um

volo, nolo

	Indicatif		Subjonctif		Impératif		Infinitif	
Présent	volo vis vult volumus vultis volunt	nolo non vis non vult nolumus non vultis nolunt	velim velis velit velimus velitis velint	nolim nolis nolit nolimus nolitis nolint	volo *n'a pas d'impératif*	noli nolite	velle	nolle
Imparfait	volebam … …	nolebam … …	vellem velles …	nollem nolles …				
Futur	volam voles …	nolam noles …						

fero

	Indicatif		Subjonctif		Impératif	Infinitif	Participe
	Actif	Passif	Actif	Passif		Actif	
Présent	fero fers fert ferimus fertis ferunt	feror ferris fertur ferimur ferimini feruntur	feram feras ferat feramus feratis ferant	ferar feraris feratur feramur feramini ferantur	fer ferte	ferre Passif ferri	ferens, ntis
Imparfait	ferebam ferebas …	ferebar ferebaris …	ferrem ferres …	ferrer ferreris …			
Futur	feram feres …	ferar fereris …				laturum esse	laturus, a, um

Fio

	Présent	Imparfait	Futur	Parfait	Plus-que-parfait	Futur antérieur
Indicatif	fio fis fit fimus fitis fiunt	fiebam fiebas fiebat fiebamus fiebatis fiebant	fiam fies fiet fiemus fietis fient	factus sum factus es factus est facti sumus facti estis facti sunt	factus eram factus eras factus erat facti eramus facti eratis facti erant	factus ero factus eris factus erit facti erimus facti eritis facti erunt
Subjonctif	fiam fias ...	fierem fieres ...			factus essem factus esses ...	
Infinitif	fieri					

INDEX GRAMMATICAL

CRÉDITS

4 : G. Dagli Orti – **5** : AKG Paris – **6** : G. Dagli Orti – **7** : Giraudon – **8** : G. Dagli Orti – **11** : E. Lessing/AKG Paris – **15** : Giraudon – **17** : G. Mermet/AKG Paris – **18** : H. Lewandovski/RMN – **19** : Archives Nathan – **21** : G. Mermet/AKG Paris – **23** : Chuzeville/RMN – **26** : G. Dagli Orti – **27** : A. Held/Artephot – **29** : RMN – **30** : G. Dagli Orti – **33** : G. Dagli Orti – **39** : E. Lessing/Magnum – **40** : G. Dagli Orti – **42a** : Giraudon – **42 b** : J. Vinchon/G. Dagli Orti – **43** : BNF – **45** : G. Dagli Orti – **46** : G. Dagli Orti – **49** : RMN– **51** : G. Dagli Orti – **52** : E. Lessing/AKG Paris – **55** : Roger-Viollet – **57** : G. Dagli Orti – **58** : E. Lessing Étranger/Magnum Photos – **60** : Scala – **61** : G. Dagli Orti – **66** : AKG Paris – **68** : G. Dagli Orti – **72** : G. Dagli Orti – 74 : J. Schormans/RMN – **75** : Everts/Rapho – **79** : G. Dagli Orti – **80** : H. Lewandovski/RMN – **83a** : H. Lewandovski/RMN – **83b** : H. Lewandovski/RMN – **84** : G. Dagli Orti – **85** : G. Dagli Orti – **89** : Christophe L. – **93** : G. Dagli Orti – **95** : Giraudon **99** : E. Lessing/Magnum – **102** : E. Lessing/Magnum – **105** : Scala – **108** : Bright/Rapho – **109** : G. Dagli Orti – **110** : G. Dagli Orti – **113** : G. Dagli Orti – **118** : G. Dagli Orti – **121** : RMN – **123** : E. Lessing/Magnum – **125** : E. Lessing/Magnum – **127** : G. Dagli Orti – **129** : G. Dagli Orti – **132** : G. Dagli Orti – **137** : E. Lessing/Magnum – **142** : Reimbold/Hoaqui – **143** : G. Dagli Orti – **147** : Lewandovki/RMN – **149** : Archives Nathan – **153** : Scala – **155** : G. Dagli Orti – **157** : E. Lessing/AKG Paris – **159** : G. Dagli Orti – **165** : Archives Nathan – **168** : DR – **170** : Giraudon – **173** : RMN – **175** : E. Lessing/Magnum – **178** : J. Shorman/RMN – **183** : The Bridgeman Art Library – **185** : G. Dagli Orti – **187** : AKG Paris – **190** : Scala – **191** : G. Dagli Orti – 199 : E.R.L./Sipa Press – **200** : AKG Paris – **201** : G. Dagli Orti – **207** : Scala – **208** : AKG Paris – **210** : E. Lessing/Magnum – **212** : Lavaud/Taillandier

Couverture : *La Punition d'Éros*,
fresque romaine provenant de Pompéi,
Maison de l'amour puni, © G. Dagli Orti.

Édition : Carole Gavaggio
Adaptation graphique : Anne-Marie Rœderer
Mise en page : Catherine de Trégomain
Iconographie : Michèle Kernéis
Cartographie : CART

N° Editeur : 10141770
Dépôt lègal : Avril 2007
Imprimé en Espagne par Gráficas Estella

Événements marquants de l'histoire romaine		Principaux écrivains latins et œuvres majeures au programme	
– 753	Fondation (légendaire) de Rome par Romulus		
– 509	Passage de la monarchie à la république		
– 270	Rome maîtresse de l'Italie ; les Romains en contact avec la civilisation grecque		
– 264 → – 241	Première guerre Punique	– 254	Naissance de **Plaute** (mort en - 184)
		– 234	Naissance de Caton (mort en - 149)
– 219 → – 202	Deuxième guerre Punique	– 210	**Plaute**, ***Théâtre***
– 200 → – 168	Conquêtes romaines en Grèce et au Moyen-Orient	– 185 – 186	Naissance de **Térence** (mort en - 159) Dernières comédies de Plaute
		– 166 → – 160	**Térence**, ***Comédies***
– 149 → – 146	Troisième guerre Punique		
– 125 → – 120	Conquête de la Gaule méridionale		
		– 116	Naissance de Varron (mort en - 27)
– 112 → – 107	Guerre contre Jugurtha en Afrique du Nord		
		– 106	Naissance de **Cicéron** (mort en - 43)
– 100 → – 82	Troubles divers et première guerre civile (Marius contre Sylla) Naissance du parti des *populares*	– 100 – 98 – 87	Naissance de **César** (mort en - 44) Naissance de Lucrèce (mort en - 55) Naissance de Catulle (mort en - 54) et de Salluste (mort en - 35)
– 73 → – 71	Révolte de Spartacus		
– 70	Affaire Verrès	– 70	Naissance de **Virgile** (mort en - 19) **Cicéron**, ***Verrines***
		– 65	Naissance de **Horace** (mort en - 8)
– 63	Cicéron consul ; conjuration de Catilina	– 63	**Cicéron**, ***Catilinaires***
		– 59 (?)	Naissance de **Tite-Live** (mort en 17)
– 58 → – 50	Conquête de la Gaule par Jules César	– 58 → – 50 – 50	**César**, ***Commentaires de la Guerre des Gaules*** Naissance de Tibulle (mort en - 19)
– 49 → – 45	Deuxième guerre civile (César contre Pompée)	– 47	Naissance de Properce (mort en - 15)
– 44	Assassinat de César (Ides de Mars)		
– 43 → – 30	Troisième guerre civile (Octave contre Antoine)	– 43	Salluste, *La Conjuration de Catilina*
– 31	Fin de la période républicaine ; début du régime impérial ou principat Rome s'empare de l'Égypte (victoire d'Octave sur Antoine et Cléopâtre à Actium)	– 30 → – 8 – 26 – 19 – 4 (?)	**Horace**, ***Satires*** **Tite-Live**, début de ***Ab Urbe condita*** Mort de Virgile ; publication posthume de l'***Énéide*** Naissance de Sénèque (mort en 65)
1	Début conventionnel de l'ère chrétienne	23 35 39 40	Naissance de Pline l'Ancien (mort en 79) Naissance de Quintilien (mort vers 100) Naissance de **Lucain** (mort en 65) Naissance de **Martial** (mort en 102)

Dans ce tableau figurent en gras les noms des auteurs et les titres des œuvres traités dans le manuel.